甘阳 主编

文化：中国与世界新论

*

秋菊的困惑

一部电影与中国法学三十年

苏力 等著　陈颀 强世功 编

生活・讀書・新知 三联书店

Copyright © 2024 by SDX Joint Publishing Company.
All Rights Reserved.
本作品版权由生活·读书·新知三联书店所有。
未经许可，不得翻印。

图书在版编目（CIP）数据

秋菊的困惑：一部电影与中国法学三十年 / 苏力等著；陈颀，强世功编. —北京：生活·读书·新知三联书店, 2024.1
（"文化：中国与世界"新论）
ISBN 978-7-108-07695-3

Ⅰ. ①秋⋯ Ⅱ. ①苏⋯ ②陈⋯ ③强⋯ Ⅲ. ①法学史－中国－文集 Ⅳ. ① D909.2-53

中国国家版本馆 CIP 数据核字 (2023) 第 169225 号

特约编辑	苏诗毅
责任编辑	王晨晨
装帧设计	薛　宇
责任印制	李思佳
出版发行	生活·讀書·新知 三联书店
	（北京市东城区美术馆东街 22 号　100010）
网　　址	www.sdxjpc.com
经　　销	新华书店
印　　刷	北京隆昌伟业印刷有限公司
版　　次	2024 年 1 月北京第 1 版
	2024 年 1 月北京第 1 次印刷
开　　本	850 毫米 × 1092 毫米　1/32　印张 12.25
字　　数	255 千字
印　　数	0,001 - 4,000 册
定　　价	59.00 元

（印装查询：01064002715；邮购查询：01084010542）

"文化:中国与世界"新论

缘 起

百年前,梁启超曾提出"中国之中国","亚洲之中国",以及"世界之中国"的说法。进入21世纪以来,关于"世界之中国"或"亚洲之中国"的各种说法益发频频可闻。

但所谓"中国",并不仅仅只是联合国上百个国家中之一"国",而首先是一大文明母体。韦伯当年从文明母体着眼把全球分为五大历史文明(儒家文明,佛教文明,基督教文明,伊斯兰文明,印度教文明)的理论,引发日后种种"轴心文明"讨论,至今意义重大。事实上,晚清以来放眼看世界的中国人从未把中国与世界的关系简单看成是中国与其他各"国"之间的关系,而总是首先把中国与世界的关系看成是中国文明与其他文明特别是强势西方文明之间的关系。二十年前,我们这一代人创办"文化:中国与世界"系列丛书时,秉承的也是这种从大文明格局看中国与世界关系的视野。

这套新编"文化：中国与世界"论丛，仍然承继这种从文明格局看中国与世界的视野。我们以为，这种文明论的立场今天不但没有过时，反而更加迫切了，因为全球化绝不意味着将消解所有历史文明之间的差异，绝不意味着走向无分殊的全球一体化文明，恰恰相反，全球化的过程实际更加突出了不同人民的"文明属性"。正是在全球化加速的时候，有关文明、文化、民族、族群等的讨论日益成为全球各地最突出的共同话题，既有所谓"文明冲突论"的出场，更有种种"文明对话论"的主张。而晚近以来"软实力"概念的普遍流行，更使世界各国都已日益明确地把文明潜力和文化创造力置于发展战略的核心。说到底，真正的大国崛起，必然是一个文化大国的崛起；只有具备深厚文明潜力的国家才有作为大国崛起的资格和条件。

哈佛大学的张光直教授曾经预言：人文社会科学的 21 世纪应该是中国的世纪。今日中国学术文化之现状无疑仍离这个期盼甚远，但我们不必妄自菲薄，而应看到这个预言的理据所在。这个理据就是张光直所说中国文明积累了一笔最庞大的文化本钱，如他引用 Arthur Wright 的话所言："全球上没有任何民族有像中华民族那样庞大的对他们过去历史的记录。二千五百年的正史里所记录下来的个别事件的总额是无法计算的。要将二十五史翻成英文，需要四千五百万个单词，而这还只代表那整个记录中的一小部分。"按张光直的看法，这笔庞大的文化资本，尚未被现代中国人好好利用过，因为近百年来的中国人基本是用西方一时一地的理论和观点去看世界，甚至想当然地以为西方的理论观点都具有普遍性。但是，一旦"我们跳出一切成见的圈子"，倒转过来以中国文明的历史视野去看世界，那么中国文明积累的这笔庞大文化资本就会发挥出其巨大潜力。

诚如张光直先生所言，要把中国文明的这种潜力发挥出来，我们需要同时做三件事，一是深入研究中国文明，二是尽量了解学习世界史，三是深入了解各种西方人文社会科学理论，有了这三个条件我们才能知所辨别。做这些工作都需要长时间，深功夫，需要每人从具体问题着手，同时又要求打破专业的壁垒而形成张光直提倡的"不是专业而是通业"的研究格局。这套丛书即希望能朝这种"通业研究"的方向做些努力。我们希望这里的每种书能以较小的篇幅来展开一些有意义的新观念、新思想、新问题，同时丛书作为整体则能打破学科专业的篱笆，沟通中学与西学、传统与现代、人文学与社会科学，着重在问题意识上共同体现"重新认识中国，重新认识西方，重新认识古典，重新认识现代"的努力。

之所以要强调"重新认识"，是因为我们以往形成的对西方的看法，以及根据这种对西方的看法而又反过来形成的对中国的看法，有许多都有必要加以重新检讨，其中有些观念早已根深蒂固而且流传极广，但事实上却未必正确甚至根本错误。这方面的例子可以举出很多。例如，就美术而言，上世纪初康有为、陈独秀提倡的"美术革命"曾对20世纪的中国美术发生很大的影响，但他们把西方美术归结为"写实主义"，并据此认为中国传统美术因为不能"写实"已经死亡，而中国现代美术的方向就是要学西方美术的"写实主义",所有这些都一方面是对西方美术的误解,另一方面则是对中国现代美术的误导。在文学方面,胡适力图引进西方科学实证方法强调对文本的考证诚然有其贡献,但却也常常把中国古典文学的研究引入死胡同中,尤其胡适顽固反对以中国传统儒道佛的观点来解读中国古典文学的立场更是大错。例如他说"《西游记》被三四百年来的无数道士和尚秀才弄坏了",认为儒道佛的"这些解说都是《西游记》的大敌",但正如《西游记》英译者余国藩教授所指出,胡适排斥儒道佛现在恰恰成了反讽,因为欧美日本中国现在对《西游记》的所有研究成果可以概观地视为对胡适观点的驳斥,事实上,"和尚,道士和秀才对《西游记》的了解,也许比胡适之博士更透彻,更深刻!"

同样,我们对西方的了解认识仍然远远不够。这里一个重要问题是西方人对自己的看法本身就在不断变化和调整中。例如,美国人曾一度认为美国只有自由主义而没有保守主义,但这种看法早已被证明乃根本错误,因为近几十年来美国的最大变化恰恰是保守主义压倒自由主义成了美国的主流意识形态,这种具有广泛民众基础而且有强烈民粹主义和反智主义倾向的美国保守主义,几乎超出所有主流西方知识界的预料,从而实际使许多西方理论在西方本身就已黯然失色。例如西方社会科学的基本预设之一是所谓"现代化必然世俗化",但这个看法现在已经难以成立,因为正如西方学者普遍承认,无论"世俗化"的定义如何修正,都难以解释美国今天百分之九十以上的人自称相信宗教奇迹、相信上帝的最后审判这种典型宗教社会的现象。晚近三十年来是西方思想变动最大的时期，其变动的激烈程度只有西方17世纪现代思想转型期可以相比，这种变动导致几乎所有的问题都在被重新讨论，所有的基本概念都在重新修正，例如什么是哲学，什么是文学，什么是艺术，今天都已不再有自明的答案。但另一方面，与保守主义的崛起有关，西方特别美国现在日益呈现知识精英与社会大众背道而驰的突出现象：知识精英的理论越来越前卫，但普通民众的心态却越来越保守，这种基本矛盾已经成为西方主流知识界的巨大焦虑。如何看待西方社会和思想的这种深刻变化，乃是中国学界面临的重大课题。但有一点可以肯定：今天我们已经必须从根本上拒斥简单的"拿来主义"，因为这样的"拿来主义"只能是文化不成熟、文明不独立的表现。中国思想学术文化成熟的标志在于中国文明主体性之独立立场的日渐成熟，这种立场将促使中国学人以自己的头脑去研究、分析、判断西方的各种理论，拒绝人云亦云，拒绝跟风赶时髦。

黑格尔曾说，中国是一切例外的例外。近百年来我们过于迫切地想把自己纳入这样那样的普遍性模式，实际忽视了中国文明的独特性。同时，我们以过于急功近利的实用心态去了解学习西方文明，也往往妨碍了我们更深刻地理解西方文明内部的复杂性和多样性。21世纪的中国人应该已经有条件以更为从容不迫的心态、更为雍容大气的胸襟去重新认识中国与世界。

承三联书店雅意,这套新编论丛仍沿用"文化:中国与世界"之名,以示二十年来学术文化努力的延续性。我们相信,"文化"这个概念正在重新成为中国人的基本关切。

甘 阳

2007年中秋于杭州

目 录

序　言　"秋菊的困惑"与批判法律运动　强世功　1

导　言　秋菊的困惑与解惑

　　　　"法律与文学"在中国　陈颀　34

上编　秋菊的困惑

秋菊的困惑和山杠爷的悲剧　苏力　65

附录：从文学艺术作品来研究法律与社会？　81

秋菊的困惑和织女星文明　冯象　85

要命的地方

　　《秋菊打官司》再解读　赵晓力　94

"秋菊的困惑"

　　一个巧妙的修辞　桑本谦　114

秋菊的"气"与村长的"面子"

　　《秋菊打官司》再解读　陈柏峰　123

秋菊的错误与送法（律知识）下乡　缪因知　*147*

中国法治事业中的空间因素与性别因素
　　从《秋菊打官司》的角色隐喻切入　尤陈俊　*165*

下编　秋菊的解惑

喜剧与文化　阿兰·斯通　*191*

叙事、文化与正当性
　　《秋菊打官司》中的重复与独一性　张旭东　*203*

村长的困惑
　　《秋菊打官司》再思考　凌　斌　*233*

教化权、官员伦理与秩序变迁
　　以《秋菊打官司》中的李公安为分析对象　徐　斌　*268*

秋菊二十年
　　反思"法律与文学"　陈　颀　*313*

从秋菊到WTO

　　国际体系与超前立法　章永乐　　*324*

法律多元主义的重构

　　秋菊的困惑与中国法治的道路　强世功　　*346*

附　录　《秋菊打官司》研究文献目录选编（1992—2023）　　*372*

序　言

"秋菊的困惑"与批判法律运动

强世功[*]

1995年，苏力发表了《变法、法治及其本土资源》一文，1996年又发表了《秋菊的困惑和山杠爷的悲剧》一文，由此展开对主流法治理论的批判。这标志着伴随改革开放和现代法治兴起而成长起来的法律社会学研究迎来了第二波，甚至可以看作开启了中国的批判法律运动。[1]苏力的成名作《法治及其本土资源》书名即来自第一篇文章，以致他常常被看作"本土资源派"。第二篇文章则因率先讨论《秋菊打官司》引发学界（主要是法学界）对这部电影的持续关注，从而形成了一个法理学的解释传统。我们编选这本著作就是希望对过去二十多年来围绕《秋菊打官司》的法理学阐释传统进行初步的整理，以此理解中国法学理论发展的内在理论脉络及其与中国法治发展进程的关联。本篇序言将尝试从"批判法律运动"这个角度来理解围绕这部电影展开的相

---

[*] 强世功，北京大学法学院、中央民族大学法学院。
[1] 相关的论述参见强世功："中国法律社会学的困境与出路"，载《文化纵横》，2013年第5期。（本书引用文章数量较多，为区别文章名与著作名，在脚注中前者统一使用引号标示。——出版者注）

关讨论,以期对陈颀从"法律与文学"角度展开的解读提供一个补充。

一

围绕《秋菊打官司》所展开的讨论往往被纳入"法律与文学"的学术范式中。本书的编者之一陈颀就是从这个角度来理解上述讨论,从而展示"法律与文学"这一研究传统与中国现代法治建构过程的复杂关联。[2] 法律与文学乃是一个古老话题。文学教化与政法秩序互为表里,共同塑造一个国家或文明的政教体系。其中,文学对于社会风尚的引导和人心向善的塑造远远高于法律,法律始终处于从属的地位。用现代理论家的话说,古典法律秩序乃是以宗教法或道德法进行统治,文学乃是宗教和道德教化的重要载体,而理性化的法律处于从属地位。然而,现代社会既意味着理性的兴起,也意味着法律的兴起,法律与文学的关系走向分离甚至颠倒,法律在公共生活领域中获得了绝对的权威地位,而文学逐渐从公共政治领域中隐退进入私人生活,成为审美艺术的一部分。

在这种现代处境下,法律与文学的关系变得非常微妙。一种以努斯鲍姆的主张为代表,她希望恢复文学的公共政治功能,从而通过文学的力量来矫正理性化的"铁牢笼"带来

---

[2] 参见陈颀:"秋菊二十年:反思'法律与文学'",载《读书》,2016年第9期。亦见他为本书撰写的导言。

的人的"物化"或"异化"的弊端,这就意味着我们在法律理性化所推动的"程序正义"的基础上,要借助文学的力量来探求一种更符合人的情感想象的"诗性正义"。[3]另一种以波斯纳的主张为代表,他用更为超然和理性化的眼光来看待法律与文学的关系。他认为在法律与文学的关系中,存在四个不同的问题域:"法律中的(in)文学、作为(as)文学的法律、通过(through)文学的法律以及有关(of)文学的法律。"[4]在这四个不同的问题域中,法律与文学的关系也各不相同。波斯纳对这四个问题域中法律与文学的关系进行了全面细致的分析。努斯鲍姆提出的重建法律与文学的关系实际上涉及第二个问题域和第三个问题域。"作为(as)文学的法律"尤其体现在司法判决书的书写中,即如何将文学修辞带入司法判决,让判决书直接打动人心,增强公共说服力和认可度。而"通过(through)文学的法律"则是对法律人进行文学教育,让法律人拥有丰富的情感以平衡法律冰冷的理性化力量,增加情感和诗性的成分。然而,波斯纳对文学的这种功能表示怀疑,毕竟文学在告诉你善的同时也在教育你恶,文学带来的心理学效果不能混同为道德效果。[5]

如果我们以波斯纳提供的上述四种法律与文学的问题域来看,那么苏力通过《秋菊打官司》所开辟的"法律与文

---

[3] 努斯鲍姆:《诗性正义:文学想象与公共生活》,丁晓东译,北京大学出版社,2010年。
[4] 参见苏力:"孪生兄弟的不同命运(代译序)",收入波斯纳:《法律与文学(增订版)》,李国庆译,中国政法大学出版社,2002年,第Ⅰ页。
[5] 波斯纳,同上引书,第八章、第九章。

学"毫无疑问属于"文学中的法律"（law in literature），[6]用波斯纳的话说，就是"作为文学文本的法律文本"，其中文学不过是作为一个文本承载着法律故事。可以说，陈颀所说的"法律与文学"研究基本上是在这个问题领域中展开的。从这个角度看，文学文本的"文学性"并不重要，它和历史档案、司法案卷、人类学或社会学田野调查中记录的故事并没有本质区别。苏力在解读《秋菊打官司》中使用的理论分析工具同样可以分析他在乡村司法调查中遇到的案件。[7]在法学家看来，文学体裁、档案记载和田野调查中讲述的法律故事不过是一堆有待于法律理论来照亮的材料，重要的是法律，甚至是法律理论，而载体本身的特性并不重要。这或许可以解释陈颀所遇到的困惑，"文学比起真实的历史（社会）材料有什么优势？"或者，"法律人在做'法律与文学'，如何能让我们研究文学的人也有所收获？"[8]从法学理论的要求看，文学故事是虚构的，但比起真实的历史（社会）材料有时更"真实"。这里所说的真实就是更符合法律理论逻辑正确性的那种真实！研究文学的人如果想从法律人的"法律与文学"研究中获得启发，必须认识到他们最大的误解莫过于认为"法律"与"文学"是平等的，而忽略其真实含义是"文学中的法律"，文学不过是需要法律人用法律理论的解剖

---

[6] 苏力关于"法律与文学"四种关系的概括并没有注明出处。就这四种内在关系的理论逻辑而言，我怀疑这里所说的"法律中的（in）文学"，是对 law in literature 的误译。因此，在这里我用"文学中的（in）法律"来取代苏力的"法律中的（in）文学"。由此可能带来的错误，由我承担。
[7] 参见苏力：《送法下乡：中国基层司法制度研究》，中国政法大学出版社，2000年。
[8] 陈颀："秋菊的困惑与解惑：'法律与文学'在中国"，即本书导言。

刀进行解剖的对象。

因此，中国学界，尤其是法学界围绕《秋菊打官司》这部电影展开的法学讨论，表面上看是"法律与文学"的发展历史，实际上是法律社会学理论借助这个电影文本进行分析、讨论和对话而不断发展的历史。

二

中国法律社会学的第二波之所以被看作批判法律运动，一个重要原因就在于苏力的"本土资源"理论对在中国占据主导地位的"法律现代化"理论和这种理论的各种变种，以及这种理论推动下的强行"变法"模式展开了**理论上的**批判。借助《秋菊打官司》这部电影，苏力着力批判隐含在法律现代化理论中的普适主义的权利法治观。法治现代化理论所主张的权利分类集中在生命权、自由权和财产权领域，而这套权利分类的话语体系在中国乡村的生活语境中找不到对应物。同样，在乡村习惯法秩序中，骂人断子绝孙构成了严重侵权，但国家法秩序却并不认可这样的权利分类体系。"正式的法律制度无法理解，也没有试图理解什么是秋菊要的'说法'"[9]，"权利"所代表的国家法与"说法"所代表的民间习惯法构成了法律多元主义，与整个20世纪90年代中国社会科学理论中流行的国家与社会理论范式相契合。

---

[9] 苏力："秋菊的困惑和山杠爷的悲剧"，收入苏力：《法治及其本土资源》，中国政法大学出版社，1996年。

尽管苏力在此建构起"权利"与"说法"的二元对峙，但这并不意味着苏力试图用"说法"来反对"权利"，或用传统乡村的"人治"来反对"法治"。他虽然借助后现代解构主义的方法来解构普适主义权利法治观，但他最基本的理论主张始终是实用主义、经验主义和功能主义。在他看来，权利的话语体系，无论是西方普适的，还是本土经验的，不存在对错的问题。法治不是一个理论问题，不是一个科学真理问题，也不是一种形而上学的普遍价值，而是一种实践经验的问题，是合适与不合适的问题。法治说到底是解决社会纠纷、进行社会治理的工具或技术，法治作为一种现代治理术已经深深地镶嵌在国家治理之中，而法治是否能有效地解决社会问题取决于能不能坚持"实事求是"。

因此，苏力批判的不是"法治"本身，而是一种理解权利和法治的思维方法，即从一种抽象的形而上学立场出发坚持一套普遍真理以及作为"大写的真理"而存在的权利和法治。这种脱离现实经验的唯理主义（唯心主义）的法治构造，如果用毛泽东的话说，就是一种典型的"法治教条主义"。这种法治建设完全无视特殊历史经验，完全无视"地方性知识"或"本土资源"，完全照搬照抄西方既定的法律制度，并借助普适主义话语和国家暴力强制推行。"秋菊的困惑"恰恰是这种"法治教条主义"的"代价"。因此，苏力的批判就从追问"谁的法治"开始，从而主张一种经验的、历史的或社会的理论立场，将关于权利的界定和分类体系落实到具体的社会和历史语境中。因此，苏力所谓的法律多元主义背后说到底是"工商业社会"与"乡村社会"、"陌生人社会"与"熟人社会"这两种生活方式。他希望在前者必然取代后者的"道路通向城市"的历史进程中,让二者尽可能地达成和解。[10]

可见,苏力对法律现代化理论的批判是非常温和的、有节制的。他从"秋菊的困惑"中读出需要一种"我们的法治",即体现中国人生活经验和情感认同的法治,这种法治镶嵌在中国人的历史生活经验中。由此,我们看到苏力具有两个独特的面相:他在理论方法上是一个后现代主义者,但在价值立场上实际上是一个坚定的现代主义者;他是流行的西方法律现代化理论的坚定批判者,却是中国法律现代化理论的坚定拥护者。苏力之所以将后现代主义与现代主义的矛盾巧妙地融合在一起,就在于他的心目中潜藏着西方与中国的对立。然而,由于苏力的后现代主义批判和解构的理论方法是针对任何关于价值理论的学说,因此它不仅可以用来有效地解构西方文化价值的普遍主义,也可以用来解构中国文化价值的普遍主义。由此,苏力实际上也成为中国传统文化价值(无论是古典传统还是现代传统)的颠覆者和解构者,只不过他对西方法治观的激烈批判备受关注,但他对中国传统文化价值的解构在修辞上更为温和中立而没有引起人们的关注而已。

比如在《法律与文学》中,他娴熟地运用法律经济学理论、功能主义和实用主义解构了古典戏曲在传统解读中所强

---

[10] 苏力:《道路通向城市:转型中国的法治》,法律出版社,2004年。

调的价值观念和文化精神。[11]这样的解构非常类似于波斯纳对努斯鲍姆的批判。也是基于这种理论立场，苏力将费孝通看作真正的大儒，因为费孝通用社会学理论揭示出儒家道德伦理背后潜藏的经济社会功能。[12]也正是在费孝通的社会学理论传统之上，苏力写作了《大国宪制》，用功能主义来解释儒家"齐家、治国、平天下"理念，以至于"皇帝"与儒家信奉的"天道"思想、"生民"理论没有什么关系，不过是承载着特定政治社会功能的"制度"而已。[13]

这种对价值的解构和对实用主义的功能强调，实际上来源于他经常援引的福柯和维特根斯坦关于"词"与"物"的分离，以至于"价值""理念""精神"要么被解构为"知识—权力"，要么还原为表达符号的"词"。这种理论倾向实际上源于尼采主义，用赤裸裸的权力意志来克服内在精神的虚无主义。然而，这种对"词"与"物"分离的过分强调，有可能不恰当地凸显"词"的独立性和重要性，一个可能的危险恰恰是将中国法治面临的现实问题，无论是"不公正的司法解释"[14]，还是死刑废除问题[15]，或是"琼花"变成"秋菊"的困境[16]，统统归结为西方普适主义权利法治观的产物，并以为坚持一种实用主义或者功能主义的法律就可以避免这

---

[11] 苏力：《法律与文学：以中国传统戏剧为材料》，生活·读书·新知三联书店，2006年。
[12] 苏力："费孝通、儒家文化和文化自觉"，载《开放时代》，2007年第4期。
[13] 苏力：《大国宪制：历史中国的制度构成》，北京大学出版社，2018年。
[14] 苏力："司法解释、公共政策和最高法院——从最高法院有关'奸淫幼女'的司法解释切入"，载《法学》，2003年第8期。
[15] 武孝武："朱苏力谈死刑存废问题"，载《上海国资》，2011年第7期。
[16] 苏力："昔日'琼花'，今日'秋菊'——关于芭蕾舞剧《红色娘子军》产权争议的一个法理分析"，载《学术月刊》，2018年第7期。

些问题。这就可能恰恰夸大了"词"的意义,很容易陷入本来要批判的唯心主义的观念论中,从而忽略西方权利法治观的背后乃是特定阶层获取国家权力之后将自己的利益上升为法律,它们之所以以普适主义面目出现,恰恰是为了隐蔽特定阶层的利益。福柯等人的后现代解构理论创造出一堆玄妙的概念和理论,但最终都集中在"词"的世界中,而忽略了"物",远离了马克思所关注的现实政治生活。由此,批判法律理论就可能陷入堂吉诃德与"风车"作斗争的虚假批判之中,这无疑是今天西方左派文化批判理论本身所面临的困境。这种后现代理论在解构西方和中国的普遍主义价值观念之后,我们所关心的"中国"就只剩下"物""实践""经验""制度",而没有任何关于美好生活的追求。由此苏力心目中"西方"与"中国"、"现代"与"本土"的对峙也就丧失了文化价值层面的意义,一切都被还原为赤裸裸的"权力"或"实力",一种尼采式的虚无主义,一种人的动物化的达尔文主义。[17]这种理论危险会让我们真正关注什么才是"根本的根本"。

三

正是由于苏力所采用的后现代理论本身所面临的内在难题,我们才能理解在苏力的理论基础上,冯象和赵晓力所

---

[17] 参见福柯:"尼采·谱系学·历史学",苏力译,李猛校,收入刘小枫、倪为国选编:《尼采在西方》,上海三联书店,2002年。

发展出来的批判理论路向。如果说苏力的理论风格属于"狐狸"类型，在不同场合采用不同理论、概念和修辞进行全面论证，而且这种论证具有明显的法律人的职业论辩色彩，那么冯象的写作风格更像"刺猬"类型，文章短小精悍，理论也简单纯粹，往往一剑封喉。然而，在批判法律运动中，他们的差异不是这种写作风格上的，而是理论主张上的，正是这种理论差异使得冯象在苏力的理论基础上更进一步，将批判法律运动推向一个高峰。

如果说苏力的批判锋芒指向"词"，即一种西方化的普适主义的权利法治理论，从而试图建构一种吸纳本土资源或中国人生活经验的"中国式法治"；那么冯象的批判锋芒却直接指向"物"，不仅指向西方的法治，而且指向苏力希望建构的"中国式法治"。冯象在苏力的文章中恰恰看到了这种对所谓"中国式法治"的乌托邦幻想。这种幻想首先就体现在苏力着眼于秋菊的"困惑"，从而将中国乡村社会的习惯法想象为自成一体的法律秩序。冯象敏锐地意识到，秋菊要一个"说法"恰恰表明乡村的习惯法无法解决秋菊面临的问题，以致秋菊不得不诉诸更高的法，也就是国家法。因此，秋菊挑战的不是国家法，而恰恰是乡村习惯法。如果说苏力关注秋菊的"困惑"，那么冯象更关注秋菊所要的"说法"。事实上，众多对《秋菊打官司》的解读都注意到这个问题，也从"说法"的角度展开解读。[18]

---

[18] 如收录于本书的陈柏峰："秋菊的'气'与村长的'面子'——《秋菊打官司》再解读"，载《山东大学学报（哲学社会科学版）》，2010年第3期。

然而,冯象对这种乡村习惯法的"乌托邦"的批判,并不意味着冯象就是那个站在苏力对立面的为"说法"而斗争的权利法治论者。相反,冯象对隐含在苏力理论中的那个"法治",无论是"秋菊的法治"还是"中国的法治",都展开了批判。表面上看,冯象使用的理论都是苏力所采用的,但他们用这些理论的批判指向却有所不同。苏力强调"西方"权利法治论的"词"与"中国"现实法治的"物"之间的分离,实际上假定西方法治自身确保了"词"与"物"的一致性,而中国法治也需要实现这种一致性。而冯象却认为,这种"词"与"物"的一致性实际上是一种"乌托邦"幻想。现代法治原本就是"一个人为的矛盾的统一体。它之所以能标榜自己比以往任何样式的法治更加'理性'、更可预期、更'不坏',无非是因为它把不懂得预期它的干预、没办法认可它的裁断的秋菊们放逐到了'法律意识'或'权利意识'之外。秋菊的困惑,其实正是法治得以'现代化'的不可缺少的前提条件"。[19]当苏力试图建构一种能够让秋菊不那么困惑且能欣然接受的"理想"法治,冯象却进一步指出,"理想"的法治只能是一种语词上的、理论中的理想,而真实的法治"在本质上不是理论的事业",它只能是"全体人民社会生活,包括他们的斗争、失败、压迫和解放的产物。在这个继往开来的事业里,每一个秋菊都必须充分认识到自己的'法盲'身份和位置。法律之手插在谁的口袋里,手心里捏着谁家的正义,从根本上说,不是靠哪一种权利话

---

[19] 冯象:"秋菊的困惑",载《读书》,1997年第11期。

语的分析和解释能够预料的。法律因此是远比秋菊的'说法'要脆弱、多变、难以捉摸的东西,很容易被人操纵利用,常常服务于金钱和权势"。[20]

由此,我们看到,苏力的批判法律理论在批判一种源于西方的权利法治理论,而冯象则在苏力停步的地方更向前迈进一步,直接指向苏力心目中那个包容秋菊的理想法治本身。苏力和冯象虽然都借助福柯的权力谱系学,但福柯理论其实是一种退化版本的马克思主义法理学,他将马克思的唯物主义倒退回到结构主义,试图调和唯物与唯心的分歧。苏力采用马克思的经济社会理论,并将之与涂尔干、韦伯、福柯的理论结合。而冯象对法治的批判重申了马克思主义,一句对现代法治服务于"金钱和权势"的本质揭示和批判胜过许多宏大的后现代理论。[21]

只有理解了冯象试图将法治理想连根拔起,将批判的锋芒指向法治所体现出来的"金钱和权势"对弱者的压迫,我们才能理解冯象在文章结尾处讲述的"织女星文明"的故事。很少有人将其与秋菊的故事勾连起来进行分析。"织女星文明"用科幻的体裁讲了一个高级文明与人类文明之间的故事。它建构起高级与低级、"我们"外星人与"你们"地球人两重文明和两重世界之间的差异和支配,前者清晰地关注着后者如何生活在他们所设定的游戏中,而后者对前者只能怀有天堂般的美好幻觉。人类对织女星文明的美好幻

---

[20] 同本篇注[19]。
[21] 另参冯象:"法律与文学",收入《北大法律评论》编委会编:《北大法律评论》第2卷第2辑,法律出版社,2000年。

觉，不就是马克思所说的法治以中立性、非人格化和程序性所展现出来的形式正义从而给压迫者塑造出一种公平正义的幻觉吗？这个"幻觉"掩盖了"我们"外星人对"你们"地球人的这种实质性支配，这种支配不就是"法治"对"法盲"的支配，不就是在《秋菊打官司》中每个懂法的司法官员看着秋菊盲目地纠缠在几上几下的诉讼中所形成的支配吗？马克思把这个"我们"与"你们"说成是资产阶级与无产阶级的关系。而在马克思主义法律话语已被一些法律人遗忘的时代，冯象只能通过科幻故事来教育所有法治的信仰者：你们满怀热情追求的"法治"最终会成为套在自己身上的"铁牢笼"。因此，冯象才说《秋菊打官司》的结尾是一个"O. Henry 式的故事结尾"。

除了冯象，中国学者并不认同"秋菊的困惑"是一个"O. Henry 式的故事结尾"，因为大多数人对中国未来的法治充满信心，无论是主流学者所追求的西方式法治，还是苏力的这种批判理论所追求的中国式法治。然而，冯象批判的理论锋芒绝不会因此妥协。或许，他要批判的根本就不是所谓的"西方法治"，而是正在中国现实社会生活中不断生根的法治。他深深地意识到改革开放在中国法律现代化进程中要建设的法治究竟是什么，这种法治与西方没有什么关系，因为资产阶级从一开始就是全球的。为此，他坚持不懈地批判和揭露这种法治的暴力性和阶级性。而中国法治建设面临的危险就在于移植资本主义法律的法治新传统一支独大，若它既缺乏古典传统的制约，又缺乏"社会主义新传统"的制约，就会变成一种不受约束的"资本-官僚-法治"的混合体。曾经对法治抱有幻想的普通人最终发现他们在法治机器面前都会面临秋菊的困惑,以致每个人都变成了"新秋菊"。[22]事实上,也只有生活在现代法治生活环境中的美国教授斯通(Alan A. Stone)才能敏锐地意识到《秋菊打官司》中的这种卡夫卡式的体验,才会说出"这个笑话就在我们(指美国人——引者)身上"。[23]在二十年之后再读冯象对法治不断制造"法盲"的批判,对将"法治"营造为"织女星文明"般美好幻觉的批判,才能真正理解其批判法律理论中的洞见。

如果说冯象从马克思主义理论和中国社会主义实践出发对法治展开批判,那么凌斌在这个批判法律理论传统中,不仅批判从西方引入的、凌驾于秋菊这样的"法盲"之上的精英化的现代法治——他称之为"变法型法治",还从大众视角来"重写法治",建构一种"普法型法治"。如果说秋菊的"困惑"表明秋菊作为一个"法盲"在法治面前是被动的角色,那么凌斌试图从秋菊讨一个"说法"的努力中,重塑秋菊的主体意识和主体行动,从而在对法治的反抗中来塑造属于自己的法治。

在冯象那里,"法盲"是法治的必然产物。然而在凌斌这里,逻辑颠倒了过来,"法治"是"法盲"参与塑造的产物。[24]秋菊"打官司"恰恰表明秋菊不是法治之外的被

---

[22] 冯象:"新秋菊",收入苏力主编:《法律和社会科学》第15卷第2辑,法律出版社,2017年。
[23] Alan A. Stone, "Comedy and Culture", *Boston Review*, September/October, 1993;中译"喜剧与文化"。
[24] 凌斌:"普法、法盲与法治",载《法制与社会发展》,2004年第2期。

压迫者，而是在失败中努力学会如何成为驾驭法律的主体。正是基于"大众"与"精英"的对立，凌斌对"变法型法治"及其背后的"法治精英主义"展开了激烈的批判。事实上，"变法型法治"从来不排斥秋菊对法治过程的参与，秋菊"打官司"恰恰是主动进入到法治所设定的诉讼程序中。秋菊的积极参与甚至反抗恰恰是法治机器真正发挥效果的地方。"普法型法治"与"变法型法治"并非对立，反而是有机结合起来的。"变法型法治"恰恰是为了强化法治的权威才主动推动"送法下乡"式的普法运动。凌斌所主张的让秋菊主动参与法治实践，进而塑造法治的理想也是他所批判的"精英法治观"的理想，正是后者将秋菊塑造为一个彻底抛开传统乡村习惯法和社会主义政法传统，直接诉诸"为权利而斗争"、追求法治正义的"新女性"。

当然，凌斌所期待的秋菊对法治建构的参与并非自由主义式的"为权利而斗争"，而是社会主义传统中的群众路线。然而，群众路线绝非群众自发的、分散的、无目的的反抗，群众路线的前提恰恰是中国共产党作为一种新型精英深入群众、教育群众、团结群众、领导群众，而党要组织群众、领导群众就必须为法治的发展提供一个更加美好的未来图景，否则"法盲法理学"就会蜕变为民粹主义式的大众法治。然而，这正是凌斌面临的困难所在，因为精英主义法治恰恰已经成为法治未来美好前景的一部分。凌斌敏锐地意识到电影中的两个司法人员姓名具有的隐喻，一个律师姓"吴"，另一个法官却连名字都没有给，是一个"无"名法官。无论是姓"吴"还是姓"无"，都表明这个未来法治图景非人格化和抽象化治理的特征。正是在新兴法治逻辑与传统社会主义政法逻辑的对比中,凌斌指出了"新旧政治体制之间的冲突和不同政治逻辑之间的张力"。可惜的是,面对这种张力,凌斌最终丧失了曾经主张的以"法盲法理学"来批判"法治精英主义"的锋芒,将"秋菊的困惑"变成了"村长的困惑",以及对中国政治的未解困惑。[25]

比较而言,冯象之所以抱持一以贯之的批判锋芒,是因为他从一开始就看到了政法传统的衰退和法治的兴起与党的执政理念的关联。他从一开始批判法治就直接指出,如果丧失为人民服务的立场,法治就会蜕变为服务于"金钱和权势"的工具。而苏力和凌斌的批判法律理论很容易指向西方的某种法律理论,但针对现实中政法传统与法治传统交织在一起的中国法治发展,由于从某种意义上接纳了自由主义法治(只希望它从西方的转变为中国的)而丧失了批判的准绳。而这种准绳就意味着中国迈向现代的文明建构需要有完整的构想,由此才能对法治发展以及政党应该扮演的角色有一个完整而清晰的认识。

四

凌斌在其"法盲法理学"中批判"法治精英主义"高高在上,不倾听秋菊这些"法盲"的心声。因此,他试图倾听

---

[25] 凌斌:"村长的困惑:《秋菊打官司》再思考",收入强世功主编:《政治与法律评论》2010年卷,北京大学出版社,2010年。

秋菊想要的"说法"究竟是什么——在他看来就是村长的"一声道歉"。然而,若进一步深究为什么要"道歉",那是因为村长踢了她男人"要命的地方"。大多数学者停留在这个地方,满足于秋菊基于乡村社会形成了一套包含权利界定和分类的习惯法体系。唯有赵晓力不仅俯身倾听秋菊想要的"说法"是什么,而且进一步深入到秋菊的内心世界,探究为什么那个地方如此"要命",以至于秋菊竟然以中国人特有的那种不屈和倔强去不断撞击"法律之门"。

赵晓力的文章从秋菊所要的"说法"入手,不仅看到要村长"道歉"这个具体结果,更看到背后要争的"理",而恰恰是这个"理"赋予人们在乡村社会乃至整个国家中的行为正当性。在赵晓力看来,国家法关注的是"肋骨"受到的伤害,这种侵权法的背后乃是"一套关于'人'和'身体'的意识形态,这就是'劳动力身体'的意识形态。现代经济学已经把'人'建构成'劳动着的主体',在当代中国的语境中,农民尤其是这样的主体,或者只能是这样的主体"。[26] 然而,秋菊之所以关注国家法所完全忽略的"下身",并将这看作"要命的地方",就是这里涉及"生殖",而在生殖的背后乃是"命","是子孙后代,是命脉,是香火"。在赵晓力看来,这背后乃是"相信一种生命力的原始观念",是一种"原始的生命力":"如果说秋菊是一个维权先锋,那么她要维护的,并不是什么她或她丈夫的个人权利,而是一种普

---

[26] 赵晓力:"要命的地方:《秋菊打官司》再解读",收入《北大法律评论》第6卷第2辑,北京大学出版社,2005年。

遍的生育的权利，一种对于生殖的古老信仰：破坏生殖是最大的犯罪。在张艺谋的电影里，正是这种原始的生命力，这种老百姓生儿育女的基本的本能（basic instinct），让我们这个民族度过战争、革命、运动的劫难，也度过平凡日常生活中的消耗和杀机。这是这个民族之所以生生不息、无法从总体上消灭的真正原因。"[27] 这种对自然、原始、旺盛、强劲、坚韧、精力充沛、生机勃勃的生死爱欲本能的赞扬，无疑具有尼采主义色彩，它实际上构成对"物的世界"，一个机械的、利益计算的、缺乏情感的现代法治世界的强烈批判。

相信今天的赵晓力可能并不满意这种诉诸生殖本能的尼采主义，他在文章中更多借着张艺谋的电影叙事展开自己的讨论。"礼失求诸野"，中国文明固有的精神力量在精英文化的"大传统"中被否定的时代，唯有在土匪、秋菊这些乡村边缘人的身上才能看到残存的中国文化和文明的力量。这或许是赵晓力试图借助尼采主义提供一种新的批判意识：以一种文化保守主义的批判意识重新进入中国文明传统。事实上，也是从这个时代开始，赵晓力开始与后现代解构主义的批判立场分道扬镳，转向了一种文化保守主义。这就意味着他必须放弃后现代解构主义，为文化保守主义的批判提供一个哲学尺度和准绳。由此，赵晓力从福柯转向了施特劳斯，从法律经济学转向对生育、婚姻和家庭的研究，从而把梁治平早年提出的"法律文化解释"理论提升到一个更高的层次，即透过表面的中国文化深入到为中国文明传统提供价

---

[27] 同本篇注[26]。

值尺度和整套政教体系的"经学""礼学"层面,从而为批判法律提供完整的世界建构的尺度。而这恰恰是 20 世纪 80 年代以来关于中国"文化"的讨论逐步提升到文化保守主义、推动"经学"和"礼学"复兴的内在动力。正是在"经学"提供的家庭伦理视野中,赵晓力对最高人民法院推出的"《婚姻法》司法解释(三)"进行了最为尖锐的批判。[28]

如果从文化保守主义的立场看,《秋菊打官司》中真正重要的概念乃是"命",既是人之"生命",又是人之"天命"。当然,"生命"不是尼采主义所高扬的生殖本能,而是"生生不息"之"天命","人命"乃是"天命"的重要环节。具体到秋菊和村长,他们显然无法把生儿育女理解为尼采主义的狂野的生命本能,在他们的意义世界中,"生命"、"子孙"后代与遥远的祖先形成一个完整而生生不息的链条。秋菊和村长在这个链条上既是短暂的过客,又是不可替代的重要一环,他们生命的意义就在于维系这个完整的生命链条,而这个生命链条通过婚姻网络的不断扩展,最终形成一个生生不息、不断扩展、循环往复的生命网络。往小处看就是家庭和家族,往大处看则是国家和天下。这个生生不息、不断扩展和循环往复的生命网络,完全突破了西方哲学和神学中所预设的"阳光"和"洞穴"、"彼岸"与"此岸"、"死"与"生"的二元划分。它既是哲学的,因为它始终是人文主义的、理性主义的、世俗主义的;但它又是神学的,因它始终关注着生前死后、轮回与再生。更准确地说,我们根本无法

---

[28] 赵晓力:"中国家庭资本主义化的号角",载《文化纵横》,2011 年第 1 期。

用西方这些"哲学""神学"的概念来理解中国"经学"建构起来的中国文明内在完整的世界。这是一个生生不息、生死如一的世界,一种处世与入世、经验与超验、理学与心学融为一体的世界。这才是秋菊和村长所共享的意义世界。

从这个角度看《秋菊打官司》,始终是由"命"推动着整个故事的发展。秋菊要寻求的那个"理"也只有放在这个捍卫"香火"不绝、生生不息的生活世界中才能理解。在这个意义上,我们可以说《秋菊打官司》实际上讲的是一个具有宗教意涵的复仇故事。我们只有理解"命""香火"在中国文明传统中具有某种宗教含义(也就是我们所说的"儒教"),才能理解为什么村长宁愿接受法律惩罚也不愿意"道歉";才能理解为什么村长提供的是一个同态复仇的和解方案,让秋菊的丈夫也踢村长的"下身";才能理解为什么村长只有在倾尽全力来帮助秋菊生了"儿子"之后才获得救赎,彼此的复仇得到大和解,瞬间变成秋菊一家人的"恩人";也才能理解这个故事的悲剧性所在:五四运动之后,西方的"公理"在精英文化层面彻底摧毁了"天理",而现在又借助国家法无情地摧毁了乡野秩序中残存的"天理"。[29]

因此,秋菊诉诸的绝不是学者们普遍理解的"乡村习惯法"。事实上,"乡村习惯法"这个概念本身就是清末法制改革导致礼崩乐坏的产物,恰恰是在西式国家法中心主义的视野下,原本在法律之上的"礼"就像失落的天使一样,一夜

---

[29] 赵晓力:"祥林嫂的问题——答曾亦曾夫子",收入吴飞编:《神圣的家:在中西文明的比较视野下》,宗教文化出版社,2014年。

之间变成了法律之下的"俗"（习惯）。从这个角度我们再看清末法制改革中"变法派"与"保守派"的论战乃至民国时期制定民法典过程中开展的"民商事习惯调查"，其实就是面对礼崩乐坏的大变革时代，努力将中国文明传统的薪火保存在乡野的"习惯"中。今天我们看起来流落乡野的习惯法，在中国文明传统中原本属于"天道""天理"或自然法。因此，当秋菊诉诸"公家"的精英体系来寻找这个"理"的时候，原本是希望用这种残存的"天理"自然法来颠覆西方"公理"奠定的制定法体系。这无疑是一个西方安提戈涅式的或中国窦娥式的悲剧。[30]

事实上，所有人都明白秋菊所要的是超越法律之上的"理"，无论是赵晓力所暗示的中国古典的"天理"，还是凌斌所说的社会主义传统中赋予官僚责任的政治伦理。然而，没有人试图把秋菊所诉诸的"天理"理解为一种绝对的自然法，理解为可以用来挑战和批判移植而来的国家法的正当依据和准绳，也没有人试图把秋菊理解为安提格涅或窦娥式的悲剧英雄。这也证明奠定中国文明政教传统的"天理"在中国批判法律运动的主将们心目中差不多已荡然无存。事实上，恰恰是由于"天理"的死亡导致了中国批判法律运动的节节败退，法律社会学研究或社科法学在移植而来的国家法所发展出来的强大的职业化的法律教义学面前溃不成军，最终沦为社会法学或法律教义学之间毫无思想内容的技术性对

---

[30] 参见强世功："文学中的法律：安提戈涅、窦娥和鲍西娅——女权主义的法律视角及检讨"，载《比较法研究》，1996年第1期。

话。在这个意义上,从它技术性地选择后现代解构主义作为思考路径和理论工具开始,批判法律运动就已经埋下了今天衰亡的种子。整个论战的话语都是在西方话语体系中展开,我们却无法用西方的后现代思想来批判西方的启蒙思想。而文化保守主义只有推动中国文明传统中"天理"的复活与再生,才能真正激活批判法学的精神活力。这或许是赵晓力目前努力的方向所在。

五

在围绕《秋菊打官司》的评论中,批判法律运动从一开始就围绕国家法与民间法建构起一系列二元对立,徐斌细致地树立了这种普世与地方、精英与大众、斗争与支配、古典与现代之间的二元对立,并试图超越这些二元对立。[31] 这种纠缠着"中西古今"的对立构成了近代以来中国人的生存场域,我们只有对这个场域有一个清晰的认识,才能理解并评估这场批判法律运动及其发展走向。大多数学者将《秋菊打官司》引发的这一系列二元对立放在中国的生存场域来讨论,而把中国与世界的历史场景作为虚拟背景。然而,章永乐则认真地打开这种背景,把《秋菊打官司》放在中国加入世界贸易组织(WTO)这样一个宏大而完整的"国际

---

[31] 徐斌:"教化权、官员伦理与秩序变迁——以《秋菊打官司》中的李公安为分析对象",收入强世功主编:《政治与法律评论》第3辑,法律出版社,2013年。

体系"场域中加以审视。[32]

"中西古今"问题源于地理大发现以来西方率先推动全球资本主义的征服和扩张,由此在全球范围内带来所谓的"现代化"问题或者"现代转型"问题。二战之后,西方资本主义的全球化日益变成了"美国化",导致后发达国家普遍产生所谓"移植的西方法"与"本土的传统法"的法律多元主义冲突局面。为了消解对移植的美国法产生的抵制、反抗和革命,美国开始推动"法律与社会"研究,为美国法融入本土社会的法律提供对策和建议,由此诞生了"法律现代化""法律与发展""法律移植""法律文化"和"法律多元主义"等形形色色的理论。[33]这些时髦的法律社会学理论相互支持,利用理性化、抽象化乃至中立化的学术概念和理论范畴为美国在全球推动"美国化"的政治筹划进行"学术消毒",消除其中帝国主义或殖民主义的政治因素,从而使人们将这个世界帝国的征服过程看作是一个客观理性、中立化的历史过程。若从美国法理学的角度看,围绕在"法律多元主义"周边的上述种种理论无疑属于帝国法理学的边陲地带,实际上是美国法在全球扩展的必然产物,这种法律多元主义恰恰有效地捍卫了西方法律中心主义。而这正是冯象的批判法律理论所揭示的,秋菊的每一次努力都在客观上强化

---

[32] 章永乐:"从秋菊到WTO:反思国际战略选择与国内法律秩序演变的关系",载《武汉大学学报(哲学社会科学版)》,2017年第1期。即本书中的"从秋菊到WTO:国际体系与超前立法"。
[33] 关于这种法律多元主义理论的论述,参见千叶正士:《法律多元》,强世功等译,中国政法大学出版社,1997年;Sally Engle Merry, "Legal Pluralism", *Law & Society Review*, Vol. 22, No. 5 (1988), pp. 869-896。

了西方普遍主义法治的效果。冯象的批判法律理论之所以独树一帜，就在于他从一开始就超越中国与西方的对立，看到了普世法治背后的世界帝国景象，从而对全球资本-法治帝国展开批判。

在更广泛的意义上，中国的改革开放无疑符合美国以全球化名义建构全球帝国的战略。在这个过程中，美国主导的国际机构以及各种基金会对中国的改革开放给予了全方位的知识、人才、智力和决策支持。可以说，美国深度介入中国，为中国的法律现代化提供了知识助推。中国法学理论正是在全球帝国的边陲地带开始成长起来。

这一切无疑是中国加入WTO、采取"超前立法"以融入美国主导的国际体系的先决条件。在美国这个世界帝国的扩张过程中，中国的法律现代化进程与二战后非洲、拉丁美洲和东南亚国家在美国主导下的法律现代化进程有何不同？章永乐区分了"适应型超前立法模式"与"革命型超前立法模式"，前者承认并接受美国为建立世界帝国而采取的征服行动，主动适应世界帝国的安排，依附于世界帝国的分工体系，在国际秩序中成为美国的"附庸国"，从而获得世界帝国的认可和承认。后者不承认也不准备接受美国建立的世界帝国，而以一种反抗乃至革命的姿态建构自己的政治法律体系，最终要建立一个更加公平合理的国际秩序。正是从两种不同的"超前立法"模式出发，章永乐追溯了晚清以来的中国法律变革运动，看到晚清、民国的"适应性超前立法"转向中国共产党从根据地到新中国成立之后的"革命性超前立法"，改革开放之后重归"适应性超前立法"，以致带来"秋菊的困惑"。当然，章永乐对改革开放以来的"适应性超前立法"打上了一个问号，就在于他明确表示要区分晚清、民国的"超前立法"与改革开放的"超前立法"，那么这两种类似的"适应性超前立法"有什么根本的不同呢？

章永乐在文中反思并批判了左翼对中国加入WTO的担忧和批判，从而全面肯定了改革开放的这种"变法型法治"道路所采取的"适应型超前立法"的战略加速了经济发展和中国崛起，从而使得中国更有可能实现"革命型超前立法"的目标：重建公正合理的国际秩序。然而，不同于右翼将中国崛起单纯归结为"适应型超前立法"以及由此形成的市场经济和权利法治，章永乐不仅正面肯定了"革命型超前立法"的意义，而且进一步肯定了中国古典传统在自身崛起中的意义。在他看来，正是"革命型超前立法"为"适应型超前立法"的成功打下了"坚实的基础"。可以说，正是从"国际秩序"这个更宏大的视野和中国未来发展努力的目标，章永乐成功地弥合了左翼与右翼、革命与改革、改革开放前三十年与后三十年、"适应性超前立法"与"革命性超前立法"之间的张力，也由此成功地弥合了"秋菊的困惑"所带来的批判法律运动在理论上的上述种种二元对立。可以说，"秋菊的困惑"本身就是重新采用"适应型超前立法"发展战略的必然产物。

章永乐的这种综合努力成功地消解了批判法律理论所具有的"批判"意识，以至于苏力眼睛"向下看"关注的"秋菊的困惑"不再具有批判的意涵，而成为实现"超前立法"战略的内在组成部分。事实上，批判精神的消解已经实际隐含在苏力的理论中,因为他和章永乐分享一个共同的理论基础,那就是国际政治体系中强调国家实力的现实主义。诉诸"国际秩序"固然有一个好处,那就是能够调和、弥合国内纠缠着的"中西古今"的二元对立带来的政治撕裂,但一个致命的危险就在于对"国际秩序"的这种霍布斯式的现实主义理解,反过来会吞噬中国文明重建的价值选择。这其实是日本选择"脱亚入欧"道路的政治法理逻辑,也是目前国内大国自由主义的政治法理逻辑,但这绝不是中国革命道路选择的政治法理逻辑。中国革命道路的选择固然有"救亡"的策略性考虑,但其深层的政治法理逻辑乃是基于人类生存意义上的形而上学思考,是一种价值本体论的选择:救天下苍生于水火,追求实现天下大同(所谓"最高纲领")。正是这种精神所释放的巨大批判力量、斗争精神和建设力量,才是推动中国革命成功的力量,也是推动中国崛起的精神力量。[34]

由此,改革开放以来中国的"适应型超前立法"之所以不同于晚清、民国时期或二战后发达国家的"适应型超前立法",不单单是中国有一个"革命型超前立法"或历史传统所提供的有利于中国经济发展的历史背景或经济社会基础,而是由于改革开放的"适应型超前立法"具有一种内在的"革命精神"以及这种革命精神所捍卫的政治自主性。中国的"超前立法"绝非丧失政治主体性的"被动适应",而是在捍卫政治独立性和自主性基础上的"为我所用"的"拿来

---

[34] 参见强世功:"革命与法治——中国道路的理解",载《文化纵横》,2011年第3期。

主义"。换句话说，中国的法律现代化进程乃是国家政治主导下的自主"变法"运动，以至于"法律移植"这个缺乏政治主体性的概念（恰恰是这个美国法律社会学概念用来"政治消毒"的效果）经常出现在学者的学术论文中，却很少出现在中国官方的话语体系中。相反，中国政府的官方话语体系中，更多采用的是积极主动地"借鉴""学习"西方法律中有益的要素等概念。在这种"拿来主义"的"借鉴""学习"过程中，能够始终保持一种批判精神，正是能够有效抵制丧失政治主体性的"被动适应"或者"依附性适应"，始终保持"自主性适应"的关键所在。由此，改革开放以来的"适应型超前立法"恰恰是在革命精神或批判精神基础上的"自主性适应的超前立法"，而晚清、民国和其他后发达国家往往采取的是"依附性适应的超前立法"。由此，近代以来延续至今的两条现代化道路的斗争并不会像章永乐乃至苏力想象的那样消失在中国崛起的历史现实中。

因此，改革开放前三十年"革命性超前立法"的真正意义绝非单纯物质意义上的集体产权、劳动力素质等等为市场经济提供的"人口红利"，而恰恰是精神层面的，是"革命"这个概念本身所具有的精神力量，一种不屈不挠地通过努力奋斗捍卫生存意义并赢得尊严的精神，一种为家国天下的普遍主义理想奋斗终生的献身精神。这种精神内在于中国传统儒家文化的君子自强不屈的精神，它在无产阶级先锋队通过解放全人类最终解放自己的共产主义精神中找到了其时代的表达形式，而今天又被称为中华民族伟大复兴的动力。这种精神在革命战争年代体现在无数先烈英雄的身上，在社会主义建设时代体现在从邓稼先到王进喜乃至雷锋的身上,在改革开放时代就体现在高铁建设者、华为创业者等等在全球市场经济中争取主导权的奋斗者身上,也同样体现在乡村社会中的"秋菊"身上。可以说,我们每个人心目中都有一个自己的"秋菊",或为"权利"而斗争,或为"天理"而斗争。由此,我们才能理解为什么秋菊这样一个虚构的乡村社会中的普通形象在改革开放日趋西方化和精英化的时代反而引发了如此强烈的共鸣,因为在她身上体现了每个中国人不屈不挠地追求内在尊严、捍卫生存意义的斗争精神。正是从秋菊的身上,苏力敏锐地捕捉到了中国法律现代化置身于美国法律全球化及建构世界帝国这个特定国际场域中的困境,从而将法律多元主义理论作为对"依附性适应的超前立法"模式的批判。苏力始终追问的是"谁的法治","怎样的法律现代化"。法律多元主义理论也因此发展为一种批判法律运动,而这种批判的意识和批判力量恰恰是美国法律社会学家所推动的法律多元主义理论所缺乏的。后者把法律多元更多看作法律现代化进程中的必然产物,甚至希望借助法律多元帮助西方法缓慢进入非西方国家从而减轻冲突和抵制的震荡。

无论如何,在中国崛起的大背景下,近代以来长期困扰中国人的"中西古今"争论开始走向和解,出现了打通中国古典传统、社会主义传统与改革开放传统的"通三统"的努力。[35]在章永乐这里,"秋菊的困惑"恰恰表明中国古典礼俗社会传统与社会主义革命传统如何以意想不到的方式支撑

---

[35] 甘阳:《通三统》,生活·读书·新知三联书店,2007年。

了改革开放以来的"适应型超前立法"取得成功。他眼中的《秋菊打官司》不是展现礼俗传统、革命传统与"超前立法"之间的对立，而是三者融为一体："秋菊属于乡土中国，但那是一个经过革命与改革塑造的乡土中国。……秋菊，已经是一个进入区域商品经济市场的妇女。"[36]事实上，早在章永乐之前，徐斌就敏锐地注意到《秋菊打官司》电影中三种传统如何有机地融为一体，"市场与交易，西方的大众文化与毛主席的头像并存"。而村长与秋菊的男人之间的矛盾实际上起源于村长对先富起来的秋菊男人的潜在嫉妒。正是这种"新型富人"的经济实力使得秋菊的男人如此强势地挑战开始衰落的权威。不过，徐斌的分析并不是为了挑战此前形成的批判法律传统，相反他试图在每个传统中比以往的研究走得更远。比如在对中国古典传统的分析中，他通过对西沟子村的亲属秩序的建构，比赵晓力更细致、全面地建构起乡村礼法秩序，从而提出村长在传统社会中拥有"教化权"。正是基于对"教化权"的分析，使他对秋菊所要的"说法"给出了更为精湛和可信的分析。而在政法传统的分析中，他比凌斌更准确地把握了政法传统的实质，即政法传统不是简单地区别于礼法秩序的"公私"划分，而是中国共产党的政治伦理中拟制的一个更大的"革命大家庭"。中国共产党的政治伦理中始终拥有对人民群众的教化权，因此政法传统与乡村社会的连接点不是村长，而是李公安，他关注的重点也自然不是凌斌关注的"村长的困惑"，而是"李公安的困惑"，

---

[36]同本篇注[32]。

其核心就围绕"教化权"展开。

正是基于对三个传统的深入分析,徐斌提出了一个安顿三个传统的"通三统"差序格局方案:从最核心的自然共同体扩展到更大范围的社会共同体,再扩展到更大的陌生人共同体,这三个共同体分别代表着三个不同的传统。和苏力的"道路通向城市"一样,徐斌认为:秋菊打官司,一次次坚持不懈地启程,正是把纠纷不断带出原始发酵的土壤,从西沟子村的自然共同体,到乡村的社会共同体,再到城市的政治共同体。整个过程也是从古典到现代的中国历史文明连续传统。[37] 无论是章永乐提出的中国古典传统和社会主义革命传统强力地支撑着改革开放传统取得成功,还是徐斌提出的差序格局的方案,都意味着中国新型法治的建构必须同时吸纳和包容这三个传统,建构一种法律多元主义的法治秩序。[38] 这也意味着中国法理学需要走出批判法律理论所关注的"转型的法律多元主义",而在更一般的意义上关注"空间的法律多元主义"与"精神的法律多元主义"的建构。[39]

六

电影《秋菊打官司》引发法律社会学的讨论已经有二十

---

[37] 徐斌,同本篇注[31]。
[38] 强世功:"'法治中国'的道路选择——从法律帝国到多元主义法治共和国",载《文化纵横》,2014年第4期。强世功:"党章与宪法:多元一体法治共和国的建构",载《文化纵横》,2015年第4期。
[39] 强世功:"法律多元主义的重构:秋菊的困惑与中国法治的道路",载《东方学刊》,2018年第2期。

多年,这二十多年中国经历了迅速崛起的大转型。政治场域的变化与学术场域的变化无疑与此有着密切关联。20世纪80年代伴随政治方向和路线的全面调整,人文思想领域率先掀起一场激进狂飙的浪漫主义运动,由此带来中西文化比较的批判思潮,这无疑加速了改革开放所推动的经济和政治改革。进入90年代中国的经济社会改革步入正轨,社会科学开始兴起,经济学、法学和社会学等取代传统人文学科成为显学,为国家治理的转型提供知识、智力和舆论的支持。市场自由的发展不仅引发关于人文精神衰落的大讨论,经济改革带来的社会分化也推动了自由左派的强势崛起并与自由右派展开论战。2000年之后,中国崛起步入快车道,文化保守主义伴随着从民间到官方的"国学热"而成为思想界关注的重心。中国思想界从80年代的自由主义的批判、90年代以来自由左派的批判,转向2000年之后"通三统"的综合努力。

批判法律运动乃至法律社会学研究的兴衰无疑需要放在这个更大的政治场域和学术场域中进行考察。批判法律运动的思想谱系既有"文化热"中后现代人文主义思潮推动的法律文化理论,又受到社会理论中流行的国家与社会理论范式的影响;既有法律经济学的分析,也有女权主义的视角;既能看到福柯理论的影响,也能看到施特劳斯的痕迹。但从总体上说,批判法律运动既是自由左派运动也是文化保守主义兴起的有机组成部分。正是在这种总体的发展轨迹中,我们可以看到批判法律运动的兴衰与走向。

就本文围绕《秋菊打官司》所考察的批判法律运动的内

在理论谱系而言，从苏力1996年的文章到2017年章永乐的文章，刚好是二十年的跨度，中间差不多经历了三代学人。苏力毫无疑问是批判法律运动的开创者，然而，苏力的理论内在地包含着妥协性和两面性。虽然苏力在修辞上非常激烈，甚至以左派的面目出现，但其批判实际上很温和，他从来没有批判过法治本身，他批判的只是某一种法治理论。相反，他始终强调法治是工商业社会或陌生人生活中必须接受的治理术。他在线性史观基础上承认中国必须通过"超前立法"实现国家强大。用他在成名作《法治及其本土资源》的扉页援引的诗歌来说，"这才是根本的根本"。在这个意义上，苏力表面上是自由左派，可最终是民族主义者。他所主张的后现代理论可以对任何价值进行功能主义的解构，并最终将其还原为实力，从而成为现实主义者甚至尼采主义者。

在苏力开创批判法律传统之后，形成了两个批判的高峰。一个是冯象所代表的左派思考，它坚持人类大同的理念并对右翼自由主义思潮展开批判，尤其始终对全球正在兴起的资本-权力-法治综合体展开批判。另一个就是赵晓力所隐含的文化保守主义，一种基于中国传统"经学"对于人类生存意义和秩序安排的阐述，对西方价值观念和生存秩序展开批判。之所以说是两个批判的高峰，就在于他们超越于民族主义和现实主义，在价值和精神层面上对中国可能朝向的西方现代化道路展开批判。在此之后，批判法律运动走向衰退，到了章永乐和徐斌则完全放弃了批判意识而走向了综合，而且在法治秩序建构中试图安顿并综合三种法治传统。

批判法律理论从批判走向综合的这二十年中，源于西方的现代法律曾经作为一种移植的异质要素逐渐融入中国社会生活，如今已经成为中国人生活方式中不可分割的一部分。批判法律运动的衰退或许可以证明法律现代化理论及其预设的"变法模式"或"超前立法"的正确性。也许正是预见到了这种现实的后果，法律现代化理论的鼓吹者很少在理论上认真回应批判法律理论，这从本书选编的相关文章就能看出来。或许他们从一开始就将其目标锁定在现实制度的改革和安排上，而非思想理论的表述上。因此，他们更乐于占领面向大众的公共舆论，更乐于将自由主义法治理论塑造为与权力和制度纠缠在一起的大众意识形态，而始终缺乏动力或能力来回应批判法律理论，并思考如何建构更加美好的法治秩序。因此，尽管围绕《秋菊打官司》形成了一个批判法律理论传统，但它在法学界乃至更大的法律职业界始终是极少数学者讨论和关注的话题。这无疑是民主时代的一种常态。然而，我们不要忘记，当移植的西方法律成为完善中国法治秩序的丰厚质料，唯有批判法律运动所展现出的批判意识及其所指向的探索美好生活方式的想象，才能真正为中国法治秩序的未来发展赋予形式和灵魂。

导　言

秋菊的困惑与解惑
"法律与文学"在中国

陈　颀[*]

这几年，在进行"法理学"和"法律与文学"等课程教学时，电影《秋菊打官司》（以下简称《秋菊》）一直是我必讲的作品。原因很简单，从1996年苏力发表《秋菊的困惑和山杠爷的悲剧》[1]起，《秋菊》无疑是中国法学界关注最多的一部文艺作品，而且很可能也是最受西方法学界关注的中国文艺作品。二十多年来，"秋菊的困惑"已经成为在中国研究"法律与文学"的代名词，关于其蕴含或可能蕴含的法理意义的讨论，早已积淀成当代中国法学智识资源的重要组成部分。

另一方面，作为某种"普世"法治理念的挑战者，这个命题从一开始就遭遇了批评和质疑："秋菊的困惑"在什么意义上构成真实世界"法律与社会"的冲突？抑或只是少数法学家建构的一种巧妙的修辞？而且，从文学作品研究法律问题，也引发了方法论的困惑。第一类困惑来自法学界，某博

---

[*] 陈颀，中山大学法学院。
[1] 该文收入苏力：《法治及其本土资源》，中国政法大学出版社，1996年；最初发表于《东方》，1996年第3期。

士向我转述了一位法理学教授的疑问："对法学研究而言，文学比起真实的历史（社会）材料有什么优势？"第二类困惑来自文学界，一位文学博士对我说："为什么都是你们法律人在做'法律与文学'？如何能让我们研究文学的人也有所收获？"最后一类困惑来自年轻学生的提问："一部20世纪90年代初的电影，何以能够唤起如此多的思考？而对其解读、再解读的意义又何在？"

为了总结，也为了纪念，更为了再出发，有必要整理和总结二十多年来关于《秋菊》的研究及其方法论变迁。本书在一百四十多篇相关研究中选取了有代表性的14篇论文，大致以时间为序分为上下两编。上编的主题是"秋菊的困惑"，下编的主题是"秋菊的解惑"。

从苏力的经典研究开始，《秋菊打官司》的故事情节特别是其悲剧性结尾就成为"法律与社会"的研究素材。通过构建"秋菊的困惑"这一命题，论者讨论当代中国的"国家与社会""权利与情理""现代与传统""法治与法盲"等等二元对立的法律冲突与矛盾，提出中国法治应当尊重以"秋菊"为代表的普通中国人特别是中国农民的生活方式及其法律需求。从"秋菊的困惑"这一命题出发，有论者深入分析了"秋菊的说法"背后的"本土资源"：既有中国农民传宗接代的生活信仰，也有乡土社会中"气"和"面子"的生活逻辑。本书也收录了几篇重要的学术批评文章，它们从不同面向激发和推进了"秋菊的困惑"在法律意义方面的研究。有论者质疑苏力的基本命题"秋菊的困惑"在什么意义上构成真实世界"法律与社会"的冲突，抑或只是苏力建构的一种巧妙的修辞？更有论者从方法论意义上质疑"秋菊的困惑"可能只是个案，而非中国法律实践的当下和未来的普遍状况。上述批评主要以法经济学为方法论，也对早期秋菊研究的"二元对立"的法社会学方法论预设提出了挑战。

在我看来，"秋菊的困惑"受困于"二元对立"之处，正是"法律与文学"的开放性和可能性能够推进的地方：给困惑的秋菊"解惑"。在这个意义上，以"村长的困惑"和"李公安的困惑"等为代表的晚近的《秋菊》研究，在很大程度上超越了早期对西方与中国、国家与社会、法治与本土资源的二元对立冲突的解读。将秋菊的困惑置于乡土礼法、政法传统与市场法治等三种不同的法治传统的纠葛和融合中，乃至国内法制与国际秩序的互动关系之中；也将对秋菊问题的探索和解答，从地方性提升到"大国宪制"和"法律多元主义"的普遍性层次。可以说，晚近的秋菊研究，已经从"困惑"走向"解惑"，从一个批判性命题转向探索一般意义的法理问题，乃至法治的中国道路与世界方案的问题。

此外，收录于本书的《〈秋菊打官司〉研究文献目录选编（1992—2023）》是我整理的一百六十多篇研究文献，包括英语、日语、韩语等外文研究成果，供有兴趣的师友们参阅。

一

"我就是要个说法，我就没让他抓人，他怎么把人给抓走了？"这是《秋菊》的戏剧性结尾，从此入手苏力建构了"秋菊的困惑"的这一基本命题：根据"普适权利"构建的当代中国的正式法律制度无法容纳和回应秋菊的"讨说法"，反而损害了乡土社会中长期存在的社会互惠关系，造成悲剧性结局。"秋菊的困惑"挑战了当代中国的主流法治理论。这种理论主张每个中国公民都应当敢于"为权利而斗争"，强调政府官员必须依法行政，不得侵犯秋菊们的个人权利。[2]然而，如果秋菊打官司的结果对于万家乃至西沟子村都是悲剧性的，那么普通民众"为权利而斗争"付出的代价就可能是他们始料未及的。苏力提出，法律移植和法治建设必须考虑中国的社会背景与物质生活条件。因此，中国的法治建设需要认真理解和对待"秋菊的困惑"，以回应中国基层乡土社会的法律需求。

面对可能的方法论质疑，在收录于本书的《附录：从文学艺术作品来研究法律与社会？》[3]（以下简称《附录》）中，苏力自觉反思了"秋菊的困惑"得以成立的四个理由。第一，此片是"现实主义流派"电影；第二，其真实性在于生活的逻辑建构及其背后的普遍意义；第三，已有许多以文艺作品为素材来研究法律的成功范例；第四，文学故事解释相对于法律解释更具开放性，可以提供区别于主流法学理论的多元视角。因此，在方法论上，"秋菊的困惑"以（现实主义）文艺作品为研究素材，以文学（故事）的生活逻辑建构及其开放性为研究思路，开创了中国法律与文学研究的"法

---

[2] 有代表性的例子，如王利明："'讨说法'：从秋菊打官司说起"，载《当代贵州》，2015年第18期。
[3] 该文收入苏力：《法治及其本土资源》，中国政法大学出版社，1996年。

社会学进路",与苏力提倡的法律和社会科学研究分享共同的方法论预设:将"中国(社会)经验/价值"带回法学研究。在这个意义上,"秋菊的困惑"是一个立足于中国语境的学术创造,而非西方"法律与文学"既有理论的简单套用。毋庸置疑,这是苏力对中国法学研究的独特贡献。

在苏力的"秋菊的困惑"命题中,沟通中国"法律与文学"的是"中国社会",或者说立足于解释中国社会特定经验的法社会学理论。因此,"秋菊的困惑"对《秋菊》和《被告山杠爷》这些电影的使用当然是素材意义的。但这种法社会学对文学素材的使用与文学解释存在区别。虽然,文学解释并不必然受制社会科学限制,一个成功的文学解释并不必然依赖于外部社会解释。但是,如果仅仅把文学故事当作法社会学的研究素材,那么这种外部解释有可能脱离文本自身的结构,造成文本形式与外部阐释之间的裂缝或张力。我们知道,苏力讨论了两部"反映当代中国农村法治建设"的电影,然而他的理论分析依赖的所有细节几乎都来自《秋菊打官司》。在后续学者的讨论中,也只见"秋菊的困惑",不见"山杠爷的悲剧"。究其原因,一个可能性是前者的影响力和名气远大于后者,但是这种对文艺作品标准的实用主义解释重点在于其外部影响,而不太关心两部电影是否存在实质的"内在"差别。回到苏力,在《附录》第二段,他用了一句话解释:"《被告山杠爷》有较为明显的'普法教育'倾向或痕迹,有些地方有'煽情'。"这句解释看似平淡,其实点出两部电影对待"普法"的不同态度:前者面对"法治",困惑且无法接受,有待"教鱼游泳"式的法治启蒙;

后者虽然不免困惑且煽情，最后却全盘接受了"法治"的逻辑。

普法、法盲与法治，这是冯象《秋菊的困惑和织女星文明》[4]进一步探讨和推进的主题。按照主流的法治理论，实现大写的"法治"，需要普通公民和政府官员都具备"法治意识"——法治的前提是民众"理解"乃至"信仰"法律。于是作为制度的法治现代化，在意识形态层面上必然需要放逐秋菊们的"说法"，把秋菊们界定为有待通过普法——关于普适权利的法治话语的宣传和普及——才能完成启蒙或改造的"法盲"。在对待普法与法治的态度上，不同于充满困惑的《秋菊》，《被告山杠爷》无疑是一部宣扬法治的"普法"电影。故事发生在一个"被正式法律制度遗忘"的模范村，村里的党支部书记山杠爷以关祠堂、游村等"人治"方式对付违反村规的"泼妇刁民"，却不知自己已触犯国法。为了弄明白"村规与国法哪个更重要"，山杠爷的接受过小学普法教育的孙子寄出了匿名举报信（这个情节充满法治进化的隐喻！）。当进入山村的检察官调查清楚违法事实、即将带走山杠爷之际，面对依依不舍乃至下跪求情的村民，他不禁流下了两行悔恨的泪水。至此，山杠爷实现了自在自为（in itself and for itself）的"法治启蒙"，同时也给广大观众加强了法治意识。

在"法盲与法治"的辩证意义上，山杠爷的悲剧只是他

---

[4] 该文原题"秋菊的困惑"，原载《读书》1997年第11期，后收录于冯象：《木腿正义——关于法律与文学》，中山大学出版社，1999年。

的个人悲剧，在更大意义上却是法治的胜利（按照电影的结局也是村民的胜利）。而秋菊的困惑不仅是她个人的困惑，也是西沟子村的困惑。现代法治之于秋菊，如果仅仅是外部性的"织女星文明"，那么秋菊的困惑很可能会持续下去，并演变成某种"法盲"对"法治"的抗争。

二

作为法治实践的"样板"，大洋彼岸（织女星文明）的美国法学家会怎么看待"秋菊的困惑"？他们会认为秋菊打官司的动力是"为权利而斗争"吗？曾任哈佛大学法学院教授的阿兰·斯通认为，秋菊的诉求难以在正式的法律制度中得到解决，因为她寻求的是"人间正义"（human justice），而非简单的法律正义。斯通教授发表于1993年《波士顿评论》的影评收录于本书，是《秋菊打官司》在美国公映后众多评论中充满洞见和自省的一篇文章。[5] 他批评著名汉学家史景迁发表在《纽约书评》的影评过度政治化[6]，忽略了电影中许多不合常理的细节的整体意义。斯通教授提出一个问题，秋菊打官司的动力到底是什么？他无法理解一个中国村妇为何会在中国的"法律制度"中寻求正义，并获得各级官员的热情配合。在他看来，不真实的角色和不真实的法律细节，意味着本片属于魔幻寓言体裁。斯通强调，秋菊就像卡

---

[5] Alan A. Stone, "Comedy and Culture", *Boston Review*, September/October, 1993.
[6] Jonathan Spence, "Unjust Desserts: The Story of Qiu Ju", *the New York Review of Books*, 24 June 1994:12.

夫卡寓言故事里的农民一样，是法律体制的普遍受害者。秋菊不仅无辜，而且奇异地（strangely）不属于西沟子村乃至当代中国，就像"住在天堂的天使坠入凡间"。不合情理的秋菊充满着喜剧色彩，让中国观众发笑，却让西方观众误以为《秋菊》是一出冗长乏味的情节剧。因此，在文末，斯通提醒"准备做出评判的西方电影评论家"：文化（隔阂）对于电影阐释至关重要。他承认，自己也是其中一员。

尽管文化隔阂让斯通对秋菊的理解太过卡夫卡式的存在主义，也给自己带来了困惑，然而他以"西方法学家"的身份做出一个明智的判断——秋菊打官司的动力不大可能是"为权利而斗争"。作为"法律与文学"研究者[7]，他进而提出了一个敏锐的观点：电影的许多细节充满喜剧性，秋菊不能仅仅被理解为一个悲剧性角色。这也意味着对电影文本的解读或许不能纠结于故事的戏剧性结尾，而需要分析整体叙事。进而言之，如果想要打破"文化隔阂"，回应斯通式的困惑和问题，就需要继续探寻秋菊想要的"说法"在中国社会和文化语境中的意义。

反思和推进"秋菊的困惑"，首先需要超越对文艺作品的"素材"式（因而是法社会学理论先行的）方法论预设。正是在文艺作品的叙事形式与社会语境的辩证法意义上，我们得以理解收录于本书的张旭东《叙事、文化与正当性：〈秋菊打官司〉中的重复与独一性》一文的重要理论推进和贡

---

[7] Alan A. Stone, *Movies and the Moral Adventure of Life*, Cambridge, Mass.: MIT Press, 2007.

献。[8]作为在美国顶尖高校获得博士学位和终身教职的文学教授，张旭东谙熟斯通提及的"西方电影评论家"对张艺谋电影的"定见"：一种超越社会经济领域的"现代主义"美学神话。他提议，应当且可以运用艺术与政治、形势与历史的辩证法分析《秋菊》。他的切入点是中国乡村日常生活的叙事形式。这种人类学式的纪录片风格，让"社会主义市场经济"时代的中国乡村生活获得了某种自在本体（being in itself）的叙事正当性，并因此同时对抗"社会主义计划经济现代性和全球资本主义同质性的两种幻想"。《秋菊》的叙事正当性的关键词，是秋菊固执重复的"说法"，而非法律制度-合法性意义上的"正义/司法"。实际上，他强调，《秋菊》的英文字幕把"说法"误译成"justice"，这本身就是一种"法治"对"说法"的误读。秋菊的诉求与法律现代化之间存在着明显的错位，这给本片制造了鲜明的反讽意味和喜剧色彩。

秋菊执着地上告，不仅超出了村庄的伦理秩序，甚至远远超越法条主义所能容纳的限度，她想要的"说法"从日常生活指向了"人民主权"的"高级法"。张旭东总结，可以把秋菊"讨说法"看作寻求当代中国社会价值-意义的一个隐喻。秋菊的"说法"蕴含着某种早于和高于法治-法条

---

[8] Xudong Zhang, "Narrative, Culture and Legitimacy: Repetition and Singularity in Zhang Yimou's *The Story of Qiu Ju*," *Understanding Film: Marxist Perspectives*, ed. by Mike Wayne , Pluto Press, 2005. 中译本见张旭东："叙事、文化与正当性"，刘晗译，载《天涯》，2010年第2期。另见张旭东：《全球化与文化政治：90年代中国与20世纪的终结》，朱羽等译，北京大学出版社，2013年，第八章。

主义的不成文的秩序，构成了后者真正的基础。这才是《秋菊》的真正深刻之处，因为电影对法治并非绝对批判，而是报以积极的和理解的态度。秋菊固执重复地"讨说法"，每一次重复都意味着某种现存的伦理、政治和法律的纠纷解决方式的失败。受到尼采-德勒兹式的"永恒复归"的启发，在张旭东看来，每一次重复，都意味着秋菊作为无意识主体"为历史和政治所型塑的生活形式寻求其自我肯定"，并且展现了"讨说法"背后的具体生活形式的"独一无二性"。

三

解答秋菊的困惑，前提是认真对待秋菊想要的"说法"。在苏力研究的基础上，冯象和张旭东都尝试解读秋菊"讨说法"及其失败的理论意蕴。冯象提醒读者，秋菊想要的"说法"直接挑战的不是国家法律，而是村长的"说法"和"面子"。因此，"秋菊的困惑"并非民间法和传统规范与国家法律之间的困惑。类似的，借用"合法性与正当性"的理论概念，张旭东指出，《秋菊》的电影叙事服务的不是"法治"，而是非法治的"说法"，或者说嵌入乡村日常生活的最终指向某种构成卡尔·施米特式的人民主权社会基础的"不成文法"。

尽管各有创见，冯象的讨论似乎有些过于言简意赅，张旭东又似乎有些过于理论化。（施米特、德勒兹和尼采与秋菊"说法"之间可能存在张力？）就此而言，赵晓力的文章

《要命的地方:〈秋菊打官司〉再解读》[9],推进了常被"现代读者"遗忘或忽略的秋菊本人的"说法":"村长打村民两下也没啥,关键不能往要命的地方踢。"以电影对话为细读和分析对象,赵晓力在乡土社会-儒家礼法的语境中重构"要命的地方"的要害之处:村长作为乡土社会的"教化者",可以责打(踢)不服管教的庆来,但不能往庆来的下身踢,在村里谁也承受不起断子绝孙的代价。生育可谓是乡土社会的"自然权利",它无法也不应被强调保护"肋骨"(劳动力主体)的现代法律权利体系所替代。

尽管如此,在赵晓力看来,秋菊讨说法的真正对手不是乡土伦理中族长的"教化",不是李公安平衡双方的调解方案,也不是现代法律的"权利",而是村长的"面子"。支持秋菊讨说法乃至打官司的动力,除了生育的正当性,还有相信公家会支持乡村公道和情理的信念。《秋菊》的原著小说《万家诉讼》提醒我们不要忽略讨说法的真正对象,这是一场万家与"公家人"村长之间的官司。在赵晓力的细致分析中,从李公安到县公安到市里严局长乃至法院的解决方案,虽然是一套精妙的"程序正义的安排",但是所有公家人都不理会秋菊的"理"。他们给秋菊的"说法",与李公安的调解方案区别不大。这让秋菊开始困惑并怀疑公家人"是不是在底下都商量好了"。他进一步指出,这种现代法律"程序正义"并不需要事先商量,它已经成为公家人的真理。正是

---

[9] 该文收入《北大法律评论》编委会编:《北大法律评论》第6卷第2辑,北京大学出版社,2005年。

在公家和现代法律体系的两重否定意义上，我们（才能）理解秋菊讨说法背后顽强和强悍的生育本能，及其不能被大写的政治-法律制度所简化和吸纳的原因。在这个意义上，赵晓力捍卫了一种历史本体论式的家庭-生育伦理的正当性，因而可能让部分学者对此持保留态度。不过，不管我们是否接受这种"文化保守主义"的立场，以及基于这一立场对现代法律治理的福柯式的权力-劳动力主体诊断，在我看来，《要命的地方》最大的贡献是提出"公家人"作为生育伦理和法律权利之外的第三方，超越了法律与社会二元对立的法学理论范式，并影响和推动了之后的秋菊"解惑"研究。

"对于秋菊负气三番五次地上访，村长为了面子而坚决拒绝道歉"，这是陈柏峰的文章《秋菊的"气"与村长的"面子"——〈秋菊打官司〉再解读》[10]的切入点。从题目、内容和分析方式（注重台词细节）等角度看，可以发现陈文与赵文的相似之处。不过，作为一位有着丰富田野调查经验的法社会学家，陈柏峰从村庄生活的内在逻辑和国家对待村庄纠纷的态度展开分析。在他看来，秋菊的"气"难以挑战村长的"面子"，因为村庄生活是由以"面子"为核心的互惠互助关系作为纽带组织起来的。村长的"面子"不仅是村民之间的伦理互惠关系的一部分，而且更是一种在村庄治理中提供公共产品的权威-服从关系的基础，因而得到了"大家"的认同和支持（不过电影也暗示观众秋菊至少得到了部分村民的支持，这也是《要命的地方》的一个分析基础）。

---

[10] 该文原载《山东大学学报（哲学社会科学版）》，2010年第3期。

对待秋菊的诉求，国家表现为两种态度，一种是息事宁人的纠纷解决态度，一种是公事公办的依法裁判态度，这不仅"反映了司法和行政的差别，其实更反映了国家机关的基层和高层之间的区别"。陈柏峰还进一步分析了基层国家机关"偏袒"村长"面子"的原因：不（仅）是因为道德或利益，而是因为基层国家机关更理解乡村生活的逻辑，理解村长的面子对于基层公共品供给的重要性。

至此，陈柏峰一方面坚持苏力的基本命题，即法律移植和法治建设必须考虑中国社会背景及物质生活条件；另一方面也推进和深化以"地方性法律"的功能合理性反对法律移植的苏力式实用主义思路。基于基层经验，他建构了村长的"面子"之于基层治理的重要意义，提出并论证了"游走在国家正式的制度文本和乡村的本土经验之间"的法律实用主义的合理性。因此，他既反对秋菊的"说法"，即"公家"要让村长道歉，也反对国家法律强行介入村庄生活，打破合理（尽管也有问题）的村庄治理结构。不过，这种法律实用主义的合理性，建构在秋菊的"说法"不过是某种损害村庄互惠关系的不合群之"气"的判断基础上，这或许不会得到支持秋菊诉求合理性或正当性的学者们的认同。反过来说，陈柏峰的论题也提醒后来的讨论者，捍卫秋菊的"说法"，需要同时考量村长的"面子"。

四

任何一个具有生命力的学术命题，都有其批评者，甚至可能遭遇完全的批判。且不理会那些缺乏学理的批评意见，本书也收录了两篇具有代表性的批判性论文，它们从不同的角度丰富了"秋菊的困惑"的学术意蕴。

第一篇来自桑本谦的《"秋菊的困惑"：一个巧妙的修辞》[11]。从标题可见，作者质疑"秋菊的困惑"命题的正当性。他运用法经济学的激励机制，论证在当代中国法律制度下秋菊"遭遇"的合理性，从而否定了秋菊的"说法"的合理性和正当性。首先，他提出，正式法律制度的民事诉讼中，承担民事责任的"赔礼道歉"能够让村长给村民认错。其次，更为重要的是，拘捕涉嫌人身伤害犯罪的村长，尽管对秋菊本人和村庄生活可能是一个"悲剧"，但是从法律制度的激励效应——防范或最大限度地减少未来可能发生的损失——角度而言，正式法律制度的介入具有"两害相权取其轻"的合理性。因为，如果村长的救助是小概率事件，那么秋菊在村庄内部讨说法的可能性极低。因此，秋菊可以且能够依靠的只有正式法律制度，尽管她自己尚未意识到这一点（还未经历法经济学的启蒙？）。实际上，桑本谦发现，根据1990年《人体轻伤鉴定标准（试行）》第三十八条，阴囊血肿应当被鉴定为"轻伤"。只不过《秋菊》的导演/编剧或剧中的行政和司法官员不知道或者没有援引本条。最后，桑本谦继续捍卫规则治理相对个案正义的合理性。他提出，这是苏力讨论"梁祝的悲剧"时支持过的原理。就此而论，无论是法律移植还是本土创造的法理，都需要经过经济学加持的

---

[11] 该文原载《博览群书》，2005年第12期。

法治规则论的检验。反之,在他看来,从"秋菊的困惑"建构反对中国法律移植的"反法治"理论的尝试,缺乏严格的因果联系,因而"只是一个巧妙的修辞"。在我看来,桑本谦的论文提出了三个重要的论题。第一,民事诉讼可以给秋菊一个"说法"。第二,正式法律制度的介入在总体上有利于维护秋菊的权利。在这里隐含的判断是,根据法经济学原理,村长在雪夜救助难产的秋菊行为缺乏足够的制度性交换,即缺乏足够的激励机制,因而不可持续,难以推广。第三,就更大的范围而言,中国当代法律制度遭遇的主要问题不能归因于法律移植,而是立法制度和法律实践的混乱。

桑本谦的论题,可以在美国学者孔杰荣(Jerome A. Cohen)和柯珠恩(Joan Lebold Cohen)的论文《秋菊获得过良好的法律援助吗?》[12]中得到回响,尽管后者不是以法经济学而是以法社会学方式展开分析。在影片"不真实的核心叙事"之外,两位美国学者同样试图解读出秋菊讨说法(追求正义)的隐藏信息和可能意蕴。在他们看来,因为秋菊讨说法的"喜剧"过程"漠视实际的法制状况",展现了不真实的村民与官员的关系,因此,在很大程度上,电影的核心叙事是一种"社会主义法治"的普法意识形态宣传。于是,两位作者一方面承认,法律制度显然没有给秋菊带来"说法",所以秋菊给普通村民带来的教训可能是接受李公安的

---

[12] Jerome A. Cohen and Joan L. Cohen, "Did Qiu Ju Get Good Legal Advice?", *Cinema, Law and the State in Asia*, eds. Corey Creekmur and Mark Sidel, Palgrave Macmillan, 2007. 因种种原因,中译本未收入本书,可通过网络搜索参阅"秋菊获得过良好的法律援助吗?"。

调解方案,而非贸然启动法律诉讼。另一方面,他们提出一个新的思路,张艺谋对中国法律制度和实践的刻画存在缺陷,因为县市公安、吴律师和法院本身能够提供更好的法律援助手段:调解失败后直接向法院提起民事诉讼。换言之,"在民事诉讼中,村长本人将会被传唤出庭,面临法院判决他赔偿和道歉的风险,这才是秋菊所渴望的正义/司法"。

桑本谦和两位美国学者对"秋菊的困惑"的反思和挑战,在缪因知的《秋菊的错误与送法下乡》[13]中得到最全面的推进和最精细的辨析。这篇论文发表于苏力主编的《法律和社会科学》,围绕苏力开创的问题范式,就三个"最根本的问题"展开辨析:第一,秋菊的形象是否具有法社会学的普遍性?第二,村民秋菊"讨说法"失败,以城市为核心的现代法律是否需要自我检讨?进而言之,第三,城市与乡村、陌生人社会与熟人社会和法律与情理是不同的情景,面对秋菊的困惑,法治并不必然为此"背锅"。首先,缪因知提出,尽管不同于秋菊或村民为"要命的地方"(才)讨说法,然而"踢伤人要惩罚"的法律规则对于保护村民和市民具有同样的合理性,电影《秋菊》中法律制度的问题或许反倒在于"为民做主"的司法行政的能动性,也就是还不够"西化"。其次,秋菊的"说法"与外部法律的介入最终效果是类似的,都是对村长"面子"也就是权威的消解。最后,作为一个"外来媳妇",秋菊在走出乡村之时也在打破乡村

---

[13] 该文收入苏力主编:《法律和社会科学》第10卷,法律出版社,2012年。即本书中的"秋菊的错误与送法(律知识)下乡"。

的既有规则。因此，缪因知认为，在农村和法律现代化的背景下，秋菊的困惑有其特殊性，而并不具备普遍性。在这个意义上，对走出乡村（规则）的秋菊们进一步"送法（律知识）下乡"——比如普及民事诉讼制度和知识——才是解决其困惑的关键。

毫无疑问，三篇论文的分析和批评推进了我们对"秋菊的困惑"命题的理解、深化和反思。因此，有必要讨论三篇文章的一些共同和重要的问题。首先，三篇论文都提出，比起行政诉讼，民事诉讼是秋菊应该和能够采取的更优的法律救济方式。其次，三篇论文都认为，秋菊"讨说法"本身构成了对村庄既有规则也就是村长"面子"的挑战，从基层治理的成本和收益角度分析，基层政府维护村长的权威有其合理性。再次，三篇论文都强调，秋菊艰难曲折讨说法的核心叙事带有某种导演刻意为之的"特殊性"，不足以挑战具有普遍性和合理性的法律规则。特殊性，意味着秋菊想要的"说法"在法治背景下不具有普遍性、合理性和可持续性。普遍性，意味着法律规则关怀的是现代化转型中平等和自由的公民主体，而非带有个人特殊性诉求的秋菊式"个案"。合理性，意味着普遍的法律规则具有一套经过法经济学检验和加持的社会福利标准，比如"帕累托最优"或"卡尔多-希克斯效率"。最后，三篇文章或多或少都触及了苏力命题的暧昧之处：如果国家法律与秋菊的诉求之间是二元对立的关系，那么作为更具"地方性"因而"特殊"的秋菊，何以对抗更为普遍和合理的国家-法律规则？

在我看来，这三篇文章都属于对"秋菊的困惑"的内部批评，因为它们涉及这个命题的隐含理论前提：国家与社会、法律与伦理、城市与乡村、现代与传统等等"二元对立"。从二元对立的视角出发，国家法律的"入侵"必然导致秋菊的悲剧，破坏了秋菊曾有的"伊甸园"（苏力语）。就此而言，"秋菊的困惑"之悲剧性背后，是（西方）社会理论基本设定的逻辑结果。如果"所有的道路都通向城市"，面对以普适话语出现的现代国家法律，代表着传统社会伦理的"秋菊"的结局必然是悲剧，因为"秋菊们"的个体命运无法逃脱国家现代化转型的普遍逻辑。

五

"秋菊的困惑"受困于"二元对立"之处，正是"法律与文学"的开放性和可能性能够推进的地方。在我看来，"秋菊的困惑"面临的真正挑战是：能否超越"法社会学"等"外在理论"对文艺作品的内在形式和整体结构的"素材化/对象化"束缚，从而超越"法律与社会"等法社会学命题的二元对立的必然性矛盾冲突，进而思考更具建设性的法律思想和实践的可能。秋菊故事的意义首先在于论者对电影的故事建构，尽管其"可信性"依赖于更为广阔的社会语境。换言之，不是用一种外在的广义的"法律和社会科学"理论裁剪《秋菊》，而是力求文学的叙述形式与社会语境的统一。

凌斌发表于2010年的《村长的困惑：〈秋菊打官司〉再

思考》[14]（以下简称《村长》），在官民关系的中国"政法语境"中回应了相关批评，显著推进了关于（about）《秋菊》的法学理论研究。与他发表于2004年的《普法、法盲与法治》等其他相关论文相比[15]，《村长》的被关注度和引用率并不突出。然而，《村长》一文从秋菊故事的隐喻中寻求不同主体对于当代中国法律和政治的不同想象和"可能逻辑"。在凌斌看来，"村长的困惑"代表着村长作为基层官员，既不能理解为什么秋菊执着于"讨说法"让他"丢面子"，也不能理解一直维护他的"公家"在他救助秋菊母子之后，反而把他抓进了监狱。反过来，秋菊执着于"讨说法"，不是指民事法律上的"赔礼道歉"，而是需要让"公家人"村长给她赔礼道歉，这才是"讨说法"的要害。反之，认为民事诉讼是更好的法律救济方式的思路，可能对赔礼道歉作为民事责任这一法律规则和司法实践了解不足，而且没有考虑到村长如果拒绝赔礼道歉的情况下，法院能否强制执行的问题。

实际上，现有民事法规并未规定法院能够以强制人身的方式执行赔礼道歉，法院往往通过"公布判决书"间接实现"赔礼道歉"。[16]在这个意义上，李公安和县公安的"处理结果"早已因为秋菊的"讨说法"和不服气而为村民所知，同

---

[14] 该文收入强世功主编：《政治与法律评论》2010年卷，北京大学出版社，2010年。
[15] 凌斌："普法、法盲与法治"，载《法制与社会发展》，2004年第2期。
[16] 《最高人民法院关于审理名誉权案件若干问题的解答》（1993）第11条："问：侵权人不执行生效判决，不为对方恢复名誉、消除影响、赔礼道歉的，应如何处理？ 答：侵权人拒不执行生效判决，不为对方恢复名誉、消除影响的，人民法院可以采取公告、登报等方式，将判决的主要内容及有关情况公布于众，费用由被执行人负担，并可依照民事诉讼法第一百零二条第六项的规定处理。"尽管该司法解释仅针对名誉权，但法院常将其适用范围扩及各种人格权益受侵害时的赔礼道歉，进一步分析参见葛云松："民法上的赔礼道歉责任及其强制执行"，载《法学研究》，2011年第2期。

样间接达到了"公布判决书"的效果。然而,西沟子村村民和观众都知道,村长为了"面子"坚决不道歉,而秋菊也在坚持"讨说法"。退一步来说,就算法院有可能运用"罚款、拘留"等措施(司法实践中极为罕见)"强制道歉",但是村长只要被强制拘留之后坚持"不道歉",根据相关司法解释,法院也就不能对村长再次采取强制措施。[17]秋菊想要的"说法",民事诉讼的"赔礼道歉"给不了。就此而言,我认同凌斌的基本判断,"秋菊打官司"的实质"就是一个村民秋菊向各级政府寻求自己丈夫和村长之间官民矛盾的纠纷解决过程"。

从"官民关系"出发,秋菊的"说法"与村长的"面子"是一体两面。李公安的调解方案,虽然有偏向村长之嫌,但是,从村长救助秋菊母子的实例可见,"村长的面子,是政府、官员和百姓三者的共同利益所在"。凌斌进而提出秋菊"说法"的两重含义:一是政府要让村长给庆来道歉;二是政府不能把村长抓走。于是,影片的悲剧性结尾,不仅让秋菊满脸困惑,更让警车里的村长困惑。在文章的结尾,凌斌提醒我们,理解和认真对待秋菊和村长的说法和困惑,对于理解中国的法治乃至政治改革尤为重要。秋菊和村长的双重困惑,意喻政治与法律的纠葛,进而言之,相比"道路通向城市"的乐观态度,中国法治改革与政治和行政体制改革,"再没有一个现成的答案"。这个充满自我困惑和怀疑的

---

[17]《最高人民法院关于适用〈中华人民共和国民事诉讼法〉的解释》(2014)第一百八十四条规定:对同一妨害民事诉讼行为的罚款、拘留不得连续适用。

答案,尽管仍然不免受限于(未必是苏力本人的局限)"二元对立",但是已经别开生面地提出,诸如法律与情理、古典与现代式的二元对立本身,值得怀疑和挑战。

事实上,关于"秋菊的困惑"的二元对立范式,学界已有法律社会(人类)学的"普世与地方"和"中国与西方"、经济学的"规则与个案"和"市场与乡村"、政治学的"精英与大众"和"斗争与支配"、(经学)哲学的"古典与现代"和"法律与伦理"等等。正是在自觉反思和超越"二元对立"方法论的意义和高度上,我们得以理解徐斌的宏文《教化权、官员伦理与秩序变迁——以〈秋菊打官司〉中的李公安为分析对象》[18]的突出理论贡献。正如徐斌总结的,对于电影的悲剧性结尾,之前的法学家构建的是在"二元对立"视角下,现代法治语境下的基层中国百姓面临的根本问题。比如,在凌斌的论文中,秋菊的困惑代表的是现代法律移植的运作逻辑,而村长的困惑代表的是现代体制改革背后的中国政治运作逻辑。为了突破秋菊阐释的"二元对立"范式,徐斌试图在《秋菊》的电影形式中寻求语境化的阐释,在此基础上连接更为广阔的"理论问题",也就是中国社会变迁带来的基层治理中三种权力/秩序的纠葛和紊乱。他敏锐地注意到,秋菊和村长的困惑只是故事结尾的最强音,而不是整个故事中的人物常态。以往的研究,往往聚焦于故事结局的悲剧性转折,而忽视了秋菊和村长在全片六次纠纷解决中的动力基础。

---

[18] 该文收入强世功主编:《政治与法律评论》第3辑,法律出版社,2013年。

徐斌的切入点是"李公安的转变",即他的纠纷解决方案从乡土中国的礼治教化,到社会主义的政法调解,最后转变为放弃前两种伦理-法律的解决方案,转向去伦理化的规则裁判"法治方案"。徐斌提问,李公安(包括秋菊)的转变是怎么在电影的具体的基层社会治理情境中发生的?李公安的出场背景,是秋菊与村长的纠纷无法在村庄的礼治秩序内部的亲属关系中得到解决,尽管秋菊一开始诉诸村长"三叔"的族长身份。然而,逾越礼治教化权("再咋说也不能往要命的地方踢")的村长拒绝"道歉(克己)",而提出同态复仇的去礼治解决方案,这才有作为西沟子村"拟制家长"的李公安的出场。在符合法律规定的基础上,李公安在两次纠纷解决中,既尊重乡村的礼治秩序,又运用下乡调解和"批评与自我批评"等政法方法,提出兼顾"情理法"的调解方案。然而,李公安的方案既遭到村长的拒绝,也受到秋菊的怀疑。在与万家的纠纷中,村长没有把自己当成维护礼治秩序的族长;同样,在李公安的社会主义政法伦理的调解说教面前,村长也没有把自己当成"公家人",而是为乡里办事的"干部"。秋菊也怀疑各级公家人之间互相串通,对付自己这个小老百姓。最后,李公安也放弃伦理调解和主观能动性,转而完全认同上级机关的"规则治理"。

当现代法治真正介入西沟子村的纠纷和秩序时,为什么基层社会的教化权连同官员伦理都被摧毁了?徐斌没有援引任何"二元对立"的宏大理论为自己的论证背书,他从万家与村长纠纷的"罪魁祸首"——也就是几乎被我们遗忘的红头文件入手,展开了纠纷背后的政治经济学分析。这就是家庭联产承包责任制兴起带来的乡村的经济情况和社会地位的变化。因为劳动力充足和辣椒大丰收，万家是村里即将先富起来的家庭。秋菊倔强的背后，是万家有经济条件去县、市甚至省城讨个说法。村长一家虽然生活还算宽裕，但缺乏劳动力，支撑村长家经济生活的支柱，主要是政治身份（工资）。村长拒绝道歉，是因为村长的面子不仅代表着村庄的公共权威，而且意味着村长个人和家庭的"饭碗"。村长不愿也不能承担让万家"断子绝孙"的责任，秋菊更不愿意承担这个责任，因为纠纷的起因正是源于秋菊对村长的质疑："你有红头文件，那你拿给我看看啊！"自然共同体的礼治秩序，乡村共同体中的政法秩序，以及更大的政治共同体中构建的法治秩序，三种秩序不断冲撞，也不断塑造着西沟子村的村民和基层工作者。王善堂作为村长，和法治秩序一样，希望抛弃自己的伦理责任。而法治秩序本身也驱逐了李公安的伦理责任，后者曾经是基层政权中的常态。但是法治秩序难以触及秋菊最为关注的角色：家长。在这个意义上，徐斌断言，秋菊当家之后的万家和西沟子村的命运，也许不是悲剧，而是喜剧。

尽管遭遇了现代法律带来的戏剧性结局，但是《秋菊》的结尾并非秋菊故事的必然结局。追问和推演秋菊的"生活逻辑"，需要解释和重构秋菊的"生活世界"。尤陈俊的《中国法治事业中的空间因素与性别因素——从〈秋菊打官司〉的角色隐喻切入》[19]，从法治与空间的关系切入，认为《秋菊》

---

[19] 该文原载《学习与探索》，2013年第3期。

展示的是一位来自法治边陲的农民与低层法治空间的一次尴尬邂逅，并没有颠覆对于高层法治空间/核心权力空间的美好想象。在他看来，中国法治向乡村空间的拓展必将是一个通过权力支配获致规则整合的过程，而这必须通过无数次建立权利的直接支配方能完成。最后，作者承认，秋菊与法治相遇的结果是不完美的，秋菊的尴尬不只是一场尴尬的"送法下乡"，而且也反映了民众对于法律的陌生（包括心理上的抗拒）。我们需要更审慎地对待城乡的法制差异，以及不同性别的法治认知状态。在这个意义上，尤陈俊的文章不仅推进了中国法律与文学的"法社会学"进路的语境化和精细化，而且借助秋菊的主体性提出了中国"女性主义法学"的新潜能。

在《秋菊二十年：反思"法律与文学"》[20]中，笔者也进一步思考了秋菊的主体性问题。秋菊为什么百折不挠地"讨说法"？在讨说法的过程中，除了坚持和挫折，新的经验（特别是城市经验）带给秋菊怎样的超越"传统农民"的动力和主体意识的可能？在笔者看来，秋菊之所以走出乡土社会进入镇里、县上和城市讨说法，其动力不仅是生儿育女的乡土伦理，而且包含着平等的尊严和要求村长"为人民服务"的社会主义政法伦理，以及家庭联产承包责任制推行后通过种辣椒-市场交易而获得的财产-经济权利。换言之，这三种因素都是秋菊讨说法的动力。在这个过程中，秋菊多次（在多个瞬间）以为"社会主义政法伦理"（李公安-严局长）和"市场经济-法治"（法院）能够帮助她讨个说法，让

---

[20] 该文原载《读书》，2016年第9期。

村长道歉。在讨说法的路上，秋菊已经成长为一个真正的"主体"。其中，最被评论者忽略的可能是"男宝"的细节。从市法院打官司回来后，"坐上公安局长的小汽车"的秋菊俨然是半个城市人，不仅给家里的男人买来大方得体的衣服，而且给庆来带回了几瓶"男宝"。低头收下"男宝"那一瞬间，扭扭捏捏不敢再打官司的庆来，仿佛一个没有见识的家庭主妇。传统伦理、政法传统和市场法治这三种"社会逻辑"共同塑造了秋菊，使她超越了传统农村妇女的生活局限，成为万家新的家长，也是西沟子村人重视的"能人"。

六

从秋菊的主体性出发，她与村长之间的矛盾未必不会以和解告终，尽管她可能遭遇新的挫折。秋菊的主体性意味着一种新的历史和法律的理论可能性。透过秋菊的隐喻，可以发现当代中国"法律与社会"的复杂性：纠葛在乡土伦理、政法传统和市场法治等多种"社会逻辑"之中，蕴含着悲喜剧的种种可能。反之，这也意味着某种单一的"社会科学"不可能建构一个完美的"法治社会"秩序。进而言之，秋菊们的未来，可能不在西沟子村，而在城市。因为20世纪90年代初种辣子能让秋菊一家奔小康，但家庭土地和小农生产的局限让秋菊们不大可能通过种植经济作物实现真正的富裕。因此，秋菊的未来似乎不可避免地会被卷入国家现代化和城市化的社会转型大潮中。假设秋菊来到城市打工，当她再次遭遇法律纠纷的时候，她还愿意信任国家法律和政府官员吗？

如果答案是否定的,她会用什么办法来讨回自己的公道呢?

塑造秋菊主体性的"生活世界",不仅是基层社会的法理和秩序,在章永乐《从秋菊到WTO:国际体系与超前立法》[21]的分析中,一个处于基层之基层的村妇与世界贸易的"顶层设计"WTO奇妙地连接在一起。从晚清修律和民国立法运动起,中国"超前立法"的动机主要是为了加入和适应西方主导的国际秩序和法律体系。而在革命过程中,共产党人在中国基层社会推行的许多新法(如《婚姻法》)也有非常"超前"的一面,因而诞生了秋菊熟悉的李公安式的马锡五调解方式。在章永乐看来,在加入WTO的过程中,中国大幅修改和制定法律和政策的"变法",是20世纪中国的"法律移植"或者说"超前立法"的最新(也许也是最后的)表征。在加入WTO的宏大背景下,作为"经过革命与改革塑造的乡土中国"的村妇,无数的秋菊们可能会离开村庄,"在遥远的沿海城市成为不断扩展的中国制造业的新工人"。

作为个体,诚如秋菊的困惑的批评者们所言,她/他们可能在通向城市的现代化规训中接受和适应市场经济和法律规则,脱离礼俗社会和政法秩序的"束缚"。然而,章永乐指出,尽管一个国家内部法律制度的变迁必须适应国际秩序的压力,但是,国家的立法者和决策者应当立足于本土民众的整体利益和长远利益,做出国际战略和国内制度的选择。由此出发,关注和倾听来自基层社会的秋菊们的"说法",

---

[21] 该文原题为"从秋菊到WTO:反思国际战略选择与国内法律秩序演变的关系",载《武汉大学学报(哲学社会科学版)》,2017年第1期。

可以帮助国家立法者不被"漂亮大词"打造的"完美秩序"所忽悠，做出对中国社会无益乃至有害的"超前立法"，打造服务于秋菊们的国际"朋友圈"。

按照冯象《新秋菊》的分析，秋菊的故事之所以仍然激起学界的众多讨论，原因之一是，"大约今天的人民在很大程度上都成了秋菊，新的秋菊"。[22]《秋菊的困惑和山杠爷的悲剧》发表二十年以来，中国城市化、现代化进程大大加速。然而，在冯象看来，中国城市，包括大学，却越来越像被污染的"新农村"。他尖锐地指出，这种"新农村化"实质是官僚化，即法治化的官僚主义。部分校园出现的官僚化现象带来的压迫也传递给"青椒"和学生，让"城里人"成为困顿孤单的新秋菊，却不敢奢望秋菊的正义感和斗争精神。作为敦厚长者，冯象激励"年轻一代的法学家"在危机和乱象时刻，把握历史机遇，参与新的学术创新和进步。因为，"待到那一天，每一个劳动者即解放了的秋菊"。"新秋菊"的意蕴，显然已经超越了西沟子村的秋菊一家的生活世界本身。

实际上，最能呼应"新秋菊"意蕴，却因种种原因未能收入本书的论文，是苏力的新作《昔日"琼花"，今日"秋菊"——关于芭蕾舞剧〈红色娘子军〉产权争议的一个法理分析》[23]。在"梁信诉中央芭蕾舞团侵权案"中穷尽法律救济手段，却被判侵权的中央芭蕾舞团（以下简称"中芭"），就像秋菊一样愤怒和困惑，不惜以声明的方式"公开抗法"，

---

[22] 冯象："新秋菊"，收入苏力主编：《法律和社会科学》第15卷第2辑，法律出版社，2017年。
[23] 该文载《学术月刊》，2018年第7期。

反抗业已生效的法院判决。一如既往，苏力细腻梳理了《红色娘子军》从电影到芭蕾舞剧多次改编（集体再创作）的历史情境。而且，从音乐和编导等创作表演的特性出发，苏力分析了芭蕾舞剧的产权配置和保护并不同于"个人产权最优"的著作权人身权利教条化理解。因此，"中芭"案的司法者"出于好心和过分的权利意识"，可能在无意间创造了反公地悲剧，不仅损害当事人双方的实际权利，而且更为重要的是，可能损害了社会公众的利益。在苏力笔下，秋菊的形象也早已超越在法律面前满脸困惑的村妇本身，在真实的法律实践和事件中，逐渐"解惑"，获得新的生命力。

在近著《大国宪制》[24]中，苏力构建（constitute）的"齐家—治国—平天下"的（历史）中国宪制的三层框架，便是苏力自己对"秋菊的困惑"的完整答卷。秋菊的意义绝不局限于"齐家"，她同样关涉"治国"和"平天下"。为"秋菊"解惑，让"秋菊"（也）享受法治和治理的好处，这才是中国宪制的历史功效、制度规范和未来愿景。这个判断，或许对秋菊在"大国宪制"中的命运过于乐观。在本书的另外一篇文章《法律多元主义的重构：秋菊的困惑与中国法治的道路》[25]中，强世功提出，在苏力的"秋菊的困惑"与大国宪制之间存在着深刻的法律理论和实践张力。因此，对秋菊困惑的真正解答，需要在"法律多元主义"的视野下，"推动中国法学思考超越晚清法律移植以来形成的法律

---

[24] 苏力：《大国宪制：历史中国的制度构成》，北京大学出版社，2018年。
[25] 该文原题为"告别国家法一元论：秋菊的困惑与大国法治道路"，载《东方学刊》，2018年第2期。

实证主义的国家法观念以及背后的主权国家政治想象，超越改革开放以来自由主义法治塑造的权利（欲望）至上的生活价值观，从而在更广阔时空领域和价值尺度中思考未来中国和世界的秩序建构"。[26]

不断开拓中国法学理论的研究领域和论题（法律与文学只是其中一小块），苏力本人的身体力行，毫无疑问是"年轻一代法学家"的榜样。虽然如此，榜样不等于偶像，正如一位青年法学家所提倡的，我们可以"与苏力一起思考并批评他"[27]。实际上，本书收录的绝大多数文章都显露或暗藏了批评、推进乃至超越"秋菊的困惑"的学术抱负。包括导言作者在内的"新秋菊们"明白，研究秋菊的意义，绝不是在现代学术工业体系中挣取几个工分，而是由此出发，真正理解中国法治的历史和现状，认真对待中国大地上的秋菊们，思考秋菊与中国法治的未来。在这个意义上，以本书收录的十多篇论文和附录的一百六十多篇存目为代表，围绕《秋菊》这一作品和"秋菊的困惑"本身的研究，或许可以告一段落了。然而激发的批评、推进和一般意义的法律问题研究（借用苏力的习语），以及法治的中国道路与世界方案的艰难探索，永远在路上。

2018 年 10 月 6 日

广州南浦岛左岸

---

[26] 同本篇注[25]。
[27] 田雷："翻译教会了我如何用中文写作"，"三联学术通讯"微信公众号（sdx_bulletin），2018 年 7 月 31 日。

上　编

秋菊的困惑

秋菊的困惑和山杠爷的悲剧

苏 力*

> 法的关系……不能从它们本身来理解，也不能从所谓人类精神的一般发展来理解，……它们根源于物质的生活关系，这种物质的生活关系的总和……
>
> ——马克思[1]

一

我就从近年中国的两部颇为上座的、反映当代中国农村法治建设的电影谈起。

第一部电影是《秋菊打官司》，讲的是西北农村中的一个纠纷处置（而不是解决）。为一些并不很紧要的事，一位农民同村长吵起来了，骂村长"断子绝孙"（村长的确只生了四个女儿）。这种话在中国的社会背景（尤其在农村）下

---

* 苏力，北京大学法学院。本文最初发表于《东方》1996年第3期，收录于苏力：《法治及其本土资源》，中国政法大学出版社，1996年。
[1] 马克思：《〈政治经济学批判〉序言、导言》，中共中央马克思恩格斯列宁斯大林著作编译局译，人民出版社，1971年，第2页。

是非常伤人的。愤怒的村长因此和这位农民打了起来,向村民的下身踢了几脚。村民受了伤。这位村民的妻子——秋菊为此非常愤怒。她认为,村长可以踢她的丈夫,但不能往那个地方踢。她要讨个"说法",大致是要上级领导批评村长,村长认个错。由于这种纠纷在中国农村并不少见,而且伤害也不重,因此乡间的司法助理员没有给予这位村长正式的处罚,而是试图调解一下。这种调解不能令秋菊满意,于是她到了县城、省城讨"说法"。经过种种努力,最后在一位律师的帮助下,上级派来了公安人员调查,发现该村民受到了轻伤害(但并非下身受到伤害),应当受到治安处罚。村长被逮捕,判处了15天行政拘留。但是在秋菊被告知这一决定、村长被带走之际,秋菊说,"我只是要个说法,我就没让他抓人"。她跑到村外的公路边,看着远去的警车,满脸的迷惑不解:她不懂得为什么法律是这样运作的。

第二部电影是《被告山杠爷》。简单说来,山杠爷是一个非常偏远的、据说治安秩序很好的山村(县乡的治安人员都从来没有来过)的村党支部书记。他个人品质很好,非常受人尊敬,但他的职责和品性也使他与村里的一些人不时发生冲突。有时他甚至采取了一些不合法的手段强迫村民。村里有个年轻媳妇虐待婆婆,甚至打伤了婆婆,受到了全村人的谴责。山杠爷看不过,在该媳妇屡次打骂其婆婆的情况下,命令人把这个媳妇抓了起来,游了村。游村是一种非常严厉的民间惩罚方式。羞愧和愤恨之下,这个青年妇女跳河死了。事情捅到了上级司法机关,公安人员逮捕了山杠爷,指控他非法拘禁、侵犯了公民人身自由权。

这里的介绍当然是大大简略了，电影本身包含了更多的关于当代中国社会和中国农村的信息。对于这两部电影，不少中国法学家和评论家的解释是，它们反映了中国正在走向法治，人民群众已开始越来越多地运用法律来维护自己的权利。然而，这两部影片（尤其是《秋菊打官司》）提出的问题很多，底蕴很丰富，显示出"形象大于思想"的特点，因此任何理性的解释在对于形象的直觉感悟面前都往往显得简单、枯燥和拙劣。尽管如此，理智的、较真的追问却可以使那些不明确的，也许是一闪即逝的感触得以明确和确定，使那些让我们动情的东西以思辨的形式昭示于人间。

当然，本文不可能也不准备对影片的内涵做全面分析。本文将集中讨论：当我们看到一种据说是更为现代、更加关注公民权利保障的法治开始影响中国农村时，给农民带来了什么，这种"现代的"法治在他们那儿能否运行，其代价是什么？

二

就本文的实质性问题而言，这两部电影提出的第一个问题是，是否存在一种无语境的、客观普遍的权利，并可以毫无疑问地据此建立一个普适的法律制度来保护这种权利。通常的观点以及这两部电影所展现的法律实践中隐含的观点是一种普适的观点。这种观点认为，存在这种普适的权利界定，特别是在一些西方学者通常称之为基本性的权利上：安全、自由和财产权。尽管这种基本和非基本的权利分类在理论上早就受到质疑，[2]但在实践上仍然很有影响，包括在当代中国。在一定程度上，当代中国的**正式**法律和法律运作都受到了这种意识形态的重大影响。

但是，就秋菊的案件来看，这种观点有很大缺陷。例如，秋菊说，村长可以踢她丈夫，但不能踢她丈夫的下身，这种关于权利的界定明显不同于法学界的权利界定。[3]又如，尽管正式的法律没有规定，但在中国农民和许多城市公民心目中，都会认为说别人断子绝孙（哪怕说的是事实）也是对他人的严重伤害，这种伤害甚至要比某些身体伤害更为严重，是对公民"权利"的一种侵犯。然而，我们的正式法律制度没有考虑到这些因素，而是依据那种进口的观点构建起来的，因此，肉体的伤害是伤害，而语言，至少"断子绝孙"这样的语言是不构成伤害的。

当然如果仅仅是伤害的分类不同，或这一分类仅仅停留在语言的层面，那也无所谓。重要的是语言具有构造现实、影响现实的力量。伴随这种定义和分类而来的是一个正式法律的运作逻辑及其带来的社会效果。在《秋菊》的纠纷中，当司法机关没有发现身体伤害时，正式法律就将这一纠纷推开；而一旦证实有较为严重的身体伤害时，伴随的是法律上

---

[2] 例如关于罗尔斯的《正义论》中对两类权利的讨论，可参见 Alan Ryan, "John Rawls", in *The Return of Grand Theory in the Human Sciences*, ed. by Quentin Skinner, New York: Cambridge University Press, 1985, 特别是第 111 页以下；又见 Ronald L. Cohen, ed., *Justice: Views from the Social Sciences*, New York: Plenum Press, 1986, 特别是第 1 章。

[3] 参见"《走向权利的时代》讨论会纪要"，载《中国书评》，1995 年 11 期，第 42-43 页，赵晓力的发言；又见高鸿钧："中国公民权利意识的演进"，收入夏勇主编：《走向权利的时代》，中国政法大学出版社，1995 年，第 43 页。

的行政拘留——行政拘留被认为是对此案恰当、合理的解决方式,而没有给予秋菊所要求的说法。甚至这个正式的法律制度无法理解,也没有试图理解什么是秋菊要的"说法"。必须注意,我说的是这个正式的**法律制度**,而不是这个制度中的运作者;我认为,其实其中的绝大多数人,如果不是全部的话,都知道秋菊的"说法"大致是什么,仅仅是因为这个法律制度的设计和安排上没有这个"说法"的制度空间,因而就无法直面"说法"这一不合所谓的现代法制模式的请求。[4]换言之,只有符合这一法制模式的请求才构成诉讼请求,才能进入这一程序。在这里,制度的逻辑限制了一种人人知道的知识以及其他的可能性。如果不是将法制理想化甚至乌托邦化的话,应当说,在这里,实际就是法治——规则在统治,而不是人们以他的私人知识根据具体的情况做出裁决,即使这样的裁决是合乎情理的。[5]

必须承认这种法律运作**作为制度**的合理性。我并不试图根据秋菊这一个案子的得失而主张回到那种由某个圣明智慧、公正廉洁的个人依据个人的洞识恰当处理个案的人治模式;那样的人治可能会产生完美的结果,但——即使裁决者个人品质无可指摘——也完全可能产生暴政。长远来看,

---

[4] 影片多次显示了司法程序的这一问题:首先是乡司法助理员的调解(调解现在是国家正式司法程序的组成部分),秋菊不满意;其次是律师要秋菊对公安局提出行政诉讼(因为乡司法助理员的行政处分不当),秋菊拒绝了,因为公安局长是好人,帮过秋菊的忙;最后是村长的行政拘留,更是让秋菊于心不安和迷惑不解。
[5] 尽管我们习惯赋予法治褒义,但从经验层面上看法治本身是中性的,法治并不能保证每个案件的具体结果都是合乎情理的。关于法治的经验性分析,在我看来,最经典的仍然来自韦伯。参见 Max Weber, *On Law in Economy and Society*, ed. by Max Rheinstein, Cambridge: Harvard University Press, 1954。

从中国发展趋势和社会条件来说，中国必须建立制度化的法律，建立法治。而且我们也知道，任何制度性法律都不可能完满地处理一切纠纷，都必然会有缺憾之处。从这个角度看，这一法律制度具有总体上的合理性。

的确，对于许多受过正式法律教育的人（包括我自己）来说，可能都会认为，正式的法律制度更为正义，更具合理性。但是，这并不意味着正式的法律制度没有改进之处。因为正义和合理性并不是大写的。借用麦金泰尔一部书之名，那就要问一问"谁家的正义？何种合理性？"如果按照那种普适的、客观的权利观和法律制度，权利和权利保护都将以一种外来的观念来界定，而对于人们的"地方性知识"（再借用吉尔兹一部书之名）却没有给予多少重视。

必须指出，我并不反对吸取西方的观念和法律制度，而主张对任何观点都保持一种开放的心态。然而我的确对那种大写的普适真理持一种怀疑，因为这种大写的真理有可能变得暴虐，让其他语境化的定义、思想和做法都臣服于它。在近现代历史上这种经验教训并不少见。[6]

就秋菊的情况来看，她的要求更为合乎情理和可行，而且社会结果也更好一些。因为在我看来，任何法律制度和司法实践的根本目的都不应当是为了确立一种威权化的思想，而是为了解决实际问题，调整社会关系，使人们比较协调，达到一种制度上的正义。从这个角度看，界定权利和建立权利保护机制的权力应当是分散化的，在可能的情况下应更多

---

[6] 参见 E. W. Said, *Orientalism*, Penguin Books, 1978。

地考虑当事人的偏好，而不是依据一种令人怀疑的普遍永恒真理而加以中心化。因此至少从秋菊的困惑来看，我们应当说，中国当代正式法律的运作逻辑在某些方面与中国的社会背景脱节了。

我持这一立场并不必然意味着我完全同意秋菊的权利界定。我可能不同意。但假如我可以发现我的观点更接近那个大写的真理的话，也许我可以把我的观点强加他人，但问题是至少目前的研究表明不存在这种符合论意义上的真理，[7] 那么，也许我们应当考虑的就是在特定的文化语境中，哪一种定义和权利保护机制更有利于社会发展和社会和谐，均衡了相关各方的利益。

三

必须指出，所谓关注结果，并不仅仅是指这个纠纷的解决，而必须考虑长远。如果仅仅是考虑秋菊纠纷的解决，那种正式法律的解决办法在我看来也无可非议。但至少有一些法律纠纷的解决并不只是"一锤子买卖"，而是涉及长远的关系和利益。在秋菊的案件中，那种正式的法律干预，尽管似乎更符合那种被认为是普适且客观的权利观和权利保护，似乎是"与国际接轨"，但它不仅没有令当事人满意，而且带来了更为严重的后果：损害了社区中原来存在的尽管有纠

---

[7] 这类研究很多，可参见戴维森：《真理、意义、行动与事件》，牟博编译，商务印书馆，1993年。

纷但能互助的社会关系，损害了社区中曾长期有效且在可预见的未来村民们仍将依赖的、看不见的社会关系网络。

例如秋菊案中，尽管村长踢了秋菊的丈夫，但就在这之后，当秋菊难产、有生命危险时，就是这个村长组织村民并亲自抬着秋菊在大雪封山的夜晚，跋山涉水，将秋菊送到几十里外的县医院。村长的这种做法并不是因为他是西方文化中的"善良的撒马利亚人"，而是他作为村长的义务和职责。由此我们可以从另一侧面理解，为什么秋菊认为村长可以踢其丈夫——也许这是一种权利和义务的交换，是一种社会生活的"共识"。[8]

甚至这种解释也许都不是根本性的。更重要的，在我看来，是因为在农村这样一个人际关系紧密、人员流动较少的社区中，村民必须相互依赖、相互帮助才能克服一些无法预料的事件。在长期的共同生活中，在无数次的小摩擦里，他们陶炼出一种熟悉，建立了这样一种相互的预期。[9]因此，他们并不是如同近代以来西方文化中占统治地位的学说所假定的那样，是分离的、原子化的个体，而是因生活之需要紧密联系在一起的，在一定意义上"一损俱损，一荣俱荣"。因此那种基本上是基于个体的法律制度和法律理论不可能在这样的社会中有效运作。这也就是为什么，尽管有种种不满，秋菊却从不曾试图将村长送进监狱。

至少在这个"案件"中，正式法律制度的干预破坏了这

---

[8] 同本篇注[3]，赵晓力的发言，第43页。
[9] 参见费孝通：《乡土中国与乡土重建》，风云时代出版公司，1993年。

种社会关系和这个社区中人们之间的默契和预期。似乎法律得到了执行,似乎公民权利得到了保障,似乎正义战胜了谬误,但秋菊和村长最终还得在这个村庄中生活。理论上讲,他们还必须相互依赖,可是进过"局子"的村长和村长一家还能与秋菊一家保持那种关系吗?秋菊还能同村长保持那种尽管有摩擦、争执甚至打斗但仍能相互帮助的关系吗?我并不是说这种关系被永远破坏了,时间和另一个偶然的意外事件可能会恢复他们之间的关系,但毕竟要时间和机会。至少在一段时间内,可能他们之间将是一种虽无争执但极为冷淡的关系。一个"伊甸园"失去了,能否回来,则难以预料。

而且即使从公民"权利"保护来看,效果也未必好。这种正式的法律干预,使秋菊一家处于一种极其尴尬的地位,也使秋菊在其家庭中处于一种极其尴尬的地位。尽管秋菊从来也没有试图将村长送进"局子",但事实是村长因为秋菊的所作所为而进了"局子",在村民看来,在秋菊的家人看来,秋菊"过分"了,她"不近人情"。[10] 既然她的行为违背了涂尔干所说的那种由"社会连带"(social solidarity)而产生的集体良知,她就会在无形中受到某种非正式的社会制裁;[11] 在一定时期内,她将在一定意义上被"流放"(人们会不愿同她交往,她同其丈夫的关系也可能因之紧张)。因此,

---

[10] 这一点电影中已有流露,秋菊的家人、村子里的一些人以及村长在此前就已经对秋菊一级一级地讨"说法"表示讽刺,认为秋菊太"倔","没完没了"。
[11] Emile Durkheim, *The Division of Labor in Society*, trans. by W. D. Halls, Free Press, 1984.

我们要问,这种正式法律的干预究竟是对秋菊权利的保护还是对她的更大伤害?在这以后,在下一次类似的纠纷中,秋菊还会再次诉诸正式法律吗?

四

这两部电影还揭示了中国当代法治建设的另外一个问题。由于种种因素,中国农村社会在一定程度上、在一定领域内是超越正式法律控制的,因为政府还不能提供足够的"法律"服务来保持这些社区的秩序。

《被告山杠爷》就是一个例子。这是一个极其偏远的小山村,从来没有司法人员来过。在这个意义上说,它是一个被正式法律制度遗忘的山村。但如果不是过于天真的话,或者仅仅把成文法典作为法律的全部的话,我们应当认识到只要有人生活的地方,就会发生各种纠纷和冲突,即使像这样偏远的小山村,也需要"法律"服务。但在农村,由于种种限制(例如财力、人员),政府往往没有提供或不能提供足够的这类服务。[12]那么谁来提供解决诸如婆媳之间的家庭纠纷的服务?当社区需要的制度供给不足时,社区内部就必然会产生这样的机制和权力行使者,这就是为什么在中国,特别是在农村,长期以来,除了重大的纠纷外,一般问题都是

---

[12]"现在许多农村地区几乎没有合格的律师。乡一级虽有法律服务所,但据调查了解,法律服务所基本上徒有虚名。乡司法助理员一个人身兼数职,应付差事,并不能真正为农民提供什么法律服务。"参见刘广安、李存捧:"民间调解和权利保护",收入《走向权利的时代》,同本篇注[3],第311页。

乡间自己解决，并因此产生了许多规则、习惯、风俗。在这个意义上，即使这样的社区中，也存在着地方性的"法律"。这种地方性"法律"也许不符合那种被认为是普适的客观真理，但也决不是人治的暴政。执行这种"法律"的人尽管可能违反了正式的国家制定法，但他的行为一般来说必须获得村民的欢迎和认可，即具有某种合法性。

但当正式的法律来了之后，这些地方性的"法律"就处于一种极其艰难的局面。一方面，正式的法律制度没有或者没有能力提供村民需要的法律服务，而另一方面又禁止那些与正式法治相违背的"法律"实践。乡民们就面临着这样一种困境。虐待婆婆要管，可正式的法律又管不到、无法管，同时还不许乡民管。这岂不是要破坏人们社会生活所必需的秩序吗？我们应当责备山杠爷不懂法吗？可为什么他要懂那些与他们的日常生活相距遥远的正式法律呢，这些正式法律给予过他们什么利益呢？

秋菊的困惑从另一个角度说明了制度供给的问题：制度供给的不适用，"产品"的不对路。她仅仅是尝试性地诉求了正式法律，而她不仅没有获得她所希望的"说法"，而且无法理解正式法律运作的结果；她无意伤害他人却事实上伤害了他人，原来是她有理，现在却似乎亏了理，[13] 她自己的境况甚至可能比以前更加不利。"一次遭蛇咬，十年怕井绳"，她和无数个他或她怎么可能很快接受这种令他（她）

---

[13] 显然，我这是从观察者的立场所做的评价性描述，而从秋菊的主观上看，她会认为自己就是亏了理，而不是似乎亏了理。

们尴尬而又正式的、据说会保障他（她）们的权利并带来实际利益的现代法律制度呢？

因此，就有必要重新反省一下一些中国学者对中国传统法律文化的一种概括。他们在指出中国司法传统不发达、人们不习惯上法庭诉讼的特点的同时，习惯性地将原因之一归为中国人有"厌诉"或"耻讼"的传统价值观。[14]这种以观念来解释行为模式的文化解说是完全站不住脚的。首先，这种解说也许只是一种变化语词的同义反复，而没有告诉我们任何新的东西，不具有经验上的可证明性。因为，所有能证明中国人有厌讼观点的只是他们很少进行诉讼的行为，而之所以有这样的行为原因据说又在于他们有厌讼的观念。这样的解释只是使人们得到一种似是而非的满足。而从这两部电影，尤其从《秋菊打官司》来看，厌讼作为一种社会现象不是一种观念的产物，而是在一定的制约条件下形成的趋利避害的行为态势或行为习惯。[15]而要改变这种社会法律现象，使人们能够而且愿意诉求正式的法律制度，重要的也许不是不少法学家主张的提高公民的权利意识，不是所谓的普法宣传、告知公民他们有什么权利，而是要提供一种诉求的途径，更重要的是要提供功能上可以替代原先的纠纷解决方式的法律制度，其中包括正式的诉讼机制和其他非讼机制，来使他们实际获得或享有这种权利。

---

[14] 即使一些比较好的实证性研究，也偶尔流露出这种痕迹，例如，郑永流等编：《农民法律意识与农村法律发展》，武汉出版社，1993年，第17页。
[15] 关于这些制约条件的实证调查研究，可参看，刘广安、李存捧，同本篇注[12]，第309-311页；又请看郑永流等编，同上引书，第17页。

五

从某种意义上看,这两部电影都揭示出在某种意义上中国当代法律正日益西化,即强调正式法律制度,强调西方式的纠纷处理办法,强调西方的那种权利观念,强调国家对司法权的垄断性控制。

近代以来,许多中国学者都倾向于主张法律移植。他们以西方的法治为标准,认为中国是一个没有法治传统的国家,并认为这是导致中国经济不发达的一个重要原因。他们将西方的法治理想化,并构建了一个法治与经济发展的因果关系。在这种观点以及法律工具论和法律普适论的指导下,近代以来许多中国学者都认为中国应当大量复制和移植西方发达国家的法律。尽管事实一次次对这种观点提出挑战,[16]但近年来这种观点在法律移植和法律同国际接轨的口号下又流行起来。[17]在这种思想指导下,中国在过去的近十几年里,开始了一个以大量立法、强调正式法律制度为标志的法制建设。尽管中国法律与西方的法律仍然有许多差异,但无论在理论层面还是在实践层面上,中国当代的正式法制建设都更多受到西方法制模式的影响。

---

[16] 参见费孝通:《江村经济》,江苏人民出版社,1986年,第56-57页;又见《乡土中国与乡土重建》,同本篇注〔9〕,特别是"礼治秩序"和"无讼"两节。
[17] 例如,钟建华:"论按国际标准完善我国经济立法",载《中国法学》,1993年第2期,第18-23页;张文显:"世纪之交的中国法学发展趋势",载《中国法学》,1994年第2期,第4页;范健:"法的国际化与21世纪中国法学",载《中国法学》,1994年第2期,第31-36页。

这种努力应当说取得了一定的成就，而且我也承认在今日之世界，不可能有任何国家可能或有必要完全依靠本国的法治，因此法律移植是不可避免的。[18]但我认为，我们首先要问的问题不应是我们是否应当移植西方的法律，而是问我们应当在什么基础上才能成功移植西方法律，为了谁，又对谁有利。

当代的许多实证研究都表明，不考虑社会背景、不关注人们的物质生活方式，而仅仅从需要或抽象的"正义"出发的法律移植都失败了。历史的经验固然仅仅说明昨天，不能规定今天和明天，但它至少应当使我们重新反省一下我们的理想主义和工具主义的法律观。这种法律观在我看来不仅在于天真——如果仅仅天真倒也问题不大，更重要的是它可能对中国现代法治的建立和发展有害，不是增进了人们的利益，而可能损害人们的利益。没有任何社会是如此可塑、可以随意捏造的。如果仅仅为了"法制现代化"而按照一种所谓的通行的模式立法和司法，我们就会发现这种通行的法律难以通行（例如已经颁布试行十年的《破产法》）。更重要的是，由于这种观点倾向于将法律仅仅理解为国家的正式法典、法律组织机构和司法人员，而必然忽略了对这种制度的有效运作起决定作用的那种非正式的规则。[19]任何法律和政

---

[18] 甚至历史上许多被认为是具有地方性色彩的法律体系，也都是历史层积和多种文化融合的产物。参见吉尔兹："地方性知识：事实与法律的比较透视"，收入梁治平编：《法律的文化解释》，生活·读书·新知三联书店，1994年，第138—141页。
[19] 参见诺斯：《制度、制度变迁与经济绩效》，刘守英译，上海三联书店，1994年。

令的贯彻，如果没有习惯的支持，就必然需要使用更大的国家强制力。[20]而且即使如此，也未必能够贯彻下去。例如，如果美国人不具有托克维尔在《论美国的民主》中所分析的那种对司法程序的高度尊重的习惯，[21]辛普森的判决会带来什么样的社会后果？

由此，我们再回来看中国当代法治建设，就可以理解其复杂性了。中国有久远的、相对独立的发展史，并演化出了自己的法律制度；尽管这些法律制度依据西方标准来看未必是"法律的"，从今天中国的社会变迁来看，也已经不很完善，甚至过时了，但它毕竟在中国人的生活中起过并在一定程度上仍然起着作用。它就是人们生活的一部分，保证着他们的预期的确立和实现，使他们的生活获得意义。这不可能是仅仅以一套书本上的、外来的理念化的法条所能替代的。除非能得到某种功能上的替代品，中国人不会放弃这些习惯、惯例，而除非立法或移植的法律与传统习惯、惯例之间能有某种兼容，否则这些法律就无法在功能上逐步替代传统的习惯和惯例。无论立法者或法学家如何精心设计，无论理论上一个移植的法律是如何之好，都可能因为其是外来物而不能被接受。真正的法可以说是"道常无为，而无不为"，"大象无形，道隐无名"，[22]它在每个人的生活中起作用，但却被认为理所当然，天经地义。而一旦有人想强加一种外在

---

[20] 参见哈耶克：《个人主义与经济秩序》，贾湛等译，北京经济学院出版社，1991年，第23页及其注2。
[21] 托克维尔：《论美国的民主》上卷，董果良译，商务印书馆，1993年，第274页。
[22]《老子》，第37、41章。

的秩序，这无为的法就会"无不为"，显示出其强劲的抵抗力。正因此，我认为，在中国的法治追求中，也许最重要的并不是复制西方法律制度，而是重视中国社会中那些起作用的也许并不起眼的习惯、惯例，注重经过人们反复博弈而证明有效有用的法律制度。否则的话，正式的法律就会被规避、无效，而且可能会给社会秩序和文化带来灾难性的破坏。

与这种观点相一致，我对中国的法治建设持一种比较"消极的"态度：应当尊重人们的原创性。这并不意味着我力图保持现状，而是因为中国正在变化，市场经济的力量正在重新塑造中国社会的结构，法律规则作为社会生活的一维也必定会经历重大变化。但谁也没有能力预见并规定其未来，除了一个全知全能的上帝。而上帝死了。

这也并不意味着我将放弃作为当代中国人的责任。我所采取的立场是一个温和的罗蒂式种族中心论。[23] 我将依据我的知识从我的传统来做出判断，但保持一定的灵活性和自我反思，用孔夫子的话来说，就是"毋必毋固"[24]，不把自己的观点视为一种永恒的、最终的真理，因此总是希望为他人立法。

事实上，过去的十几年来，中国最重要、最成功的制度和法律变革在很大程度上是由中国人民，特别是农民兴起

---

[23] 参见 Richard Rorty, "On Ethnocentrism", *Objectivity, Relativism, and Truth*, New York: Cambridge University Press, 1991, pp. 203ff.。
[24]《论语·卫灵公》。

的,[25]而那些比较成功的法律大都不过是对这种创新的承认、概括和总结。相反,一些精心策划、设计的立法或复制外国的立法很少获得重大成功,一些曾被某些法学家寄予重大希望的立法甚至还没有得到全面实施就不得不重新修改。[26]这种鲜明的对比难道不应当使我们的法学家警醒?

1996年元月20日初稿

1996年3月修改于北大蔚秀园

附录:从文学艺术作品来研究法律与社会?

在此,也许有必要从方法论的角度简单论述一下以文学艺术作品为素材进行法社会学研究的可能性,因为一些读者可能对此有怀疑,并进而怀疑本文的基本论点。

法学,尤其是法社会学研究是对社会现实的研究;因此,从这个意义上看,这一研究似乎违背了法社会学研究的基本要求。其实这并不必然。首先,这两部作品都属于文学

---

[25] 这主要是指农村的土地使用改革和乡镇企业的出现,后者的出现对中国的市场经济的发展具有重要的作用。这不否认中央政府决策的重要性。但在这一变革中,法学家的作用几乎微不足道。近年来,中国公民权利的发展,其中最重要的部分也许是择业自由带来的,可这一变化至少主要不是因为法学家的工作或某个立法,也不是某种西方思想的影响,而是因为农村土地制度和市场经济的变革。法学家和法律家直至目前所做的工作也许仅仅是这一变革巨著中一个小小的注。

[26] 最突出的例子是1986年通过、1988年开始试行的《破产法》,此法从来没有也无法全面施行,但如今已在重新修改。关于《破产法》是理念主义的立法的讨论,请参见苏力:"市场经济与立法原则",载《中国法学》,1996年第3期。

中的现实主义流派。尤其是《秋菊打官司》，似乎只是将一幅中国北方农民的生活图景展示给人们看，如果说有什么倾向性或判断的话，也没有过分张扬；《被告山杠爷》有较为明显的"普法教育"倾向或痕迹，有些地方有"煽情"。尽管如此，两部影片的背景和人物还是可以很容易地从中国农村发现。

其次，本文关注和研究的并不是作品中的人物和事件本身是否真的发生过，而是事物显示出来的逻辑关系和普遍意义，以及这种逻辑关系是否与生活的逻辑关系相一致。在我看来，真实性并不等于真实发生过的某个事件；因为从哲学上看，任何对真实的再现（包括法律认定的事实）都是一种创造了的真实。人不可能研究现实生活中真实发生过的一切事，必定要有选择，要有描述和抽象，而任何选择、描述或抽象同时也就是对研究对象的"物自体"的构建，也即"扭曲"（不带贬义）。这就是"道可道，非常道；名可名，非常名"的道理。然而，如果抓住了生活的逻辑，则具有其独特的分析意义。

再次，但并非最次要的是，以文学作品来进行法学和其他学术研究（包括自然科学）的事例并不少。在自然科学上，我国著名科学家竺可桢曾以中国古代诗歌为基本史料研究了中国过去几千年的气候变化。[27] 在社会科学上，恩格斯曾经说过，他从巴尔扎克的《人间喜剧》中获得了许多有用

---

[27] 竺可桢："中国近五千年来气候变迁的初步研究"，载《考古学报》，1972年第1期，第15-38页。

的资料,"甚至在经济细节方面(如革命以后动产和不动产的重新分配)所学到的东西,也要比当时所有职业的历史学家、经济学家和统计学家那里学到的全部东西还要多"。[28]列宁曾称列夫·托尔斯泰的小说是俄国革命的一面镜子,[29]显然,托尔斯泰的小说成了列宁研究俄国社会的素材。以文学艺术作品进行法学研究的也有不少例子。林耀华先生曾以小说体完成了一部出色的人类学和社会学研究著作《金翼》,其中第三章就包括了对当地的司法诉讼制度的分析和解释;[30]波斯纳曾有专著《法律与文学——被误解的关系》;德沃金也曾从文学现象中提出过他的法学研究主张。[31]

更有一些学者从理论上论证了以文学艺术作品为素材进行社会科学研究的可能性。亚里士多德曾经指出,"诗(即我们今天的'文学艺术作品'。——引者)比历史更富有哲理、更富有严肃性,因为诗意在描述普遍性的事件,而历史则意在记录个别事实。所谓'普遍性的事件'是指某种类型的人或出于偶然,或出于必然而可能说的某种类型的话、可

---

[28] 恩格斯:"恩格斯致玛·哈克奈斯",收入《马克思恩格斯选集》第4卷,中共中央马克思恩格斯列宁斯大林著作编译局译,人民出版社,1972年,第463页。
[29] 列宁:"列夫·托尔斯泰是俄国革命的镜子",收入《列宁全集》第17卷,中共中央马克思恩格斯列宁斯大林著作编译局编译,人民出版社,1988年,第181—188页。
[30] 林耀华:《金翼》,庄孔韶、林宗成译,生活·读书·新知三联书店,1989年。
[31] Richard A. Posner, *Law and Literature: A Misunderstood Relation*, Cambridge: Harvard University Press, 1988; 德沃金:《法律帝国》,李常青译,中国大百科全书出版社,1996年,第204页以下。还可参见庞德为之作序的一本研究文学作品中的法律的英文文学作品选集, *Law in Action, An Anthology of the Law in Literature*, ed. by Amicus Curiae, New York: Bonanza Books, 1947。中国学者的一个初步研究,可见强世功:"文学中的法律:安提戈涅、窦娥和鲍西娅——女权主义法律观及其检讨",载《比较法研究》,1996年第1期。

能做的某种类型的事……"[32]林耀华的小说《金翼》也是一部社会学研究著作,王俊敏在一篇书评中曾就这部小说讨论的社会科学研究的真实性、有效性以及方法论问题,做出了相当细致、精到的理论分析。[33]这表明无论是以小说为研究的表现形式,还是以小说为研究对象,只要恰当,都是可能且可信的。尽管这一分析并不是针对法学的,但其中某些分析,是可以延展到法学特别是法社会学的研究领域的。

最后,从方法论上看,围绕故事进行分析研究问题的最大优点之一也许是故事的开放性、可解释性。与传统的理性思辨分析方法不同,故事提供了一个人们从不同视角考察问题、自由进入对话的场域,故事的解释是无法或至少是难以垄断的,是一个更具包容力的空间。因此,以文学艺术作品作为素材来进行法社会学研究不仅完全可能和可行,而且具有一些独到的优点。

---

[32]亚里士多德:《论诗》,收入苗力田主编:《亚里士多德全集》第9卷,中国人民大学出版社,1994年,第654页。亚里士多德的这一观点与韦伯的"理想型"以及维特根斯坦的"家族相似"都有相通之处,而"理想型"和"家族相似"如今被人文学者普遍认为是人文学科研究中现实且有效的工具。关于"理想型",可参见马克斯·韦伯:《社会科学方法论》,朱红文等译,中国人民大学出版社,1992年,第88页及以下;尼尔·丁·斯梅尔塞:《社会科学的比较方法》,王宏周、张平平译,社会科学文献出版社,1992年,特别是第5章。关于"理想型"和"家族相似",可参见张志林、陈少明:《反本质主义与知识问题》,广东人民出版社,1995年,第102页及以下。
[33]王俊敏:"在文学创作和社会学研究之间——谈《金翼》的方法论意义",载《民族艺术》,1998年第1期。

秋菊的困惑和织女星文明

冯 象[*]

我国法学向来有"幼稚"之名,业内人士并不讳言。但衡量一个国家一门学科的学术水准,除了看从业人员整体的学养和品质,主要还是看它的代表人物和代表作品。比如美国,我们说它的学术如何如何,无非指它的顶尖学者和有影响的著作。若是把全美国四百二十五种学生主编的法学杂志上刊登的论文一总儿拿来细算(美国法学院的传统,学术刊物一律由学生办),情况便大不一样了。美国学者自嘲说,一年到头雨后春笋般发表的论文当中的多数,读者恐怕不超过五个,即作者的职称评定委员会的评委(格兰顿,第205页)。中国的法学"研究",滥起来当然没有让美国佬占先的道理。毕竟,他们是不大敢一把剪刀、一瓶糨糊闯天下的。可是同时,近年来中国法学出类拔萃的少数代表作,其成绩之骄人,又是举世瞩目的。不读这些作品,就不知道中国有一群脚踏实地、孜孜矻矻、上下求索的法学家,不知道他们

---

[*] 冯象,清华大学法学院。本文原题"秋菊的困惑",原载《读书》,1997年第11期,收录于冯象:《木腿正义——关于法律与文学》,中山大学出版社,1999年。

的关怀之广、抱负之大、于学术事业的信心之坚。

今年六月到清华讲学,承苏力兄赐教,得一册他的新著《法治及其本土资源》(下简称《资源》)。七月初回波士顿,坐在飞机上把这本将近三百五十页的论文集一口气读完。读到精彩之处,忍不住翻回扉页去看那题记。那是我敬佩的同行前辈袁可嘉先生的名句:"书名人名如残叶掠空而去/见了你才恍然于根本的根本。"我以为《资源》确实大大"提升了中国法学的学术声誉"(赵晓力序),应当摆在标志着中国法学(尤其是法律社会学)开始成熟的代表作之列。

法律社会学我是外行。全面探讨《资源》提出并论证的一系列观点,应该由方家来起头。苏力为我们开掘的"学术富矿"的大致面貌和他的"既出世又入世"的学术品格,他的高足赵晓力君已经在序中做了生动的评述。此处我只挑一个通俗的题目,接着苏力的精湛分析发挥两点,聊表我"恍然于根本的根本"的体会。我想从《秋菊打官司》这个苏力喜爱的个案(故事)说起。

《秋菊打官司》这部电影特别引起法学家研究兴趣的,是秋菊讨的那个"说法"和国家制定的正式法律之间的矛盾和冲突。故事很简单:秋菊的男人和村长吵架,骂了一句"断子绝孙"(村长只生了四个女儿,没儿子)。村长大怒,踢了秋菊男人"要命的地方"。秋菊要村长认错,村长不肯,她就一级一级告状,讨她的"说法"。后来秋菊难产,村长领了人冒着大风雪,走几十里山路把她抬到县医院,救了秋菊母子的命。没想到,正当秋菊感恩不尽,等着村长来家吃给儿子做满月的酒席的时候,上级查出了秋菊男人被村长打的伤处（但不在下身），派了一部警车把村长带走了——十五天行政拘留［《治安管理处罚条例》第二十二条第（1）项］——害得秋菊好不难堪：她讨的是"说法"，政府却把人给抓了。

苏力提出的问题发人深省：国家制定、实施法律为的是保障公民的权利，为什么反倒让秋菊输了理？以这样的法律为基础的"现代的"法治，能否在中国农村运行？其代价又是什么（苏力，第25页）？

首先，秋菊对权利的"思想认识"似乎和法律规定的不同。例如秋菊说，村长可以踢她男人（因为男人骂了"断子绝孙"），但不能往"要命的地方"踢。她没法理解，为什么法律先是把她的官司一把推开，调解了事；后来又让她请律师，告那位曾经帮助过她的公安局长（不服公安局维持司法助理员调解处理的复议决定，提起行政诉讼）。而一旦发现男人受了轻伤，便不管两家事实上已经和解，把村长送进班房。她的"说法"明明是再简单不过的"理"，一碰上法律，事情就复杂化了。苏力说得好，"［法律］制度的逻辑限制了一种人人知道的知识以及其他的可能性"（苏力，第26页）。

于是，苏力把讨论引向对普适主义法制的批判。他指出，所谓"现代的"（西方式）法律只是正义的一种，没有资格自称"大写的真理"，代表着语境的、普适的权利界定和权利保护。如果我们对此不保持清醒的怀疑态度，那"大写的真理"就"可能变得暴虐，让其他语境化的定义、思想和做法都臣服于它"（苏力，第27页）。在苏力看来，"任何法律制度和司法实践的根本目的都不应当是为了确立一种威权化的思想，而是为了解决实际问题,调整社会关系,使人们比较协调,达到一种制度上的正义"。因此,至少从秋菊的困惑看,"中国当代正式法律的运作逻辑在某些方面与中国的社会背景脱节了"(苏力,第28页)。就是说,国家法律的现代化过分强调了与国际"接轨",而在运作中压制了民间法及其他传统规范(道德、习俗、宗教和行业伦理等)的成长,忽略了这些非正式法律和规范曾长期有效地调整着的那些社会关系。结果正如《秋菊》描绘的,正式法律的干预破坏了社区中人们传统上形成的默契和预期(包括秋菊与村长之间"那种尽管有摩擦、争执甚至打斗但仍能相互帮助的关系")。"一个'伊甸园'失去了,能否回来,则难以预料"(苏力,第30页)。

这里涉及一个我认为可以进一步讨论的问题,即正式法律作为国家意识形态的机器(apparatus),在实际运作中跟民间法等传统规范究竟是什么关系?回到《秋菊》,也就是秋菊讨"说法"究竟与什么相冲突?这冲突于我们法治的现代化又具有什么意义?

我觉得《资源》的基本观点已经触及了这一问题的实质,但作者更关注的是批判西方法权的普适主义和本质主义,论证法治利用本土资源的正当性和必要性。限于篇幅,他没有展开对秋菊讨"说法"本身的讨论,并就此考察"大写的真理"的实际构造和运作。因此我补充以下两点。

一、秋菊的"说法"

秋菊讨的那个"说法"的具体内容,当然是村长和官方"调解人"都明白的。不然村长就不会说秋菊"过分",司法助理员就不会无从调解,公安局和法院的干警也不会不能帮助秋菊讨"说法"了。秋菊讨"说法"直接挑战的,并非国家的法律。她腆着大肚子,让小姑子搀着一趟又一趟地走出村去惊动上边的领导,心中最不安的恐怕是包括她男人在内的村民们。这说明村子里多数人持的是一种不同的"说法",或者说,同一种"说法"他们主张不同的讨法。事实上秋菊之令人同情,很大程度上就因为她在村里、家里得不到支持;而巩俐无与伦比的表演,让观众自始至终替秋菊担心、着急,为她的勇气和志气所感动。她不光要面对村长的粗暴威胁,还要承受她男人和村民们的冷言冷语。她的讨不回"说法"誓不罢休,多少是要让村里人知道,他们的老一套其实是过时了。这个案子的难办之处也在这里。秋菊固然占着"理",可村长也得有一个"说法"交代:他的面子、说过的话往哪儿放?多年为党为人民工作,"没有功劳也有苦劳"嘛。损害了威信,今后叫他怎么工作?难怪司法助理员最后没办法,只好自己掏腰包买一份点心代村长送给秋菊,希望这样一来双方都有台阶可下。这个和事佬因此第一个倒霉,吃了处分——他只顾调解当事人的"说法",忘记了"以事实为根据,以法律为准绳"。

诚然,如果正式法律不干预,秋菊的"说法"在村长救了她母子性命之后也就烟消云散了。她和男人已经去过村长家恳求和解。村长保住了面子和威信,也就同意了——他嘴上没说,但抓他的时候,他已经让家人先上秋菊家去,自己则慢慢刮胡子,准备再拿几分钟架子才动身赴宴。

这是一个 O. Henry 式的故事结尾，凸显出法律一旦发动、干预起来便猝不及防，不留余地。但这恰恰又是村里人一开始就说过了的：秋菊要个"说法"也许是在理的，但她的无休止的讨法却大错特错了。低头不见抬头见的乡亲之间，怎么可以打起官司？在这个意义上，秋菊的困惑并非民间法和传统规范的困惑。在村里人看来，她之所以会"失去'伊甸园'"，纯粹是因为她做事太"过分""不近人情"，像老辈人说的，"头发长见识短"。

二、法治与法盲

那么，秋菊讨"说法"的失败和法治的"现代化"又有什么关系呢？首先，我们必须区分现代的（西方式）法律作为一种基于"个人权利"的话语构造和此种话语在我们社会生活中的实践，以及两者颇不相似的作用和目的。法治的理想，如苏力指出的，总是趋向于扮演"大写的真理"，主张普适的公民权利，为的是让秋菊们相信，在"理性化"（理想化）的法律面前，非但有平等的身份，而且有公正的"说法"。法治的实践，包括形形色色"说法"的讨法，却主要是围绕着各个政治、经济和社会利益集团常新的斗争、联合，彼此间势力的消长而进行的。因而具体的、适用的法律是不一定非要解决实际问题，与传统价值和风俗习惯和谐、达到逻辑上的统一的。它可以为一丁点儿形式上、技术上的差错或缺漏，例如证据规则的一项限制或排除，名正言顺地牺牲掉一个完全合情合理乃至"普适"的权利主张。

现代化的法治因此是一个人为的矛盾的统一体。它之所以能标榜自己比以往任何样式的法治更加"理性"、更可预期、更"不坏",无非是因为它把不懂得预期它的干预、没办法认可它的裁断的秋菊们放逐到了"法律意识"或"权利意识"之外。秋菊的困惑,其实正是法治得以"现代化"的不可缺少的前提条件。

换言之,法治现代化作为主导地位的意识形态(文字化、科层化、职业化的意志、手段和说教)的首要任务,便是设法保存并且每日每时地生产出秋菊们来,让他们成为自己教育、改造的对象,成为非文字化的、"简朴"的、"自发"的、互相矛盾的、愚昧无知的一个一个的"说法",以便区别对待、细心保存。在这个意义上,法治的建设或"法律移植"(如果把法律看成西方式法治的产物),虽然离不开"大写的真理"和普适的权利的宣传和普及,包括大量艰巨的"理论工作",但它本质上不是理论的事业(enterprise)。这倒不是因为老黑格尔说过,理论的猫头鹰要到傍晚才起飞,而是因为法治(换掉苏力的一个字)只能是全体人民社会生活,包括他们的斗争、失败、压迫和解放的产物。在这个继往开来的事业里,每一个秋菊都必须充分认识到自己的"法盲"身份和位置。法律之手插在谁的口袋里,手心里捏着谁家的正义,从根本上说,不是靠哪一种权利话语的分析和解释能够预料的。法律因此是远比秋菊的"说法"要脆弱、多变、难以捉摸的东西,很容易被人操纵利用,常常服务于金钱和权势。法律,有时候变成了某个人的意志、"威权化的思想",他说了算;有时候,法律干脆就是"和尚打伞，无法（发）无天"。

回到波士顿，正赶上独立节。电视上播出火星登陆成功的喜讯和探测器发回的一幅幅黑白照片，人类的意识形态机器在利用地球以外的资源了（拉图尔，第37页）。为避免落到秋菊的"法盲"境地，次日便和太太上电影院一块儿接受一部好莱坞新片《接触》（*Contact*）的教育。电影说的是一位女科学家（朱迪·福斯特饰）寻找外星文明的故事。有一天，她在新墨西哥州沙漠里用射电望远镜听到了来自织女星（Vega，即天琴座阿尔法星）的低沉的讯号。这讯号分析下来，居然是由一连串的素数（prime numbers）序列组成的（数学据说是"宇宙的语言"）。这一发现以及后来从讯号中破译的"织女星人"的星际航行舱三维设计图，引发了一场凶险的国际角逐，各派政治、宗教、商业势力都想控制航行舱的研制并分享利润。

经过种种波折，女科学家终于坐进了航行舱，在梦幻般的晕眩中"飞"抵那个向无知的人类伸出援助之手的文明。她发现自己站在一个夏威夷海滨样的幻景中央，和去世多年的父亲重逢了！原来父亲是织女星人变的。他捧起一把沙子让她看，沙粒在他掌心闪烁出天琴座（Lyra）的星图。女儿惊喜之余问，何时再能相见？父亲答，从地球来到织女星访问的，她并非第一人。"我们一直关心着你们的历史演变，时不时还到现场观察；你们当中，也常有人来此。"

然后女科学家被送回地球。整个星际旅程在她的摄像机里留下了十八个小时的静电噪声，可是在发射基地，人们告诉她那只是一次意外事故：高速旋转的航行舱没能升空并坠入了大海，指挥中心和她的联络只中断过四分之三秒。她到底是出了事故，在极度紧张的情况下产生了幻觉，还是在那四分之三秒的间隙里，进入了另一时空，接触到了织女星的文明？她必须向国会交代事件的"真相"。各个政治、宗教、商业利益集团又立刻活动起来。

从电影院出来到停车场取车，又是满天星斗。不知怎的，脑海中朱迪·福斯特听说事故后一脸茫然的形象慢慢变作了秋菊。秋菊的那一次"事故"，在法治的记录里，大概也就是几页纸的"噪声"吧。可是对于秋菊，那是从冬天到冬天，用她家仅有的两大车晒干的红辣椒换来的一趟"接触"。而她终于顶着凛冽的北风站到法律面前的时候，法律用远去的警车声对她宣示了什么呢？恐怕也就是——

"我们一直关心着你们的历史演变，时不时还到现场观察；你们当中，也常有人来此。"

一九九七年七月于铁盆斋

苏力：《法治及其本土资源》，中国政法大学出版社，1996年。
格兰顿（Mary A. Glendon）：《法律家治下的国度》（*A Nation Under Lawyers: How the Crisis in the Legal Profession Is Transforming Amercian Society*），哈佛大学出版社，1994年。
拉图尔（Bruno Latour）：《我们从未现代过》（*We Have Never Been Modern*），Catherine Porter英译，哈佛大学出版社，1993年。

要命的地方
《秋菊打官司》再解读

赵晓力*

> 人面不知何处去，桃花依旧笑春风。
>
> ——《秋菊打官司》片头曲

从苏力几年前在法学界讨论《秋菊打官司》开始，冯象、江帆、凌斌[1]等等关于这部电影的讨论随后，已经把《秋菊打官司》构造成在中国讨论"法律与社会"的一个经典电影文本。本文权且作为对以上几位讨论的补充。我假定读者都看过这部电影，具体剧情就不多交代了。

一、说法

《秋菊打官司》让"说法"这个词不胫而走。随便用谷

---

* 赵晓力，清华大学法学院，新雅书院。本文原载《北大法律评论》第6卷第2辑，北京大学出版社，2005年。

[1] 苏力："秋菊的困惑和山杠爷的悲剧"，收入苏力：《法治及其本土资源》，中国政法大学出版社，1996年，第23-40页；冯象："秋菊的困惑"，载《读书》，1997年第11期；江帆："法治的本土化与现代化之间——也说秋菊的困惑"，载《比较法研究》，1998年第2期；凌斌："普法、法盲与法治"，载《法制与社会发展》，2004年第2期。

歌（google）搜索一下"讨说法"，就会发现一大堆这样的新闻，比如，"美容'美'出'皮炎'，官司受害者讨说法"，"1.68万亿不良贷款要讨说法"，"母亲为女儿之死讨说法被精神病院强制治疗22天"，"蛋糕里吃出苍蝇讨说法消费者遭厂家电话恐吓"，"哥哥讨'说法'讨来一顿乱棍"，等等，讨说法似乎已经成为法律上"争取权利"的一个通俗说法，或者"要公道"的一个当代表达。

看这些报道，人们在"讨说法"的时候，好像都知道自己要讨的那个具体"说法"是什么。但是电影里秋菊要的那个"说法"究竟是什么，却不是很清楚。秋菊第一次要说法，是丈夫万庆来被村长王善堂打伤之后，她拿着医院开的检查证明，到村长家里：

秋菊：村长，庆来有没有伤，咱说了也不算，这是医院大夫开的证明，你看一下，咋办？

村长：该咋办咋办。

秋菊：人是你踢的，你说咋办？

村长：要我说，问你男人去，我为啥踢他。

秋菊：你是村长嘛，再咋说也不能往要命的地方踢。

村长：踢了就踢了，你说咋办。

秋菊：总得给个说法吧。

村长：我给你个说法，你甭嫌不好听，我叉开腿，在大院里站着，让你男人还我一脚，咋样？

秋菊：要是这，就啥也不说了。

村长：那就啥也甭说了。

秋菊：我就不信没有个说理的地方。

从这段对话可以看出，秋菊要的说法是由某个"理"得出的说法，这个"理"似乎是这样的：村长把庆来踢伤了，是村长不对，村长就要对庆来的伤负责。但村长不承认秋菊的"理"，认为自己踢庆来事出有因，是庆来骂人先失了理，踢庆来，是惩罚庆来的不对，两厢抵消，村长并不欠庆来什么。秋菊承认，王善堂作为村长，踢庆来本来也没啥，只是不能往要命的地方（下身）踢。这时村长提出了一个人类学家会称为"同态复仇"的解决方案：既然秋菊认为村长往庆来要命的地方踢不对，那就让庆来也向村长要命的地方踢上一脚，一脚还一脚，两家扯清。

秋菊不能接受村长的方案，到乡上李公安那里反映。李公安凭借多年农村工作经验，知道"一个巴掌拍不响"，问清楚了事情的原委：

秋菊：我家是种辣子的，你知道不？
李公安：知道。
秋菊：我家总想盖个辣子楼，砖瓦都备好了，村长他就是不批，没办法，我就在我承包的地里拾掇了一块地边边，想在那地方盖了就算了，村长还是不批，他说有啥文件，那我说，你有文件可以，你有文件，你就把那文件拿来给我看一下，他说不用给我看，他说他就是文件，不给我看。
李公安：这你别说，还真个有这文件。这承包地是让种庄稼的,都在里头动开土木了,那咱吃啥?

秋菊: 那文件上也没写打人这一条。他是村长,打两下也没啥,他也不能随便往那要命的地方踢。

李公安: 一个巴掌就拍不响,没个因由他就能随便打人?到底为啥?(问秋菊小姑子)为啥?

妹子: 我哥气不过,骂了他一句。

李公安: 你哥骂人啥呢?

妹子: 骂他下一辈子断子绝孙,还抱一窝母鸡。

李公安: 这就是庆来的不是了。谁都知道,王善堂四个女子没儿嘛,这话是糟老汉心窝子,去年计划生育刚给老汉计划了,这事就不能提嘛。

秋菊: 再怎么说,他打人就是不对,他是村长,不能随便往那要命的地方踢。我找他去寻个说法,他说他不管,说踢了就踢了,你踢了,你不管谁管,你是村长,你还打人,你就是不对嘛。

李公安: 就这事,是吧?

秋菊: 噢。

李公安: 我跟你说,他打人肯定是不对的……

秋菊: 就是不对么,往那要命的地方踢,踢坏了,他……

李公安: 我刚不是给你说了么,肯定不对嘛……

秋菊还是坚持自己的"理",就是踢人不能往要命的地方踢。李公安作为国家公安人员,按公家的法律政策办事,并不认可"要命的地方"和"不要命的地方"的区分,打了人，不管是不是"要命的地方"，"肯定是不对的"。另外，骂人，尤其是骂只有女子没有儿，又做了绝育手术的王老汉"断子绝孙"，也不对。李公安又到村上看了庆来的伤，找村长做工作，按照公家的"理"，给了秋菊一个说法：

李公安：秋菊你看是这，他打人不对，我也把他批评了，可你庆来说的那话也不好听，双方要各自多做自我批评，调解结果是个这：医药费、误工费由王善堂负责，一共二百元，你看咋样？

秋菊：我就不是图那个钱。我就是要个说法。

李公安：那是个犟人，又是个村长，你好赖得给一些面子。再说你庆来那伤也没啥。

秋菊：那还是没个说法。

李公安：他把钱都掏了，那就证明你对他错，这就算个说法了。

在李公安和他代表的公家的抽象意识形态看来，骂人都不对，骂什么话那是次要的，打人都不对，打什么地方也是次要的。既然骂人打人都不对，那么对骂人打人的都要批评，除了批评，双方还要做自我批评。这是一。第二，打人造成了身体伤害，要医治身体伤害，需要花费医药费，所以打人者要赔偿医药费；身体伤害还造成庆来卧床不起，干不成活儿，还要赔偿这个机会成本，就是误工费。根据这个"理"，李公安做出了王善堂赔偿万庆来二百元损失的调解方案。至于秋菊要的那个"理"，李公安给不了，只能含糊过去。

但秋菊显然不认可这个"骂人不对,打人也不对"的抽象的"理"。打人并不是都不对,村长打村民两下也没啥,关键不能往要命的地方踢。踢人要命的地方,并不是医药费和误工费能够弥补的。但在李公安"他掏钱就证明你对他错"的劝说下,秋菊还是接受了这个调解方案,拿着发票收据去找村长。

如果不是村长要自己的面子,事情好像到此就结束了。

二、面子

秋菊拿着发票收据去找村长,村长掏出二百元钱来,并没有直接给秋菊,手一扬,二十张票子散落在风里:

> **秋菊:** 村长,你这是啥意思?
>
> **村长:** 啥意思,别人的钱不是那么好拿的。
>
> **秋菊:** 我今天来就不是图个钱,我是要个理。
>
> **村长:** 理?你以为我软了?我是看李公安大老远跑一趟不容易,给他个面子,地下的钱一共二十张,你拾一张给我低一回头,拾一张给我低一回头,低二十回头,这事就完了。
>
> **秋菊:** 完不完,你说了也不算。

李公安设想的由村长掏钱来向秋菊证明"你对他错"的方案,不幸也被村长识破了。拿钱可以,服软是不行的。村长仍坚持他的理,就是他不欠庆来家什么;踢庆来,是对庆来骂人的恰当惩罚。给秋菊二百元钱，是给李公安面子，并不是对万家认错。秋菊必须用低二十回头为代价，拿这二百元钱。

正是秋菊在这个时候的选择，引起了观众对她的钦佩和赞扬。因为在日常生活中，在大部分情况下，我们都会选择折腰，拿地上的钱。秋菊替我们做到了我们自己做不到的事情，秋菊的形象，是从这一刻高大起来的。但秋菊不可能理会坐在黑压压电影院里的观众的心理活动。银幕上的秋菊没有选择低二十个头去拿那二百元钱，仅仅是因为这样拿到的钱，并不能证明"你对他错"。

秋菊挺着大肚子来到了县城。在别人的指点下，花二十元钱，请邮电局门口给人代笔的张老汉，写了一份材料，要求追究村长"平白无故踢伤我丈夫"的"故意杀人罪"。听到这里，两个县公安笑了。观众也笑了。

县公安局的裁定下来了，内容是："建议由所在乡的公安员进行调解，双方各自多做自我批评，求大同存小异，以安定团结为重，经济上仍以第一次调解为主，维持原乡政府的调解方案，医药费、误工费由王善堂本人负责赔偿。"

然而，秋菊去县里打官司，却彻底把村长的面子摧毁了。在村长看来，秋菊此举纯粹是到县里坏他的名声，让他以后在村里没法工作：

村长：这跟上一回一样嘛，秋菊跑了趟县城就弄了个这，我以为县里要把我枪毙了呢。

李公安：这回你听我的，回去给秋菊两口子说些面子话,这事就了了。

村长: 面子话,那面子话咋说呢?

李公安: 你看你看,大家都忙忙的嘛,为这事我都跑了几回了。刚才县上裁决你又不是没看,你不丢面子吗?

村长: 李公安,你说,有啥事乡里解决不了,凭啥到县里臭我的名声。

李公安: 哎呀,她也不想把你怎么样。

村长: 再说,我大小是个干部,以后我在村里没法工作。

李公安: 她也不想把你怎么样,她就是要个说法,你回去就给她个说法。

村长: 钱我给,说法,说法,我想不通。

做不通村长的工作,李公安只好自己花钱买了一份点心,谎称是村长买的,去秋菊家代村长赔不是。

李公安: 王善堂那是个犟人,那在乡上都是有了名的,这回能让我把这个点心给你捎来,这就不容易了。秋菊,你不是说要个说法吗,这还不算赔礼道歉?该赔的赔,该报销的报销,经济上你们也不吃亏,再说,这个民事调解,咱又不是去法院打官司,县上裁定这算到了头了,这也是领导决定下的。

秋菊: 李公安,这点心真是村长买的呀?

李公安: 这话说的,不是他还是谁?为这,昨天我跟他说了半天，人家是干部，总得给人家留点儿面子，这个点心往这儿一搁，这就等于来人，把不是给你赔了。

庆来：要是这样，啥事都好商量。他是村长，咱又能把他咋的。再说，日后都得在一个村里过，没完没了的没啥意思。县里定下的事，我们没意见。

秋菊公公：我也没意见，政府定下的，我也没意见。

秋菊：要是这，那就算村长给咱赔了不是了，钱不钱么，无所谓了。

李公安：该赔的还是要赔哩。那咱这事，就算完了，我也没白辛苦一回。

要不是秋菊问了代销员，得知点心不是村长买的，事情好像也就到此结束了。二百元钱不能证明的"你对他错"，一份不值二百元的点心却可以证明。看来，秋菊和村长在这个回合争的，并不是钱，而是"面子"。李公安在这个回合的调解，围绕的也是面子的交换。他让村长看他的面子，给秋菊两口子说些"面子话"，又让秋菊家看自己的面子，给村长留些面子。在这个回合，李公安实际上已经放弃了自己所代表的国家的"理"，不得不按照村庄的"礼"来运作。国家"骂人打人都不对"的"理"没有再提起，但"国家"赋予"干部"的身份，还可以转化为村庄认可的"面子"资源，投入到"面子"的交换中。

然而，在秋菊得知点心并不是村长买的之后，这场面子的交换礼也就失效了。你敬我一尺，我敬你一丈；你不敬我一尺，我也不敬你一丈。秋菊把点心退给了李公安，继续到市里要说法。市公安局复议的结果，是维持乡里和县里的决定，只是赔偿数额加了五十元钱。看来，市里的决定，基础仍然是李公安一开始就阐明的国家的"理"，而不是秋菊的"理"，那二百五十元钱，仍然不过是对庆来看得见的身体伤害的赔偿。庆来接受了，但秋菊仍然没有接受！她把庆来拿的那二百五十元，扔回到村长面前。村长需要低二十五回头，才能把那些钱拾起来。秋菊叫上妹子，装上辣子，卖了钱做盘缠，继续到市里要她的说法。

三、官司

看电影的人，会忽略这部电影的名字是《秋菊打官司》。这是一场官司。秋菊一开始到村长家，不仅是向王善堂个人要说法，也是向村长这个"公家人"要说法。她向乡里、县里、市里要说法，也是在向"公家"要说法。她"不信没有个说理的地方"，因为她相信说理的地方在公家，在上级。头一回从村长家回来，她告诉家里人村长说不管，家里人都支持她去乡上要说法，显然大家都相信，公家并不只是一层层的官僚机构，还是公道、正义、理的承载者。

秋菊到乡政府找到李公安的时候，李公安正在断另一个打架的官司。一方当事人，在向公安员叙说打架的前因后果，而公安员关心的，却是谁先动手的问题。显然，公安员们假定，谁先动手，谁就有错，谁就应该负责。但当事人却坚持要把事情的起因说清楚，要表明并不一定是谁先动手谁就错，没有动手的一方也许有错在先。这预示了，公家只处理它的"理"能够涵盖的那些环节，并不就事情的整个是非曲直做出判断。所以，李公安并不关心为什么村长不给秋菊家批盖辣子楼的地方，而只是说，的确有不许在承包地里动土木的文件。村长为什么不给秋菊家批？这个问题，以后再也没有提起过。甚至秋菊到县上告状的时候，她找张老汉代笔写的材料，也不再提辣子楼的事，只说村长违反计划生育这个公家听得懂的"理"："村长养了四个丫头，不仅说明他没本事，更说明他严重违反了计划生育政策，他养不出儿子，就拿普通群众撒气，我丈夫顺嘴说了养母鸡的话，村长就对号入座，认为母鸡是指他女儿，是可忍孰不可忍，他平白无故踢伤我丈夫，犯了故意杀人罪，国法难容。"

县公安听了，却笑了。秋菊的努力归于白费。村长违反计划生育政策，不属于公安局管理的范围，公安局只能管归它管的那一部分。县公安继续问秋菊："乡上公安员已经处理过了，你咋还找我们呢？"秋菊说："我怕李公安偏向村长，我要求县上处理。"县公安接着告诉她，五日之内县公安局会做出裁决，如再不服，还可以向市公安局提出复议。

念过中学的秋菊也无法理解这一套程序正义的安排。这套安排再精巧，也打消不了她的一个基本疑惑：为啥她找了这么多地方，这些地方都不理会她要的"理"，而只是抛出一个个和李公安给的没啥区别的说法。

在村长眼里，自己遇到的也是一个"官司"。他也关心乡里的、县里的、市里的说法，关心"上面"对他的评价。不过在他看来，他给公家干事，公家就是他的靠山，县里的裁定维持乡里的调解，市里的复议维持县里的裁定，都是在为他这个公家人撑腰。他相信他和"上面"之间，存在这种交换关系。在市公安局的复议书下来之后，他得意地对秋菊丈夫说："市公安局的复议书下来了，……人家认为，县里的裁决、乡里的调解，基本没错，让我再加五十块钱，这是经过认真研究决定的，我按复议书给你们准备了二百五十个元……我听说秋菊在市里把公安局长的小汽车坐了，闹了半天，就是让我多给五十个元么。跟你说，我不怕你们告，我是公家人，一年到头辛辛苦苦，上面都知道，它不给我撑腰，给谁撑腰？"

村长对于公家的想象，比秋菊现实得多，他眼里的公家，是所有公家人的庇护者。但实际上他对公家的想象也是一厢情愿的，这一点和秋菊没什么不同。正在建设法制的公家其实也不是他的庇护者。公家一意孤行照的是自己的逻辑，而不是秋菊或者村长的希望。公家的逻辑不光秋菊不理解，村长也不可能理解。

最先是秋菊发现了这一点。公家花样很多，但结果一样，公家那里，是不是有什么未曾言明的默契？秋菊不服市公安局的复议决定，第二次找到市公安局严局长的时候，表达了她的这个怀疑：

> **严局长**：我忘了问你，你对复议决定同意不同意？
> **秋菊**：我就是不服，你看这事情，我告到乡上、县上，又到你这里，结果都一样，都没有让村长给我认个错。我就不是图多给我五十块钱，我就是不明白，村长

咋就不能给我认个错？我是老百姓，你们都是公家人，谁知道你们是不是在底下都商量好了？

严局长：秋菊，你完全可以这样怀疑，我们的工作也不是没有差错，你要是不服，倒有个办法，可以向法院直接起诉。

严局长告诉秋菊可以向法院提起行政诉讼，并向她介绍区律师事务所的小吴（"这人很好，可以帮你解决问题"），显然也是为了打消秋菊的怀疑。他准备和秋菊平等地站在法庭上，共同接受法庭的判决，以证明秋菊的怀疑没有根据。但站在被告席上的局长，也是公家人。当法院判决维持市公安局的复议决定的时候，秋菊的怀疑仍然有效："我是老百姓，你们都是公家人，谁知道你们是不是在底下都商量好了？"

四、肋骨

秋菊的怀疑没错。所有的公家人其实不用商量就都商量好了。乡上李公安一开始就是按照这一套不用商量的东西做的。打人是不对的，打哪儿都不对；如何处理，要看有没有伤，是轻伤还是轻微伤。是轻微伤就按照民事调解来，是轻伤就要治安拘留。李公安来村里专门看了庆来的伤，认为没有啥；秋菊上诉后，二审法院来庆来家调查，主要也是看庆来的伤，并让庆来去市里拍个 X 光片子。

庆来拗不过，去拍了片子。因为秋菊要生了，顾不上看结果，就回来了。在这期间，秋菊难产，是村长在深夜组织人把秋菊抬到了医院，母子保全，成了秋菊一家的恩人。

庆来的片子结果出来了。在儿子过满月那天，公安局来人，把准备去喝喜酒的王善堂抓走了，行政拘留十五天。

> **李公安**：庆来，你那片子拍出来了，是肋骨骨折，虽然已经好了，但案情性质发生变化了，是轻度伤害罪，中级人民法院已经依法把王善堂行政拘留十五天。
> **秋菊**：拘留了？！
> **李公安**：就是让公安局抓走了。
> **秋菊**：抓走？我就要个说法嘛，我就没让他抓人嘛，他咋把人抓走了呢？

秋菊跑到了村口大路上，望着远去的警车，脸上充满了迷惑。

秋菊不知道，法律有一套关于"人"和"身体"的意识形态，这就是"劳动力身体"的意识形态。现代经济学已经把"人"建构成"劳动着的主体"[2]，在当代中国的语境中，农民尤其是这样的主体，或者只能是这样的主体。秋菊丈夫的身体，只不过是普遍劳动力的具体承载者。所以打击这个具体身体无非是破坏普遍劳动力，法律重视肋骨的伤，因为是肋骨的伤让庆来气短，干不了重活。医药费、误工费是对劳动力身体的补偿。这是用金钱这个普遍等价物，补偿那个

---

[2] 参见，福柯：《词与物：人文科学考古学》，莫伟民译，上海三联书店，2002年，第329–341页。

受损的普遍劳动力。下身？在秋菊看来那才是要命的地方，但相对于数量庞大，取用不竭的农村劳动力总量来说，踢坏万庆来的下身并不会造成劳动力的多大损失，法律完全可以对此视而不见。

庆来是家里的劳动力，这没有错。但人仅仅是劳动力吗？人仅仅是劳动着的主体吗？人活着要劳动，但劳动仅仅是为了活着吗？你要问秋菊和庆来劳动为了啥？他们会说：劳动还不是为了咱娃！

五、睾丸

是的，秋菊从一开始要的说法，就是有关睾丸的，而不是关于肋骨的。电影一开始，秋菊和小姑子拉着被踢伤的丈夫找大夫，找的就是"看下身的名医"。

村长为啥踢万庆来的下身？还不是庆来骂村长"断子绝孙，抱了一窝母鸡"。而村长也的确生了四个女儿，去年又做了计划生育手术，这不是一般的辱骂，而是戳到了命中已无儿的王善堂的心窝子，老汉最大的伤心事。在四个女儿都出嫁之后，在老两口百年之后，王家的血脉将从西沟子村彻底消失——甚至在这个世上彻底消失。你骂我断子绝孙，我也让你断子绝孙，善堂飞起一脚，踢向庆来下身的时候，他们都知道那一脚要踢什么。

秋菊第一次到村长家里要说法，带去大夫开的证明，让村长看的就是关于下身的部分，而不是关于肋骨的部分。村长提出的同态复仇的解决方案，也是关于下身的："我叉开腿，在大院里站着，让你男人还我一脚。"——既然秋菊也认为那是要命的地方，她当然不可能接受这个解决方案；再说，踢村长的下身，已经失去意义了。

其实，万家人和王家人都明白秋菊要的是啥说法。如果万庆来真的被村长把要命的地方踢坏了，如果秋菊生的不是儿子，万庆来又是独子，那万家也将面临绝嗣的命运！这就是为什么当秋菊深夜难产的时候，庆来和接生婆去找村长帮忙，村长仍然不计前嫌，去王庄叫人，把秋菊送往医院的原因。那些正在看戏的村民，二话不说，跟着村长就走。显然，他们都知道要命的地方在哪儿，要命的事是什么事。要是秋菊没有生出儿子，要是万庆来真的被王善堂踢坏了下身，即便村长深夜抬秋菊上医院搭救了她，恐怕都无法解开两家从此结下的世仇！

在这部电影里，可能只有李公安一个公家人明白，这是万、王两家一件关于睾丸、关于血脉的争执。但他这个公家人，却无法将这个村庄的真理纳入公家的逻辑。当秋菊拿着医院的诊断证明第一次去找他，李公安念诊断证明"右侧肋骨软组织挫伤，左侧睾丸轻度水肿"的时候，又把"轻度"两个字下意识地重复了一遍。是的，公家并不认为睾丸比肋骨重要，也不会认为睾丸是要命的地方。公家的字典里只有"重伤、轻伤、轻微伤"。要命的地方？当然重伤也能是要命的，轻度水肿的睾丸怎么会是要命的呢？公家理解的"命"是"个体现在的生命"，西北乡西沟子村村民理解的"命"是子孙后代，是命脉，是香火，在这方面，他们并没有重叠共识，所以，当秋菊锲而不舍地一遍遍向公家要说法的时候,公家怎么可能给她?秋菊打官司遇到了不少好人——有些敏锐的观众看到这一点,尤其看到电影里严局长不收礼,还拉着秋菊在小摊子上吃饭,很难不为之感到幸运。但我们必须指出,秋菊之所以受到这些优待,比如严局长用小车把她送回来,在小摊子上吃饭,秋菊说"身子沉,坐不下"的时候,严局长会说"那就站着吃"。——这些,其实都是看在她怀着娃、快生的份儿上。在秋菊眼里,这是些奇怪的公家人,他们似乎也看重她看重的东西,知道她肚中的娃儿要紧,但他们怎么就不理解,她肚中的娃儿,就是万家的血脉,就是她正在要的说法嘛。

其实喜欢秋菊的观众也不理解她。观众喜欢她的倔强,认为那是她的性格,但却不理解她的倔强从何而来。当县里的公安念秋菊找人写的材料——"他平白无故踢伤我丈夫,犯了故意杀人罪,国法难容"——县公安笑了,观众也笑了,笑秋菊和代笔的张老汉夸大其词。但我们何以能断定,那不是秋菊的真实指控呢?王善堂踢万庆来"要命的地方",要的就是万家一门的命脉啊。

观众中的一部分学法律或爱法律的人,则把秋菊想象成一个维权先锋。如果他们明白了秋菊要的那个说法的实质意义不过是生儿子,他们中的大部分大概会撤回对秋菊的赞美。西沟子村村民想儿子,也疼爱女儿,但儿子和女儿在传宗接代续香火的意义上显然是不一样的。女儿也是传后人,但女儿传的是她夫家的后,就像秋菊生娃传的是万家的后——电影中的秋菊,是没有姓的,也不需要有。在观众看来,秋菊作为一个上过中学的女性,一遍遍上访告状要说法不过是为了维护西沟子村落后的重男轻女的观念，这又有什么值得赞美的呢？！

然而，无论如何，最后给秋菊说法的，却是她肚中的娃儿。秋菊生了之后，帮忙抬秋菊去医院的一个村民羡慕地对庆来说："庆来，你运气还好，福大，头一胎就生了个男孩。"庆来掩饰道："就是个子小了一点，才五斤七两。"那村民仍然强调："关键还是个儿子嘛。"最后，让王善堂服气的也不是秋菊的倔强，而是她生了儿子这一事实。当秋菊抱着儿子去请村长喝满月酒的时候，王善堂接过秋菊的孩子，骂自己的老婆道："你看人家，想生儿子，就生儿子，你看你，一撇腿一个女子，一撇腿一个女子，一撇腿还两个女子（村长有一对双胞胎女儿——作者注），你真把我气死了！"

秋菊对村长说："村长，咱娃能过上满月，多亏你了。"

村长说："我没啥，还是你的本事大。"

在村长看来，秋菊一遍遍到乡上、县里、市里告他，那不算啥本事，生出儿子才是本事！明白了这一点，我们也就明白，是什么动力促使秋菊不辞辛苦地一遍遍往乡上、县里、市里跑！

秋菊第一次准备去县里告状的前夜，庆来担心秋菊肚里的孩子，秋菊道："该掉的咳嗽一声就掉了，不该掉的，擀面杖压也压不下来。"显然，秋菊相信一种生命力的原始观念。而张艺谋的这部电影，歌颂的正是这种原始的生命力。从《红高粱》开始，这就是张艺谋电影的一个基本主题。在那部电影中，他问，中国人还有没有种？结果，在一帮做烧酒的土匪、寡妇——一些中国的边缘人那里，找到了这种原始的生命力,这种生命力最终在一场与日本鬼子的殊死搏斗中迸发出来,证明中国人还是有种的。在《活着》中,他讲述了一个最没种的普通中国人富贵,经历了战争、革命、运动,赌钱气死了父亲,大炼钢铁中失去了儿子,"文化大革命"中失去了女儿,仍然顽强地活着并且鼓励别人活着的故事。这种生命力到了秋菊这儿,就体现在她一遍遍上访告状的行动中。如果说秋菊是一个维权先锋,那么她要维护的,并不是什么她或她丈夫的个人权利,而是一种普遍的生育的权利,一种对于生殖的古老信仰:破坏生殖是最大的犯罪。在张艺谋的电影里,正是这种原始的生命力,这种老百姓生儿育女的基本的本能(basic instinct),让我们这个民族度过战争、革命、运动的国难,也度过平凡日常生活中的消耗和杀机。这是这个民族之所以生生不息、无法从总体上消灭的真正原因。

正如《秋菊打官司》片头曲所唱:"人面不知何处去,桃花依旧笑春风。"那个戏谑、自信的调子告诉鼠目寸光的观众:什么是暂时的,什么是永恒的。

整个公家的、现代的法律体系可以不承认这种本能,但却不能无视这种本能的力量。显然,让西沟子村村民生生不息的不光是他们种植的玉米或者辣椒,还有这个生儿育女的基本本能。基于这种本能,他们生存、竞争,在孩子满月的时候,捐弃前嫌,举村庆祝新生命的诞生。不合时宜的警笛是这场庆典的不和谐音。它按照自己的逻辑飞奔而来,又疾驰而去,它实现了自己的正义,然而却是以和秋菊的要求南辕北辙的方式。县公安局的裁定书曾要求万、王两家"以安定团结为重",但公家不知道,真正让他们安定团结的,不是公家苦心经营的调解、裁定、复议、诉讼这一套程序,而是那个襁褓中新生的婴儿。他的诞生消弭了所有潜在的仇恨。秋菊生不出儿子来,西沟子村的安定团结就是无望的。可以想象的是,在警车把村长带走之后,秋菊要做的,就是抱着自己的孩子,去公安局要人——把孩子的恩人放回来。

如果我们的法律真的关心西沟子村的安定团结,那就老老实实放下架子,听一听秋菊要的,究竟是什么。你可以不答应她,但你一定要听懂她。

"秋菊的困惑"

——一个巧妙的修辞

桑本谦[*]

20世纪90年代,当人们普遍将法治状况不佳归咎于执法不力、司法不公或公民法治观念淡漠的时候,苏力却把他的视线转向了立法。他开始反思当代中国立法实践的合理性,并在20世纪末提出了在中国法学界影响至今的"本土资源"说。苏力指出:"就总体来说,法治是一种实践的事业,而不是一种冥想的事业。它所要回应和关注的是社会的需要。"因为,"法治的惟一源泉和真正基础只能是社会生活本身"[1]。他怀疑法律移植,反对过分强调国家主导立法,尤其反对以国家垄断的方式来维持秩序,主张当代中国法治建设应当注重利用本土的传统和惯例。苏力暗示,如果能够成功利用本土资源,中国法治建设的艰难处境可望从根本上得到缓解。

苏力怀疑法律移植与他强调"本土资源"的重要性是一个问题的两个方面,二者基于一个共同的前提预设,即在当

---

[*] 桑本谦,中国海洋大学法学院。本文发表于《博览群书》,2005年第12期,收入本书时略做修改。
[1] 苏力:《道路通向城市——转型中国的法治》,法律出版社,2004年,第31页。

代中国社会法治实践与西方国家乃至与其他任何一个国家之间都存在着深刻的差别，因此，中国的法治建设不可能是西方国家法治建设在中国社会的一个重演，中国的法治实践必须根据中国的国情来选择自己的道路。

在1996年发表的《秋菊的困惑和山杠爷的悲剧》[2]一文中，苏力分析了电影《秋菊打官司》中的案例。这个并非来自现实生活的案例在苏力笔下被分析得相当精彩。苏力的目的显然不在于分析这个案例，而是通过分析案例来揭示正式法律制度和中国社会背景之间的深刻裂痕。

按照苏力的叙述——请注意，苏力对电影故事情节的叙述是有选择的，当然，为了自己的理论需要而对电影故事情节做出有选择的叙述，既不可避免，也无可厚非，但我的目的不是重新分析电影的故事情节，而是重新检视苏力对电影故事情节的分析，所以只能"按照苏力的叙述"，而不是按照原电影故事情节来简介这个案例——女主人公秋菊的丈夫因和村长争吵被村长朝下身踢了几脚，秋菊因此怒而上告村长。秋菊认为，村长可以踢她的丈夫，但"不能往那个地方踢"。秋菊要讨个"说法"，这是她打官司的目的，但几次告状都没有达到这个目的。最后，公安机关发现村长的"殴打"已经构成"轻伤害"，就把村长抓走并处以15天行政拘留，这是秋菊案依法处理的最终结果，然而这个结果却不是秋菊想要的，秋菊打官司的目的仅仅是要讨个"说法"。需

---

[2] 苏力：《法治及其本土资源（修订版）》，中国政法大学出版社，2004年，第23—37页。

要说明的是,在这里,苏力的描述和电影的情节都出现了法律错误,倘若村长的殴打构成"轻伤",就属于刑事管辖的范围了。但这个法律错误不影响苏力的分析,也不影响我的分析。

在苏力看来,正式的法律制度没有对秋菊的诉讼请求做出恰当回应,它"无法理解,也没有试图理解什么是秋菊要的'说法'"。因为法律制度的设计和安排上没有这个"说法"的制度空间。尽管苏力说他承认这种法律运作作为制度的合理性,但他仍然认为正式的法律制度是需要改进的,但后来的论述中,苏力实际上对正式法律制度的合理性产生了怀疑。苏力写道:

> 就秋菊的情况来看,秋菊的要求更为合乎情理和可行,而且其社会结果也更好一些。因为在我看来,任何法律制度和司法实践的根本目的都不应当是为了确立一种威权化的思想,而是为了解决实际问题,调整社会关系,使人们比较协调,达到一种制度上的正义。从这个角度看,界定权利和建立权利保护机制的权力应当是分散化的,在可能的情况下应更多地考虑当事人的偏好,而不是依据一种令人怀疑的普遍永恒真理而加以中心化。因此至少从秋菊的困惑来看,我们应当说,中国当代正式法律的运作逻辑在某些方面与中国的社会背景脱节了。[3]

---

[3] 苏力:《法治及其本土资源(修订版)》,中国政法大学出版社,2004年,第28页。

在引文的最后一句话里，苏力阐明了他一贯的学术立场，进而在文章结尾，他利用这种逻辑反思并质疑了中国当代法律移植的学理和实践。显然，在苏力看来，"秋菊的困惑"反映出中国当代法律制度存在着一个严重的问题：正是由于中国当代正式法律的运作逻辑基本上是从西方移植过来的，所以它在某些方面与中国的社会背景脱节了。

然而在我看来，苏力的分析有些片面。"秋菊的困惑"完全可能来自另外的原因，而不是苏力所分析的原因。为验证这个猜测，我们不妨重新检视一下苏力对于秋菊案的分析。

其实，对于处理秋菊案来说，正式的法律制度并不像苏力所描述的那么笨拙。《民法通则》规定的承担民事责任的多种方式中，就有"赔礼道歉"这一项。[4]如果按照苏力所说的，秋菊所要讨的说法，"大致是要上级领导批评村长，村长认个错"，那么正式法律制度完全能够满足秋菊这一诉讼请求，如果法院判决村长承担"赔礼道歉"的民事责任，就等于"法院批评了村长，并且要求村长认错"。当然，在电影故事情节里，法院没有如此判决，这也不难理解，编剧和导演需要追求电影的戏剧效果。但苏力却不应沉溺于电影的戏剧效果并因此责怪正式的法律制度。

在苏力看来，依法处理秋菊案的最终结果——把村长行政拘留——"损害了社区中原来存在的尽管有纠纷但仍能互助的社会关系，损害了社区中曾长期有效且在可预见的未来

---

[4]《民法通则》第一百三十四条第（十）项。

村民们仍将依赖的、看不见的社会关系网络"。苏力的判断也许没错,然而,如果按照苏力的逻辑,不把村长抓起来的结果是否会更好呢?当然,就这个案例本身来说,结果显然要好得多,但就法律制度来说,这个结果也许更糟。

法律是一整套激励机制,它通常忽略已经沉淀的成本,但必须防范或最大限度地减少未来可能的损失。如果不把村长抓起来,法律就很难震慑乡村社会中经常出现的殴打行为,也就会有更多的人在殴打他人的时候缺少顾忌,并因此,社会关系——当然包括互助的社会关系——就会在更大程度上受到损害。如果两种处理方案都会对社会关系造成破坏,那么法律就有理由选择对社会关系造成较轻损害的一种方案。

我承认,法律对秋菊案的最后处理结果是一个悲剧,这在很大程度上是因为村长在秋菊打官司之后又为秋菊帮了个大忙(村长组织村民把难产的秋菊送到几十里外的县医院),然而这只是个戏剧性事件,是导演和编剧为追求电影戏剧效果而刻意设计的一个出人意料的情节。但生活毕竟不是戏剧,在现实生活中,伤害人在做出伤害行为之后又为受害人提供帮助的概率有多少呢?如果这个概率足够高,秋菊还会和村长打官司吗?

苏力还提到,在乡村社会的关系网络中,村长和秋菊的丈夫之间隐约存在着一种权利和义务的交换,也就是说,由于村长承担了村民陷于危难时的救助义务,他因此获得了对村民"踢几脚"——为准确表达苏力的意思,我放弃使用"殴打"或"伤害"之类的法律概念——的权利。苏力暗示，村长和秋菊丈夫之间的这种权利和义务的交换具有社会学意义（而不是法律意义）上的合理性。在此，我无须强调交换必须是"自愿"的，因为苏力所说的交换是制度性的，交换一旦被固定为制度就必然包含着某种强制。但作为制度的交换，其形成必须依赖于足够高的交换成功的概率，如果交换总是失败，这种制度性交换就必定难以为继。但就中国目前绝大多数乡村而言，在村长和村民之间似乎根本不存在这种制度性交换，如果法律根据这种凭空想象的制度性交换而对殴打案件中的"村长"网开一面，在某些地方已经出现的"恶霸治村"的局面就势必会愈演愈烈。不仅如此，据我推测，在秋菊生活的那个村落里，好像也没有这种制度性交换，否则就会出现另外一个戏剧性结果——秋菊可以从法院讨回一个"说法"（如果法院判决村长承担赔礼道歉的民事责任的话），但在她自己生活的村子里，却什么"说法"也讨不出来了。

至于秋菊认为村长可以踢她的丈夫（但不能踢下身），只是表明她承认村长有权对她丈夫实施报复（因为她丈夫骂村长"断子绝孙"），而不能被理解为村长和她丈夫之间存在一种权利义务的交换。秋菊之所以对村长踢她丈夫的下身感到愤怒，是因为在她看来，村长的报复过分了，这是她决定打官司的起因，也是她要讨"说法"的依据。

由此看来，在秋菊的逻辑和法律的逻辑之间其实出入不大，两者的区别似乎仅仅在于，秋菊承认，但法律不承认村长有权踢她的丈夫。尽管如此，法律仍然对这种差别表现了相当程度的尊重，如果村长踢得并不严重，甚至连"轻微伤"

都算不上的话，只要秋菊不告状，法律就不会追究村长的责任。也就是说，法律上的"不告不理"原则已经为秋菊的逻辑——这种"地方性知识"——保留了充分的制度空间，换言之，尽管法律不认同秋菊的逻辑，但法律却不妨碍秋菊按照她自己的逻辑去处理纠纷。

在另一篇文章中，苏力指出，"司法不会接受秋菊对人体各部位重要性的判断和区分，不会接受秋菊和她所在的那个社区赋予'那个地方'的特定的文化含义"[5]。苏力在这里明显判断失误了，实际上，秋菊对人体各部位重要性的区分在司法上是能够得到确认的，根据1990年《人体轻伤鉴定标准（试行）》第三十八条的有关规定，阴囊血肿应被鉴定为"轻伤"，但人体其他外露部位的血肿却一般连"轻微伤"都算不上。这意味着，和秋菊一样，法律也认为"不能朝那个地方踢"。

退一步说，即便如苏力所说的，"正式的法律制度无法理解，也没有试图去理解什么是秋菊所要的'说法'"，我们也缺乏足够的理由去责怪法律。如果法律试图理解每一个当事人的"说法"，法律的运作成本就会攀升到令社会无法承受的程度，与此同时，伴随着规则的弱化以及自由裁量权的扩张，徇私舞弊和枉法裁判也极有可能乘虚而入。最基本的形式合理性要求法律不能屈从于当事人的意志，法律永远以相对固定的规则来应对现实世界的无限多样性、无限复

---

[5] 苏力：《法治及其本土资源（修订版）》，中国政法大学出版社，2004年，第188-189页。

杂性和无限可变性,这正是规则与事实之间的永恒紧张。其实,苏力对这些道理是再清楚不过的了,在另一篇分析"梁祝悲剧"的文章中,苏力就对这个道理做出了相当透彻的解说。[6]但我不明白苏力为什么区别对待"梁祝的悲剧"和"秋菊的困惑"。

任何一个国家的法律制度和繁复庞杂、纷扰凌乱的社会现实之间都会有一段距离,用法律来处理纠纷,个案正义就难免会有一些折损,但这是一个社会选择服从规则治理的法治模式所必须付出的代价。并且无论如何,这不能成为苏力质疑法律移植的理由,因为即便是本土创造的法律制度,也存在同样的问题,"梁祝的悲剧"就是一个典型的例子,"媒妁之言、父母之命"的中国传统婚姻制度显然不是移植而来。问题的根源更多不是来自法律的内容,而是来自法律的形式。

颇具讽刺意味的是,中国关于处理殴打案件的法律制度,至少就其内容而言,恰恰不是移植来的,这个制度目前的确存在很多迫切需要解决的问题——诸如公安机关处理轻伤害案件是否可以调解,公安机关和法院的管辖权争议,派出所和刑侦部门的管辖权争议,刑事强制措施的运用,等等——但无论其中哪个问题,都不是苏力从分析秋菊案中所发现的问题。并且就中国总体的法律制度来说,存在问题最多的、最严重的法律也恰恰不是移植来的民事、商事法律,

---

[6] 苏力:"制度变迁中的行动者:从梁祝的悲剧说起",载《比较法研究》,2003年第2期。

而是中国立法机构自己创造的大量行政法规。不仅如此，目前中国法治建设最严重的问题，诸如欠债不还钱、"三乱"、贪污腐败、幕后交易、制假售假、走私贩毒、偷税漏税、抽逃注册资金、不正当竞争以及各种地下产业等等，其中似乎没有哪个问题能够顺理成章地归咎于法律移植。

如果按照苏力所认为的，法律移植导致了移植来的法律与中国社会现实之间缺乏亲和力，那么一个合乎逻辑的推测应当是，现阶段中国的司法审判就必然要应对大量"疑难案件"（所谓"疑难案件"就是规则和事实发生冲突的案件，这种案件的典型特征是，如果判决严格依从法律，就会背离公认的正义标准），然而，据我了解，几乎所有的法官都认为他们在司法审判中很少遇到这类"疑难案件"。此外，如果按照苏力所说的，正式的法律制度和中国的社会背景脱节了，那么另一个合乎逻辑的推测应当是，中国各所大学里的法科学生（尤其是来自乡村的学生）在初学法律时会感到法律在许多地方不可理喻，然而，据我所知，所有的法科学生在初学法律时都感觉法律非常公平，并且在他们接触法律经济学的知识之前，他们一直认定法律的基本原则就是公平。

由于苏力的原因，至少部分地与苏力有关，中国法学界关于法律移植的呼声已经不像过去那么高涨了。"秋菊的困惑"已经成为中国法学界用来反思或质疑法律移植的一个著名隐喻，然而，正如本文的分析所揭示的，"秋菊的困惑"与法律移植的负面效应之间其实并没有严格的因果关系，对于苏力所阐述的学术主张而言，它只是一个巧妙的修辞。

秋菊的"气"与村长的"面子"

《秋菊打官司》再解读

陈柏峰 *

自从《秋菊打官司》被苏力拿来分析中国法治建设的相关问题后,[1]这部影片逐渐成了学界的经典文本。许多学者都就影片中所反映的法律问题展开了自己的解读。[2]最近我偶然看了这部影片,有一些体会,与之前诸位学者不尽相同。这里把这些体会记录下来,权当是对之前诸位学者的补充。

秋菊的"气"

看这部影片,总觉得秋菊被一股"气"裹挟着,她因

---

* 陈柏峰,中南财经政法大学法学院。本文原载《山东大学学报(哲学社会科学版)》,2010年第3期。

[1] 苏力:"秋菊的困惑与山杠爷的悲剧",收入苏力:《法治及其本土资源》,中国政法大学出版社,1996年,第23-36页。

[2] 冯象:"秋菊的困惑和织女星文明",收入冯象:《木腿正义——关于法律与文学》,中山大学出版社,1999年,第18-26页;赵晓力:"要命的地方:《秋菊打官司》再解读",收入《北大法律评论》第6卷第2辑,北京大学出版社,2005年;凌斌:"普法、法盲与法治",载《法制与社会发展》,2004年第2期;桑本谦:"'秋菊的困惑':一个巧妙的修辞",载《博览群书》,2005年第12期;王波:"法社会学法人类学'面向中国'过程中的自我汉学化——以《秋菊打官司》诸法律影评为分析文本",载《湖北经济学院学报》,2008年第4期。

这股气而不停地到处上访打官司，要求村长给个说法，道个歉。这股"气"构成了秋菊不断上访讨说法的动力。而秋菊的"气"在剧情中也经历了一个跌宕起伏的过程。

最初，因为秋菊家想盖楼，村长不批宅基地，在冲突中秋菊的丈夫庆来骂了村长一句"下一辈子还断子绝孙，还抱一窝母鸡"，于是村长便踢了他"要命的地方"。在送丈夫去医院看病后，秋菊来到村长家讨说法：

> **秋菊**：这是医院大夫开的证明，你看一下？……咋办？
> **村长**：该咋办咋办。
> ……
> **秋菊**：我人是你踢的嘛，你说咋办？
> **村长**：要我说，问你男人去，我为啥踢他？
> **秋菊**：你是村长，咋说也不能往要命的地方踢嘛。
> **村长**：踢了就踢了，你说咋办？
> **秋菊**：总得给个说法吧。
> **村长**：我给个说法，你甭嫌不好听。我叉开腿在大院里站着，叫你男人还我一脚，咋样？
> **秋菊**：要是这，就啥也不说了。
> **村长**：那就啥也甭说。
> **秋菊**：我就不信没有一个说理的地方。

上面这个过程，可以被称为"声讨"。声讨就是直接向纠纷对方表达不满，要求道歉，它是最直接的私力救济方式，能直接发泄纠纷当事人的不满，在情感上给冤屈的当事人以慰藉。村庄生活中，村民之间的一切纠纷，如灌溉纠纷、小孩打架、牲畜越界毁坏庄稼、林木所有权争议等，都广泛存在声讨这种救济方式。在对乡村干部有所不满时，村民也常常采取这种方式。由于村落中的纠纷是非一般比较清楚，所以声讨常常是一种既尊重人，又颇为有效的私力救济方式，但偶尔也会导致矛盾升级，秋菊的"声讨"就属于后者。村长的态度让秋菊"来气"，这是秋菊第一次"来气"，使得她"不信没有一个说理的地方"。于是，她去了乡派出所。

乡派出所的李公安在了解情况后，来到村子里调解。调解的结果是：双方做自我批评；医药费、误工费由村长负责，赔偿200元。秋菊对此不太满意，并表示自己不是图钱，而是要个说法。李公安说："他把钱都掏了，这就证明你对他错了，这就算个说法了嘛！"秋菊勉强接受了这个道理。要不是村长在给钱时的做法，秋菊的"气"估计也就消了。但是，村长在给钱时的做法出人意料：

村长：这总共是二百元，归你了。（说完，把钱往地上一撒。）

秋菊：村长，你这是啥意思？

村长：啥意思？别人的钱不是那么好拿的！

秋菊：我今天来就不是为了图个钱的，我是要个理。

村长：理？你以为我软了？我是看李公安大老远跑一趟不容易，给他个面子。地下的钱一共二十张，你拾一张就给我低一回头，低二十回头，这事就完了。

秋菊：完不完，你说了也不算！

这让秋菊更加"来气"，正如她对丈夫庆来说的："这事本来也是过去了，他又把钱扔到地上，还说难听的话，我不信就没有个说法。"当天，秋菊就去了乡里，但碰巧李公安开会去了。次日，秋菊带了一些辣子在乡里卖了做盘缠，就去了县里。县里的处理结果下来后，与乡里的处理意见一样。乡里的李公安来到秋菊家里，为了让秋菊"顺气"，他特地买了点心，假托是村长让捎上的：

李公安：王善堂那是个犟人，那在乡上都是有了名的，这回能让我把这个点心给你捎来，这就不容易了。秋菊，你不是说要个说法吗，这还不算赔礼道歉？该赔的赔，该报销的报销，经济上你们也不吃亏，再说，这个民事调解，咱又不是去法院打官司，县上裁定这算到了头了，这也是领导决定下的。

秋菊：李公安，这点心真是村长买的呀？

李公安：这话说的，不是他还是谁？为这，昨天我跟他说了半天，人家是干部，总得给人家留点儿面子，这个点心往这儿一搁，这就等于来人，把不是给你赔了。

庆来：要是这样，啥事都好商量。他是村长，咱又能把他咋的。再说，日后都得在一个村里过，没完没了的没啥意思。县里定下的事，我们没意见。

秋菊公公：我也没意见，政府定下的，我也没意见。

秋菊：要是这，那就算村长给咱赔了不是了，钱不钱么,无所谓了。

李公安:该赔的还是要赔哩。那咱这事,就算完了,我也没白辛苦一回。

要不是秋菊后来又去代销店问了,她的"气"还真消了,事情也就这样过去了。但秋菊偏偏就是问了,这一问,终于知道点心不过是李公安的"工作方法"。于是,她不干了,叫公公将点心退还给了李公安,自己则又卖辣子筹路费上访去了,这一次去了市里。

在经历了几乎所有农村人进城都会经历的上当受骗以后,秋菊终于碰到了好心的旅社老板。在他的帮助下,秋菊直接找到了公安局长家里。局长是个好人,还用小车将秋菊送回旅馆——据说秋菊是这家专供农村人打官司住宿的旅店中唯一享受这种待遇的人。事情似乎该结束了,但这部影片并不是一部清官戏。市公安局的行政复议书下来后,认为县里的裁决和乡里的调解基本正确,只是要求村长在赔偿额上再加五十元。用村长的话说,"闹了半天,就是让我多给五十元钱嘛"。庆来接受了,把钱拿回去了。但秋菊没有接受,又把钱拿回村长家:

秋菊:村长,市上给我下的复议书,怎么跑到你手里去了,咋回事?

村长:一张复议书,给谁都一样。

秋菊:庆来刚才回去没说清楚……

村长:咋啦?

秋菊：他从你这里拿的那钱，是啥钱嘛？

村长：复议书断给你们的。那上面不都写着嘛，秋菊，这事就算了了。

秋菊：这钱，我不能拿。

村长：我不收回头钱。

（秋菊把钱扔在地上）

村长：你还没完啦，秋菊，跟你说，官司打到天上，也就这样了。世上啥东西咬人不撒嘴，王八、乌龟、鳖！

秋菊明知故问，其目的还是要村长给个说法，但村长偏偏就是不给，秋菊消不了这口气，不愿意罢休，将钱扔到了村长面前，这时村长也生气了。秋菊也因此开始了新的一轮上访。这一次，公安局长建议她去法院。在经历了种种她不理解的法律程序之后，一审判决了，她并没有要到她所希望的说法。于是，她又开始上诉，二审中，律师建议庆来就肋骨的伤去拍片。庆来非常勉强地去了。

秋菊要消的"气"历经了许多法律程序都没有消，但不想，在一起意外的互助中全消了。秋菊临产，碰到大出血，接生婆无法解决。当时全村人都到邻村看戏去了，只有村长在家。庆来只好求助于村长，村长非常负责地去邻村叫回了几个青壮劳力，一起将秋菊送到了医院。秋菊生了个男孩，母子平安，全家人都非常感激村长，秋菊之前的"气"也伴随着这种感激早就无影无踪了。事情也就偏偏这么吊诡，正在秋菊孩子满月，所有的人等着村长来喝满月酒的时候，警车来将村长带走了——根据庆来肋骨的伤势鉴定，村长构成了轻伤害，因此被行政拘留十五天。

村长的"面子"

同秋菊被一股"气"裹挟着不停地到处上访打官司一样，村长也被"面子"裹挟着。在外人看来，案件所争议的不过芝麻大的一个"说法"，但自始至终，村长就是不肯顺秋菊的气，给这个说法，因为他的脑子里充满着对"面子"的考量。第一次，秋菊来村长家讨说法，村长连医院开的证明都不看，坚持不给说法，在他老婆插话时，他甚至粗暴地责骂"你懂个屁"。如果只看这一段对话，很容易觉得村长是个非常霸道的人，但纵览全片可知，村长不是这样的人。那村长老婆不懂的到底是什么呢？村长害怕赔偿吗？显然不是。他怕的是丢面子！有村庄生活经验的人很容易感受到这一点。占理而打了人，"该咋办咋办"，赔偿可以，但道歉这种丢面子的事情，村长是不会做的。

李公安第一次调解：

> **李公安**：秋菊你看是这，他打人不对，我也把他批评了，可你庆来说的那话也不好听，双方要各自多做自我批评，调解结果是个这：医药费、误工费由王善堂负责，一共二百元，你看咋样？
>
> **秋菊**：我就不是图那个钱。我就是要个说法。
>
> **李公安**：那是个辇人，又是个村长，你好赖得给一

些面子。再说你庆来那伤也没啥。

秋菊：那还是没个说法。

李公安：他把钱都掏了，那就证明你对他错，这就算个说法了。

在李公安的意识里，普通村民是应该给村长一些面子的。而在双方接受调解后，第二天"履行调解协议"时，村长把钱往地上一撒，想让秋菊向自己"低头"，并表明自己并不是服软了，而是给李公安面子而已。在村长看来，自己虽然愿意赔偿，但赔偿属于"该咋办咋办"的范畴，是给李公安面子，如果将这理解成自己道歉了，那将很没有面子，也与自己村长的身份不符。

县公安局的裁定下来后，李公安在市场上碰到了村长，告诉了他裁定的相关内容，想让村长说些软话，息事宁人：

李公安：这回你听我的，回去给秋菊两口子说些面子话，这事就了了。

村长：面子话，那面子话咋说呢？

李公安：你看你看，大家都忙忙的，为这事我都跑了几回了。刚才县上裁决你又不是没看，你不丢面子吗？

村长：李公安，你说，有啥事乡里解决不了，凭啥到县里臭我的名声。

李公安：哎呀，她也不想把你怎么样。

村长：再说，我大小是个干部，以后我在村里没法工作。

李公安：她也不想把你怎么样，她就是要个说法，你回去就给她个说法。

村长：钱我给，说法，说法，我想不通。

可以看到，村长的生活逻辑里，面子是个核心词汇。钱是可以赔偿的，面子话不会说；秋菊到县上去讨说法也是到县里去臭他的名声。因为村长"大小是个干部"。基于这个原因，村长一直没有拉下面子。在公安局的复议书下来以后，村长把庆来叫到家里，把钱给了他。但秋菊认为这钱"没有名分"，拿回去找村长要名分讨说法时，村长就也没有说半句嘴软的话，只说是"复议书断给你们的"。

其实，对于村长的生活逻辑，李公安是认同的，所以他也没有多"为难"村长，而是自己做好人，买了点心伪托村长的心意去了秋菊家：

秋菊：李公安，这点心真是村长买的呀？

李公安：这话说的，不是他还是谁？为这，昨天我跟他说了半天，人家是干部，总得给人家留点儿面子，这个点心往这儿一搁，这就等于来人，把不是给你赔了。

庆来：要是这样，啥事都好商量。他是村长，咱又能把他咋的。再说，日后都得在一个村里过，没完没了的没啥意思。县里定下的事，我们没意见。

秋菊公公：我也没意见，政府定下的，我也没意见。

秋菊：要是这，那就算村长给咱赔了不是了，钱不钱么,无所谓了。

在李公安看来,村长是干部,应该给他面子;他的礼品来了,就相当于人来道歉了。实际上,几乎所有人都认同应该给村长一些面子。随着秋菊上访的升级,村民们也越来越觉得难以接受,在他们眼里,秋菊的做法已经有些过分,甚至是在无事生非了。舆论由此开始转向:

村民:庆来,你做啥去啊?
庆来:啊,村长叫我呢。
村民:你把腿夹紧哦。村长再踢你一脚的话,秋菊就把官司告到北京去啦!

这种压力,庆来不可能没有深刻的感受,因此他才会在秋菊再次出去上访时摔门,才会在秋菊上访归来时劝告她:

秋菊:咋?还生气呢?
庆来:这回不管告成告不成,算最后一回了吧。
秋菊:咋啦。我出去这几天,你在村里又听见啥啦?
庆来:他是村长嘛,就算是上面逼他认个错,反过来他不定怎么整治咱。好坏咱经济上不吃亏,争那闲气,有啥意思?
秋菊:我看你现在是不疼啦。他村长咋啦?村长就随便往人家下身踢?
庆来:再这么闹,旁人都觉得咱不好处人了。

> **秋菊**：旁人不旁人，我不管，我就是要个说法。

显然，对于村庄生活，庆来的感受要比秋菊深刻得多！相比而言，秋菊则现出一副不管不顾的架势，为了在她看来非要不可的"说法"，为了一口"闲气"，连以后在村里"不好处人"都豁出去了，也就是说，她连基本的面子都不顾了，这是乡亲们所难以接受的。

为什么大家都认为必须给村长面子呢？一是长期的村庄生活要求大家这么做，"没完没了的没啥意思"，大家低头不见抬头见的，彼此不应该斤斤计较，不应该得理不饶人；二是对村长自然应该这样的，"人家是干部"。前一个理由大家很容易理解，这是由中国乡村"熟人社会"的性质决定的，后一个理由则习以为常而缺乏论证。其中固然存在权力支配关系，但这不是最主要的原因。为什么村民必须特别给村长面子呢，而村长也觉得这是理所当然，自己不应该拉下面子去道歉呢？村长的担忧是"以后在村里没法工作"，这是事实吗？还是个借口？让我们到影片中来看这个问题。秋菊临产，碰到大出血，接生婆无法解决；当时全村人都到邻村看戏去了，只有村长在家。庆来求助于村长：

> **庆来**：村长开门！村长！
> **村长**：谁啊？
> **庆来**：我是庆来。
> **村长**：有啥事啊？
> **庆来**：秋菊生不下来，你帮帮忙。

村长：秋菊生不下来，找我干啥？她本事大，让她找法院去！

……

村长（开门）：你咋不送医院去？

庆来：村上没人了，都到王庄看戏去了，我叫不来嘛。

村长：这时候，想起我这当村长的了。

……

村长：你准备好抬的东西，我到王庄去一趟。

村民都到王庄去看戏了，庆来叫不回来，只有求助于村长，村长去了王庄一趟就叫了几个壮劳力回来了。为什么庆来不行，而村长可以做到呢？因为村长有面子。村长的面子能够形成一种权威结构，这种权威结构在村长-村民的关系中既是权威-服从的，也是权威-互惠的。没有面子所带来的这种权威，村长也许就无法将村民组织起来，对秋菊进行及时的救助，也无法应对村庄生活中遇到的其他风险，为村庄提供必要的公共品。正因为如此，村长就必须特别保护自己的面子，不做丢失面子的事情。因为一旦丢了面子，丧失了权威，"以后在村里就没法工作"。因此，可以说面子和权威在村庄生活中具有功能性的作用。

村庄是中国乡土社会的基本单位，它承载着一些基本的功能，是个提供公共服务的基本单位。无论是传统国家，还是今天的国家政权，都不可能将触角伸入到乡村社会的方方面面，都无力解决村庄层面的所有公共事务，而家庭也不能提供与农民生产生活密切相关的公共品，尤其不能解决诸如农田灌溉和社会治安等方面的问题，甚至无法应对自然风险。因此，农民客观上需要在村庄内部通过合作进行互助，解决公共事务，应对生活风险。因此村庄即便不构成严格意义上的共同体，在最低层次上也具有生活互助性。但是生活互助并非自然而然形成的，而是两方面的地方性规范共同作用的结果，一是族规家法、乡规民约等硬规范；二是伦理观念、村庄舆论等软规范。[3]即生活互助性需要通过村庄伦理来给予保障。而面子就构成了村庄伦理生活的一部分，它一方面约束村民的行为，另一方面又通过面子的权威构造形成一种权威-服从关系，从而使得村庄互助和公共品供给成为可能。这个道理，在秋菊生孩子的困难和村长、村民的互助中，我们已经可以看得很清楚了。

"气"和"面子"纠缠的村庄生活

19世纪德国法学家耶林说："被害人为提起诉讼而奔走呼号，不是为金钱利益，而是为蒙受不法侵害而产生的伦理痛苦。……重要的不是区区标的，而是他的人格，他的名誉，他的法感情，他作为人的自尊。"[4]我们在影片中可以看到，秋菊不停地上访、诉讼，其实也并不是为了金钱利益，不是为了标的物本身，但她也不是在法治秩序下为了自己的权利而奋斗。村庄生活并不是法治秩序下的生活，而是礼治下具

---

[3] 贺雪峰：“农民行动逻辑与乡村治理的区域差异”，载《开放时代》，2007年第1期。
[4] [德]耶林：《为权利而斗争》，胡宝海译，中国法制出版社，2004年，第20页。

有伦理性、互助性和互惠性的生活；秋菊也不是为了权利而斗争，因为她并没有现代的权利观念。尽管可以说，秋菊也是在为了人格和名誉而战，但这种人格和名誉并不是如耶林所讲的那样，与法感情相关联；在中国村庄的语境下，这种人格和名誉是与"气"和"面子"相关联的。

按照滋贺秀三的说法，传统中国人的诉讼所要维持的是一种"常识性的正义衡平感觉"，同西方人和现代人相比，古代中国人不把争议的标的孤立起来看，而将对立的双方，甚至周围的人的社会关系加以总体全面的考察。[5]显然，中国偏远村庄中的村民在这方面更加接近传统中国人。很多学者看到了西方社会强调个人权利与中国传统社会强调伦理教化的不同，看到中国乡村社会的"不争"，并从中得出中国人"厌讼"甚至"无讼"的结论，显然，这对中国农民的生活做了过于理想化的处理。实际上，中国乡村社会确实很少诉讼，但这种少讼并不是与生俱来的，而是村庄生活中各种因素综合作用的后果，其中包括了村民日常生活中"气"与"面子"的纠缠和较量。

村庄生活并不是按照现代人的逻辑，以权利和义务为纽带组织起来的，而是具有伦理性、互助性和互惠性，村民是以"面子"为核心的互惠互助关系为纽带组织起来的。村庄日常生活中，大家要互相照顾"面子"，对不同的人适用不同的面子规则，对男人和女人给面子的程度可能有所不同，

---

[5] [日]滋贺秀三等：《明清时期的民事审判与民间契约》，王亚新、梁治平编，王亚新、范愉、陈少峰译，法律出版社，1998年，第13页。

对村庄中有权威的人（如村长）和一般村民给面子的程度也可能不同。每个人心里有一个关于面子规则的地方性共识。村民之间围绕着"面子"的"给予"和"亏欠"形成了一种类似于"权利"和"义务"的认识，这种"给予"和"亏欠"、"权利"和"义务"，每个人心里都有一本明白账，平时在"面子"和"乡情"的掩盖下不易察觉。但"给予"和"亏欠"、"权利"和"义务"必须平衡，这是一切社会和文化的共同规则，"面子"裹挟下的中国村庄生活也不例外。

违反"给予"和"亏欠"相平衡的面子规则，或者关于面子的其他规则，会导致"气"的产生。尽管多数村民确实"厌讼"，碍于面子也不会诉讼，但每一次面子规则被破坏所产生的细小的"气"都会在面子和乡情的掩盖下进入大家的"账本"中，一点一点地累积着。一旦积累到一定的程度，一般是到了忍无可忍或走投无路的地步时，当事人认为保全自己或对方的面子已经没有意义、面子可以被撕破时，那就不是就事论事了，而是要算互相之间长久以来积累的总账了。有时，当某人的行为太过分，对方认为没有必要再讲究面子的规则时，那产生的也可能不是细小的"气"，而是不出就无法获得"常识性的正义衡平感觉"的大"气"了，这时在村庄内外必有一番大的"事件"。在影片《秋菊打官司》中，秋菊所感受到的"气"就属于后一种情况。在秋菊看来，村长的行为太过分，"再怎么也不能往那要命的地方踢"，因此得有一个"说法"。而秋菊所负之"气"直到村长救了他们母子的命，才获得了平衡。

在村庄生活中，"面子"和"气"往往是纠缠在一起的，有特定的规则，未经阐明而村民都清楚，是一种地方性共识，构成了哈耶克所说的"未经阐明的规则"。不给人面子，为了一点儿小事都要去争"气"，会被村民看不起，这就是秋菊去上访，庆来为什么担心"大家都觉得咱不好处人"的原因。而如果一味给人"面子"，任何时候受了气也不声张，同样没有"面子"，会被村民看不起，最终往往在村庄中就会落得牛马不如的下场。因此，村庄生活中，既不能睚眦必报，也不能总是忍气吞声。

在决定撕破面子，放弃忍气吞声后，一般来说，村民会采取下述五种方式，这五种方式往往又纠缠交织在一起。一是切断联系，孤立不遵守面子规则的人。不发生社会联系，也就不需要再去找回"常识性的正义衡平感觉"；而孤立本身也可以构成一种惩罚，这样孤立本身可能帮助村民找回"常识性的正义衡平感觉"。二是用身体暴力解决。《秋菊打官司》中，当庆来骂村长"断子绝孙"时，村长踢了他"要命的地方"，就是气急时的一个反应。三是借助语言暴力来解决，俗称"耍泼"。如果秋菊决定采取这种方式，她可以到村长家门口，破口大骂，或者在地上打滚，强行耍赖，使得村长家不敢开门。"耍泼"实际上是以一种"作践"自己的方式侮辱对方，让纠纷双方都没有面子，会成为村庄里的闹剧和笑料。四是上访、诉讼等。秋菊打官司就属于这种类型。五是自杀，这是一种典型的"弱者"对付"强者"的方法。在村庄生活中，自杀能扭转力量对比关系，在弱者的死与强者的撕破面子建立一种道德上的因果关系。弱者因纠纷自杀甚至意外死亡，常常使得他与纠纷对方之间建立一种道义上的联系，使得他的死在舆论上可以归责于强者，给人以被对方"逼死"的感觉，仿佛对方就是谋杀者一样。这样便为弱者闹葬提供了合法性借口。正是因为有了这种社会基础，一些弱者会以自杀这种极端行为来惩罚他所面临的强者，从而达到操控人际关系或他人的生活的目的。正如王又槐所说：

> 轻生自尽命案，尸亲藉为居奇。其家稍有赀财，百般窘辱，挟制讹诈，乡民虑其控官拖累，势不得已，曲从济欲。既埋之后，内有尸亲一、二族人素行无赖，未遂欲壑，赴官首告者，每每有之。[6]

而之所以可以这样做，其基础在于传统法律制度的相关规定。《大明律》"威逼人致死"条款规定："凡因事威逼人致死者，杖一百。若官吏公使人等，非因公务，而威逼平民致死者，罪同。并追埋葬银一十两。若威逼期亲尊长致死者，绞；大功以下，递减一等。若因奸、盗而威逼人致死者，斩。"《大清律》同样条款几乎原样照搬了《大明律》。即便这些法律制度今天已不再有实在的法律效力，但其保护的价值、珍视的观念实际上已经内化到了人们生活和行为之中，从而不但影响到今天的法律运作，而且仍然构成基层政府和农民行动的社会基础。

---

[6] 王又槐：《办案要略》，群众出版社，1987年，第6页。

国家的态度

对于秋菊负气三番五次地上访,村长为了面子而坚决拒绝道歉,国家的态度又是怎样的呢?对于这一点,之前的学者基本上都关注到了秋菊的世界与法律的世界之不同,关注了两者之间的背离和张力。但他们在处理这个问题时,基本上把法律的表达等同为国家的态度,或者说,把两个问题当作一个问题处理。这种处理方式在中国外发型法治建设的现代性背景下有一定的合理性,但带有一些缺陷。因为表达与实践可能会有背离,法律与国家并不是一回事,而国家的态度也不是铁板一块的。

影片中的主角秋菊对国家表现出了两种相互矛盾的认知。一方面,她对国家体系是非常信赖的,"我就不信没有一个说理的地方",不断上访本身表明了她对国家权力体系的信赖,相信国家能给她村长所不愿意给的说法。另一方面,她又对国家体系有所怀疑,她对市公安局长说:"我是老百姓,你们都是公家人,谁知道你们是不是在底下都商量好了。"这表达了她的这种怀疑。但从根本上讲,她是信任国家的,或者是宁愿相信国家的,否则就不会有三番五次的上访了。其实,秋菊的上访与对法律的认知并没有多大关系,与对法律的期待也无关,因为在她的视野里,压根就没有法律,她想到的只是到更高一级的国家机关说理。

同样,影片中的另一个主角——村长也表现出两种互相矛盾的想法。一方面,他对国家体系非常信赖,相信国家体系会好好保护他的,所以他说:"跟你说,我不怕你们告。我是公家人,一年到头辛辛苦苦,上面都知道,他不给我撑腰给谁撑腰。"尽管这有威胁的成分,但也表达了一种对国家的信任,当然也是自己的期待。另一方面,村长对此也是有担心和怀疑的,他对李公安说:"秋菊跑了趟县城就弄了个这,我以为县里要把我枪毙了呢。"这虽然有开玩笑的成分,但其实表达了一种担忧。当秋菊上县里上访去了,村里传得沸沸扬扬时,村长心里是没有底的,不知道县里会如何处置他,所以在李公安向他念县上的裁定书时,他才表现得急切而不安。他只是在秋菊屡次讨不到说法时才越来越表现出"公家人"的自信。

在秋菊和村长的信赖、怀疑与担忧面前,国家的实际态度到底是怎样的呢?回答这个问题之前,必须先明确一个问题,国家指的是谁?在秋菊和村长的眼里,李公安、县公安局、市公安局、市法院等都代表着国家,事实上,他们也确实在不同的场合中代表着国家。但是,他们对待秋菊上访的举动时态度却大不相同,这种不同让我们看到了两个截然不同的"国家":一个是了解村庄生活逻辑,息事宁人的国家,它以乡派出所的李公安为典型代表;另一个是疏离于村庄生活,关注法治运作的国家,它以市中级人民法院为典型代表。影片中的其他国家机关则处在这两者之间,其中县公安局的态度更接近李公安,市公安局的态度则更接近市中级法院。

实际上,上述两种态度和两个"国家"不仅仅反映了司法和行政的差别,其实更反映了国家机关的基层和高层之间的区别。大体上说，司法更加关注法律的运作，而行政更加关注社会的稳定与和谐发展；高层国家机关更加关注按照法律和制度的逻辑处理事务，而基层国家机关则更加关注基层的具体状况。这两种差别常常杂糅在一起，尤其在基层，具体状况常常迫使国家机关不得不忽略行政与司法逻辑的差别；而在高层，尽管法律常常也会以治理化的外貌呈现出来，但其逻辑毕竟与行政还是有所不同，尤其与基层的逻辑有所不同。基层国家机关更加在意村庄的生活逻辑和村民之间的和谐关系，而高层似乎更加关注法律和制度条文的实现。我在一起个案研究中，甚至发现这种不同导致了高层司法对基层司法的"压迫"。[7] 在秋菊打官司的过程中，高层国家机关通过法律的介入，总显得那么突兀、生硬，让秋菊难以接受、无法理解，如把秋菊心目中的好人——公安局长当作被告，突然用警车把村长带走。很多学者都关注了这一点。而我更加愿意关注的问题是：基层和高层国家机关为何会表现出这种不同？

在影片中，面对秋菊的上访，基层国家机关表现出对村长的"偏袒"，而高层似乎表现得更加"公正"。为什么基层会更加偏袒村长呢？有三种可能的解释。第一种是道德论的解释。这种解释对基层政府普遍缺乏信任，而对高层政府抱有很大的信心。很多上访的农民都是这样来看待和解释他们所遇到的问题的，他们常说"中央是好的，下面的人把经

---

[7] 陈柏峰："社会热点评论中的教条主义与泛道德化——从佘祥林冤案切入"，载《开放时代》，2006年第2期。

念歪了"。这就是民谣所流传的"中央是恩人,省里是亲人,地区有好人,县里多坏人,乡里尽敌人"。也许是为了回避20世纪90年代初已经开始凸显的基层政府与农民的矛盾,影片特意对此做了一些处理。尽管如此,影片中还是隐约显现了秋菊的这种认知,如秋菊第二次去找李公安时,李公安不巧开会去了,于是她就直接去了县里:

县公安:乡上公安员已经处理过了,你咋还找我们呢?
秋菊:我怕李公安偏向村长,我要求县上处理。

第二种可能的解释是利益论的解释。即认为县、乡、村三级形成了一个坚固的利益共同体,这导致了基层国家机关对村干部的"保护"。[8] 有农村经验的学者清楚,取消农业税之前,乡村之间形成了一个坚固的利益共同体。[9] 这个利益共同体就像一个黑洞,吞噬了所有的村干部。乡镇要求村干部为了乡镇的行政目的而工作时,村干部面对着力量完全不对称的乡镇和村民,很快便会倒向乡镇一边,而无论其是否是民主选举获任的。这种倒向是在利益结盟的条件下实现的,乡镇对村干部许以各种利益。乡镇即使知道村干部的劣迹,也不会查处他们,否则会伤害其他村干部的积极性。应该说,这种解释模式或许是可以言之成理的,但在《秋菊打官司》中,不管影片是否特意处理过了,我们看不到这种利

---

[8] 贺雪峰、苏明华:"乡村关系研究的视角与进路",载《社会科学研究》,2006年第1期。
[9] 同上注。

益共同体的痕迹。

第三种是我在本文试图给出的解释。我认为，基层国家机关"偏袒"村长，保护他的面子，是因为他们离乡村生活最近。他们了解村庄生活的逻辑，知道农民需要什么，不需要什么，甚至他们自己的生活也遵循着乡土社会的逻辑。我常常听乡镇干部讲，"如果你把法律和上头的政策完全当真，你就什么事情都做不成"，因为农村的情况千头万绪、非常复杂，法律和政策不可能提供准确的答案，因而他们往往也对法律和制度采取一种实用主义的态度。他们了解法律和制度，但并不一定真心执行它们，法律和制度在他们眼里常常不过是达到实用主义目的的工具，有时候用它们，有时候弃之不用。当然，如果我们不道德化地将基层干部"污名化"，也不情绪化地拿个别非常糟糕的基层干部的情形当作基层干部的一般形象，我们就会发现他们工作的实用主义态度在很大程度上是可取的。

在影片中，我们可以看到，李公安就是乡土社会一个非常优秀的、尽心尽职的基层干部，他深谙乡土社会生活的逻辑。在秋菊第一次去告状时，他就知道"一个巴掌拍不响"，第一次询问就将事情的来龙去脉弄清了。他多次用"面子"劝解双方，不但在调解中非常真诚地做劝解工作，甚至冒充村长买礼物向秋菊赔礼道歉。他想出了这个让双方都能下的台阶，因为即便以后双方知道了礼物不是村长送的，这事在面上也早过去了。李公安实际上也是按照乡土社会逻辑生活的，在秋菊上访到市里后，李公安在一次偶遇中说："我这个公安，连你的事也没有办好，也只配牵牛了。"他自己也觉得面子上有点挂不住了。当然，这些都只是细节，关键的地方在于，李公安保护了村长的面子。他之所以这么做，是因为他非常清楚面子对于村长的重要性，对于有效组织村庄生活的重要性，对于村庄互助和公共品供给等多方面的重要性，概言之，就是对于"在村庄中开展工作"的重要性。

村庄是中国乡土社会的基本单位，国家能力的有限性决定了它必须自己承载起一些基本的功能，必须依靠自身内部完成一些公共服务，应对某些自然和社会风险，这就需要将村民组织起来。组织形式可以是宗族组织，也可以是党的基层机构，组织的核心人物可以是士绅，也可以是党员，或者其他积极分子，但无论如何组织，核心分子必须能够有一种权威性的力量去支配普通村民。这种权威性力量的来源可以是宗族权威，也可以是党团组织权威，还可以是其他文化资本或社会资本。而面子在村庄中就是一种非常重要的社会资本，尤其对于村干部而言，在当前的行政环境下，要有效组织村民，开展工作，这种社会资本就不可或缺。基层干部对这个道理深有洞察，因此会尽量"保护"村干部，常常在可大可小的事务上"偏袒"他们，这类似于海瑞所讲"事在争言貌，与其屈乡宦，宁屈小民，以存体也"的道理。而高层国家机关对基层事务不直接负有责任，对乡土社会也并不熟悉，自然就更加愿意按照法律和制度文本办事，而不愿意，也难以做具体的衡量。

乡村干部常常讲："农村的事情千头万绪，错综复杂。"确实！不说前些年的"中心工作"收粮派款，就是当前仍然面临的计划生育、殡葬改革、修桥架路、抗洪抗旱等乡村治理事务，以及泼妇骂街、社会风尚、赡养老人、纠纷处理等村庄日常事务，几乎每一项事务的解决都需要高超的实践智慧。然而，难道城市的事情头绪就不多、关系就不复杂吗？其实，农村的事情之所以棘手，之所以难以解决，并不仅仅在于事情本身的复杂，而在于解决方式本身的受限制性。农村事务处在现代法治的"神经末梢"，现代法律和治理体系鞭长莫及。这种"莫及"并不是现代法律和治理体系不愿意触及，也不是在具体个案事务中不可以触及，而是从总体上触及的成本太高，国家政权无法承担。这一点，直接面对乡村的基层干部是非常清楚的。自己兜里有多少钱，能办多大事，他们能不知道吗？经济基础支撑不起现代化的法律和治理体系，基层干部们也就只有游走在国家正式的制度文本和乡村的本土经验之间了。国家制度文本不能不顾及，但也不能完全遵照执行；乡间能借以完成治理任务的传统格局、"土办法"等当然也可以拿来使用。而在《秋菊打官司》中，基层国家机关对于村长"面子"等的考量，显然应该放在这个环节中去理解。

秋菊的错误与送法(律知识)下乡

缪因知*

"当代法学,还没有哪部电影甚至很少有学术专著,能够像《秋菊打官司》一样,不断吸引中外学者的反复解读,而且至今势头不减。"[1]苏力老师借此批评现代法律的著名论文[2]更是奠定了该片在学术界的地位,以至于我在美国一家法学院上关于中国法的课时,教授都完整放了这片子。由于不是专业的司法研究者,我一直没有完整地看过这部著名作品。借此机会,才得以从头观赏。

电影的形象艺术颇能打动人,二十年来诸多学者前赴后继地在这个问题上的开拓,充分证明了它讲述的是一个普遍性的事件或实践,即"某种类型的人或出于偶然、或出于必然而可能说的某种类型的话、可能做的某种类型的事"[3]。苏

---

* 缪因知,中央财经大学法学院。本文原题"秋菊的错误与送法下乡",收录于苏力主编:《法律和社会科学》第10卷,法律出版社,2012年,收入时有改动。
[1] 凌斌:"村长的困惑:《秋菊打官司》再思考",收入强世功主编:《政治与法律评论》2010年卷,北京大学出版社,2010年。
[2] 苏力:"秋菊的困惑和山杠爷的悲剧",原载《东方》,1996年3月,本文引的是在苏力:《法治及其本土资源(修订版)》,中国政法大学出版社,2004年中收录的版本。
[3] 亚里士多德:《论诗》,收入苗力田主编:《亚里士多德全集》第9卷,中国人民大学出版社,1994年,第654页。

力开创性的声音也屡屡回响在耳边，但观毕仔细一想，他说的颇值得商榷。其中最根本的问题在于：

1. 秋菊这个具体的电影形象是否能上升为底层民众积极维护自身法律权利的典型代表，或正当的民间法律规则的维护者？[4]

2. 撇开前一个会受到细节纠缠的问题的合理性不论，我们可以指向一个更核心的、被"法治本土资源派"用来反复拷打"城里人的法律"的问题：当一个处在以城市为核心的现代社会边缘、不谙现代法律规则的人，诉诸现代法律规则的救济，但结果不如她的意愿时，现代法律就该自我检讨么？

3. 与上一个问题相关的是：主要基于城市陌生人社会的规则而制定的现代法律强行介入社会边缘解决纠纷，和一个秋菊这样的边缘人通过一次次"讨说法"强行把现代法律引入乡下，是两个不同的情境。因此在批判现代法律时，是否应有不同？

一、外部的法律规则未尝不合理，坚持打破山村秩序的正是秋菊

影片最后警笛长鸣离开山村的镜头很容易让人顿起对"现代法律"的反感。伤也痊愈了，当事人也和好了，可大盖帽来了，人人错愕，"损害了社区中原来存在的尽管有纠纷但能互助的社会关系"（《秋菊的困惑和山杠爷的悲剧》，

---

[4] "秋菊在中国法学的形象"，"是中国民间法（习惯法）的代言人"，岳林："村庄的宪法"，收入苏力主编：《法律和社会科学》第10卷，法律出版社，2012年，第300页。

第30页)。常年来,板子大都打在舶来的城市法律之上,其被认为是粗暴简单地对待了村民的诉求。

的确,在这个对外交通不便、出行困难的山村中,除了血缘上的沾亲带故外,人与人之间既是远亲也是近邻,有着较大的"低头不见抬头见""跑得了和尚跑不了庙""不靠你,还能靠谁"的互相依赖性,大不同于人际生活有更大独立性、搬家换工作脱离原有生活圈较为容易的城市。所以,在山村优先适用村民公认的、经过多年反复博弈而形成的、具有当地乡土特色的规则,而不是外部城市中盛行的法律规则,颇具合理性。

本人同意,在此案涉及的规则上,即便外部法律体系并无不合理之处,其合适的定位也应是备用性规则,而非强制性规则。然而,实际上各级国家机构大体维护了这一定位,并未主动"送法下乡",是秋菊一层层地讨说法,把外部法律拉入了山村。**外部法律的介入在这个过程中其实是相当被动的**,是秋菊四五次上访[5]最终招来了法院的大盖帽。公权力坚持了不告不理的原则,村治安员及其领导都动用了息事宁人的基层手段来试图解决问题。[6]**是秋菊非要搅动春水,层层闹到中级法院的。**

---

[5] 借用从侯猛对本文的反馈意见中提炼出的概念,我塑造了秋菊的"访民"形象,即怀着朴素的、甚至自以为是的正义观去寻求救济,而非有意识地知法用法。这当然不是说访民的诉求肯定不符合法律,而是说他们的诉求是否能得到正式法律的支持完全在未定之天。本人曾在两地兼职从事三年法律援助,见过不少访民。有不少人的诉求其实合理不合(当时可适用的)法,更有人的诉求其实既不合理也不合法。虽然这些诉求实际上没有获得正式解决的希望,但他们都坚信自己的那种正义观,"不信没有个说理的地方"。
[6] "李公安已经放弃了自己所代表的国家的理",赵晓力:"要命的地方:《秋菊打官司》再解读",收入《北大法律评论》编辑委员会编:《北大法律评论》第6卷第2辑,北京大学出版社,2005年,第712页。

诚然,从个体的角度看,秋菊有权按照自己喜好的方式寻求各种救济。可是,权利和义务是平衡的、一体的。她有权申请启动外部的、公家的法律的调查介入程序,可她无权一厢情愿地指望外部的正义体系实施的结果恰好符合她个人的正义观。**这种外部救济并没有强加于她,在适用于她的个案时,也没有歧视性地、恶意地有所扭曲**,这是她自己三番五次争取来的结果。纵使她缺乏"求仁得仁"的觉悟,外部法律也无须因此感到愧疚。

换言之,秋菊凭什么要求外部世界精确地按照她的意愿来运行?"她无意伤害他人却事实上伤害了他人"(《秋菊的困惑和山杠爷的悲剧》,第33页)并不是法律的错。假设一个吸毒贩毒者的母亲在无助之际希望通过举报让政府帮她儿子戒毒,结果她儿子因此被施以刑罚,她是不是也有权悲鸣无意伤害儿子却事实上伤害了儿子?

站在客观中立的角度上讲,**外面的法律无错**。"踢伤人要惩罚"之规则具有普适的合理性。把人踢骨折了,会影响人身健康、劳动生产(第一幕中,秋菊丈夫是躺在板车上出现的)。这一个个案之结果的确不算厉害,秋菊丈夫的肋骨伤仿佛没有大的后遗症,但这或许是由于村长当时正好力气不大、庆来体质也还算健壮、踢的角度等偶然因素,谁能保证村长或别的村民下次就踢得恰到好处了?从统一规则的角度讲,要求村民都记牢了"人踢不得",是对大家、对整个山村的长远和谐都有益的。[7]相比之下,山杠爷就不幸玩过

---

[7] 类似观点见桑本谦:"'秋菊的困惑':一个巧妙的修辞",载《博览群书》,2005年第12期。

火了，即使"城里的法律"不来充任抓人的黑脸，逼死小媳妇的人命大案也不会在山村被轻易放过。城市法律和山村规则并非水火不容，其内在的理路有相通之处。我们也不妨以动态的观点看待村民法治意识的发展。毕竟，他们不会永远与世隔绝。只要愿意，土气的村妇也能自由进城。山外部的法律和山内部的社会规范总是会越来越融合。

如果说城市里的法律秩序犯了什么错，以致最后不合秋菊意愿的话，还是其不够西化。首先，本案的实际受害人是秋菊丈夫，其本人并不愿意闹到法院，也没有给秋菊授权委托书。但不是适格原告的秋菊还是成功代理了丈夫。其次，法官也没有坚持中立，而是主动要求秋菊丈夫提供证据，敦促他去拍片（在那个年代的村民眼中，这种来自"官"的敦促无疑有相当的不可抗拒性）。如果不是这种为民做主司法行政一体的思路，庆来对拍片缺乏热情会直接消除村长被抓的可能性。最后，中级法院受理的是秋菊对公安局行为不服的行政诉讼，不应骤然由于在调查基础事实时发现村长的违反治安行为而启动对该第三人的行政处罚。

二、秋菊所要的"说法"和外部法律最终实现的方式异曲同工

1. 要的就是消解村长的权威

主流观点认为："如果我们的法律真的关心西沟子村的安定团结，那就老老实实放下架子，听一听秋菊要的，究竟是

什么。"[8]"秋菊的要求更为合乎情理和可行,而且其社会结果也好一点。"(《秋菊的困惑和山杠爷的悲剧》,第29页)可是,外部法律实施(拘留村长)可能导致的危害并未背离秋菊所欲之物,而**只是秋菊所欲之物的加强版罢了。易言之,**如果秋菊完全得其所愿,未必不会损害"社区中原来存在的尽管有纠纷但能互助的社会关系"。

秋菊想得到的是什么?表面上是说法、"给我认个错"。可说法、"给我认个错"又为了什么?她承认"他是村长,打两下也没啥",却坚持要村长道歉。李公安等人讲村长要面子时她也从来不否认。对踢她丈夫的人,她也是从来只呼"村长"而不是名字。

但她为什么坚持要村长认错?实际上她至少在潜意识中是要通过这种不寻常的方式部分但明确地消解村长的权威。而为这件事情认错,正是村长不愿意做的。全片剧情推进的明线是秋菊讨说法,而暗线是村长拒绝给秋菊她要的说法。

消解村长权威之目的在他被拘留十五天之后实现了,谁都知道村长踢出事了。的确,村长可能因此会觉得很没面子,甚至怀恨在心,这也是秋菊和观众所担心的。**可如果李公安或公安局精确按照秋菊的意愿令村长"给说法",村长同样很可能会觉得没面子,甚至怀恨在心。进不进拘留所,区别没那么大。**

秋菊一次次地上访,已经令村长觉得这是"到县里臭我

---

[8] 赵晓力:"要命的地方:《秋菊打官司》再解读",收入《北大法律评论》编辑委员会编:《北大法律评论》第6卷第2辑,北京大学出版社,2005年,第718页。

的名声","以后我在村里没法工作"。在小说原著陈源斌的《万家诉讼》中,村长把钱扔在地上叫秋菊捡时,更明确地说:"我仍是村长,仍管着这块地皮上的三长两短,仍不免要憋住气作践你万家。地上的票子一共三十张,你捡一张低一次头,算总共朝我低头认错三十下,一切恩怨都免了。"村长心里早就有气了。

当然,人们可以指责村长心胸狭窄,但从客观角度看,**无论秋菊是对是错,法律都只不过是在她已然格外努力前进的方向上推了她一把。秋菊只不过是比村民、家人都后知后觉地发现"这下过了"**。她直到警笛大作才有所觉悟,而其他人早就以反对秋菊上访表明了立场。**秋菊担不起"用法律捍卫权利"的荣誉,法律也担不起"办砸了秋菊的事"的恶名。**

2. 村长的权威是否该被消解:海瑞定理在山村中的运用

山村是一个相对封闭的空间,可用资源常年处于稀缺中(比如秋菊难产时,人车两缺),村长为有效地协调资源的分配利用,确定特定情境下不同使用方案的优先权顺序,客观上就必须具有相当的指挥人做事的强制性权利,才能更好地保障整体村民的正当利益。比如他几乎无须解释,就能强迫村民放弃或许至少得等一整年才有的在灯火辉煌下表演的机会而去黑灯瞎火地送产。这实际上是一种对个人劳动力的征用、对个人自由的限制。虽说送产人命关天,可能本身足以打动村民相助,但秋菊家人硬着头皮去求和自己关系不好的村长帮忙,显然表明动用村长是更有效的策略。

而这种权力并不是国家法律赋予村长的，国家法律的权威在相当程度上依赖于国家强制力，而这正是山村里缺乏的。国家法律的权威也受到内在合理性的支撑，而这在山村里是和乡约民俗共享的。村长的权力在很大程度上是村长的自然权威的运用。不是每个村都有这样有威信的村长。这种权威不是村长这个职位自动赋予的，而是村长这个活人在这个岗位上挣出来的。支撑这种家长式权威的是村长在山村这个艰苦环境中的治理业绩（城市里任何广受好评的区长更不用说街道主任都不会、不敢如此征用市民的劳力），是其本人所有的魅力，或者更一般地说，面子。

面子是一种无形的文化资产，会因各种象征性的举动而增减。在"与天奋斗，其苦无穷、其乐无穷"的山村，唾面自干、"别人打了你的左脸，你就把右脸给他"显然不曾被认为是一种美德。秋菊丈夫骂村长生不出儿子，村长如果忍气吞声，就会被认为认怂、丢了面子。他如果像"文明人"一样，去找公家来帮助论理、向庆来讨说法，那在山村会被认为是奇谈，恐怕会进一步丢面子。所以，他必须要还击。

尤其需要注意的是，此次纠纷的一个微妙之处在于：**村长执行公务，制止了秋菊家在承包地乱盖楼、影响公益的行为，而秋菊丈夫却直接而精确地攻击了王善堂个人的痛处**（"下辈子断子绝孙，还抱一窝母鸡"）。这种回击方式在陌生人组成的城市中不多见，但在彼此熟稔的乡村却颇为容易。与之相关的是，村里没有其他可供村长就庆来的侮辱言论"讨个说法"的机制。如果村长不当场亲自做出必要的反应的话，不仅意味着个人人格被践踏，还意味着以后的公务执行将会受到类似的攻击。一个恶性螺旋已经开启，必须立刻制止。

很多人似乎把村长看作一个类似主权国家的霸道打人者，[9] 却没有认识到村长的这一击虽然不符合"执法文明"的要求（毕竟他不是真正受过培训教育的国家干部），**却是对自己作为普通人的人格和乡村秩序维护者身份的双重捍卫**（请注意，我在此不同意那种说"因为村长可以在关键时刻帮人，所以也有一点'主动踢人权'"的看法）。好大一块面子。这也是为何天不怕地不怕的秋菊也同意村长可以打几下，而许多村民则更进一步，认为在秋菊丈夫说出那样无理的话的情境下，相应地踢其下身也不妨（所以他们对庆来并无太多同情）。

本案的僵局在于秋菊认为村长**扳回面子**的举动过火了。换言之，你村长的面子没那么值钱。而村长则显然不那么认为。所以问题的焦点在于：**当对于村长的面子有多值钱出现争议时，该倾向秋菊，还是倾向村长？**

苏力老师不曾提出过这个问题，当然也不曾给出过答案。但他多年后总结出的海瑞定理，[10] 却似乎能给我们启示。

---

[9] 如凌斌："村长的困惑：《秋菊打官司》再思考"，收入强世功主编：《政治与法律评论》2010年卷，北京大学出版社，2010年。该文认识到了"村长的面子"具有维护行政体制运作和基层秩序的意义，村长对村民有特殊作用（如组织救人）。但凌斌把村长描绘成具有打人属性的小型利维坦，把本案涂上了无辜村民被打、村妇抗霸的色彩。正如本文指出的，村长踢来是还击而非欺凌，从村公安开始的外部法律救济的实施也并无偏颇，所以不存在凌所谓"任由救人的人随便打人，会导致官逼民反"的风险。他把山村看作是中国之隐喻的倾向，更是夸大了王村长在这个并不独立的王国里的权势。与此同时，更巨大的主权"村长"不会像玉善堂那样必须屈服于外部法律的规制，一众"村民"也不见得对"外部法律"产生隔膜抵触，所以"外部法律"对"山村"来说是否恰当之宏大讨论的相关性也就减弱了。
[10] 苏力："'海瑞定理'的经济学解读"，载《中国社会科学》，2006年第6期。

苏力阐发了明朝海瑞的司法思路，指出：如果法律没有明文规定，在"**争言貌**"〔即"当时社会政治伦理结构以及意识形态以正式非正式方式规定的不同人的社会地位、身份和尊严"，乃是一种文化资产（《"海瑞定理"的经济学解读》，第118页）〕的时候，应该"强化和保护有更多文化资产的人或物"，从而"使本来稀缺的文化资产最大程度发挥其社会功能得以可能"（《"海瑞定理"的经济学解读》，第122页），令其更好地承担对其他社会群体的责任，并激励其继续"投资于可积累的文化资产"（《"海瑞定理"的经济学解读》，第122页，这也是村长为何强调不认错对他以后工作的重要性）。

比起秋菊夫妇，村长的面子明显很值钱、最值钱（李公安："又是个村长，你好赖得给一些面子。"）。这不是王善堂的面子，是村长的面子，他需要面子来执行公务、调配人力物力资源，配合国家的下乡工作。[11] 捍卫村长的面子是为了制止庆来这种刁民违法在前、辱人在后的行径，以及庆来媳妇偏离全村通用价值观的上蹿下跳（详下）。维护村长的面子更有利于保护全村人包括秋菊的利益。如果村长道歉、认怂，就可能被村民看轻，那位业余演员拒绝放弃难得的出风头机会而雪夜跋涉送产，也未必不可能。

且鉴于村长的面子的公共物品性，无关第三方也会受到困扰。例如，新的遇险产妇的家人会犹豫是否还要把紧急状态下宝贵的时间用于拜访说话可能已经不那么管用的村长。

---

〔11〕"在各类干部下乡办事时，村干部在每一个这类具体场景中都几乎不可或缺。〔公家人〕……进村首先要找村干部，获得他/她们的配合，然后再开始工作。"苏力：《送法下乡》，中国政法大学出版社，2000年，第46页。

此外,由于文化资产的难以转移性(《"海瑞定理"的经济学解读》,第121—122页),破坏了村长的面子,也不见得会相应抬升秋菊的面子。秋菊这回再怎么扬眉吐气,也不会轮到她来处置乱占承包地、送产妇之类的事情。这里面涉及的问题,不仅仅是追求"平等的尊严和要求村长为人民服务"[12]的问题。

三、秋菊讨说法的原动力是对合理乡村规则的排斥

诚然,即便说秋菊盲目地引入了不太合她意的城里法律,外部规则仍有可能优于山村规则。即便村长的权威需要被维护,他维护权威的自力救济方式仍可能有诸多不足。故而我们不妨再从实体上看一下秋菊的诉求本身是否合理,及她拒绝接受的山村纠纷处理规则应当如何被认识。

由于四十多年高度管制的政治与社会秩序,秋菊这样的出头鸟的稀罕性在20世纪90年代不出意料地引人注目,并被塑造成了维权先锋、法律斗士。[13] 可是,如前所述,秋菊并非是在知法懂法地维权,而是完全盲目地借助外力。秋菊的不懈上访**不属于正常村民的正当行为**。她并不了解外部规则如何能够处理她的诉求,她只是不满山村规则处理她诉求的方式。而当两个事实上的内外不同的规则体系并存时,

---

[12] 陈颀:"秋菊二十年:反思'法律与文学'",载《读书》,2016年第9期,第164页。
[13] "不少中国法学家和评论家的解释是","人民群众已开始越来越多地运用法律来维护自己的权利",苏力:"秋菊的困惑和山杠爷的悲剧",第25页。"终于拿起法律的武器来维护自己的人格和尊严了",李彦生:"喜看秋菊民告官",载《人民司法》,1993年第2期。

法律人不必忙着为法律道歉来表现政治正确性。

以苏力为代表的观点正确地发现了秋菊"关于权利的界定明显不同于法学界的界定"(《秋菊的困惑和山杠爷的悲剧》,第27页),但随即便开始批评"进口的"法律所持的观点,言下之意是秋菊这个村民代表的权利观应当得到更大的尊重。但实际上貌似憨厚的秋菊相当难缠,未必代表一个正常村民所会有的诉求,她就是一个愚昧又刁顽的村妇。秋菊本非适格的原告/控诉人(后期其丈夫都能劳动了),却屡屡变卖本就不多的农作物、在丈夫反对的情况下继续带着家里另一个劳动力小姑子出征。尽管身怀六甲,却为不紧急的事冒险长途跋涉,理由是她觉得胎儿是否安全是老天决定的事。真不知道万一路上流产,她会不会因此怪罪村长。特别值得注意的是,本来她的主要不满是村长的一脚可能导致丈夫不育,她此时对胎儿安全(及由于流产而损及日后生育能力之风险)的放任,在行事逻辑上是冲突的,大可以用任性来概括。

秋菊在本乡本土的李公安面前连事情的起因都扭捏不敢说;在城里警察面前,却公然撒谎说丈夫说的母鸡不是指村长的女儿,并给村长扣上了无缘无故"拿普通**群众**撒气""故意杀人"的大帽子(虽然这是代笔者写的,但警察读的时候,秋菊毫无疑议,故很可能是她的本意)。只要处理结果没让村长认错,在她眼里,昨天的好人严局长也就成了坏人——"你们都是公家人,谁知道你们是不是在底下都商量好了?"

故而不令人惊讶的是,村民们早已对秋菊的行为表示不满,这种不满并非由于他们惧怕村长的权威,或缺乏自我维权的法律意识。"在长期的共同生活中,在无数次的小**摩擦**里,它们陶炼出一种熟悉,建立了这样一种相互的预期"(《秋菊的困惑和山杠爷的悲剧》,第30-31页),**这种预期是什么,不就是秋菊你别这么"倔"、"没完没了"、不知分寸么?**[14]

显然大家并没有觉得那是"要命的地方",反而觉得踢下身是对庆来特定类型口不择言的合理应对(尤其在庆来看医生回来,被证实"要命的地方"受伤不要命之后)。甚至这或许还能被认为村长在自力救济地实施某种村民公认的对特定不当言论的民间制裁方式。

值得注意的是,村长在最初的交涉中就同意让秋菊丈夫往他下身还一脚。在一定程度上,这是对庆来的缺德言论的针对性报复。庆来骂人时的优越感指向的是村长在生育的"公平竞争"中的落败,而此刻村长索性化劣势为优势,大方地用自己已然被证明"价值低下"的下身来承受平等的回击。抛开打击力方面的因素(如就算约时间回踢,秋菊丈夫或许也不会像村长当初在盛怒之下那么用力,且人们对村长总是有点敬畏)不谈,秋菊的断然谢绝反映了她知道这种解决方案是让自己吃哑巴亏。至少,双方的共识是村长实施的并非一次碰哪儿打哪儿的随机身体伤害,而是有着高度文化象征性的对特定部位的精确打击。

村民们也对此洞若观火,所以调侃"受害人"庆来,叫

---

[14] 这不仅是特定的西沟子村的风俗,也是中国传统政治的人情观的一个折射,参见韦伯:《中国的宗教 宗教与世界》,康乐、简惠美译,广西师范大学出版社,2004年,第319页。

他"夹紧腿",否则再被踢到的话,秋菊要去北京了。而村长在一开始就理直气壮地说"问你男人去,我为啥踢他"。他说"我不怕你们告",显然底气不是来自自己的政治势力或背后的小动作,而是建立在常年处置村务,对至少在村庄中通行的公共规则的**道德自信、(非正式)制度自信**之上。实际上,如果没有同时**意外**踢坏了秋菊丈夫的肋骨,即使闹到市法院,村长还是会安然不动。

所以,即使村民"都知道秋菊的说法大致是什么"(《秋菊的困惑和山杠爷的悲剧》,第27页),却不见得都同意这是一种该被承认的权益,这好比大家都知道一个贩毒吸毒者的母亲在打电话给政府,希望他们能帮儿子戒毒时,并不是想要让儿子坐大牢。李公安让村长赔两百元,不是对秋菊讨说法的变相实现,而是庆来**"医药费、误工费"**的实际损害赔偿(村长:"你以为我软了?"),所以他要秋菊把医药发票收据给村长。而村长拒绝给说法时,李公安也知道无法依法强制要求他道歉,而只能自己买点心搪塞秋菊。

事实上,苏力一度承认这是"规则在统治","必须承认这种法律运作作为制度的合理性","任何制度性法律都不可能完满地处理一切纠纷,都必然会有缺憾之处。从这个角度看,这一法律制度具有总体上的合理性"(《秋菊的困惑和山杠爷的悲剧》,第28页),但他很快就开始转向批评这种"大写的真理"是不合理的。制度性法律的"必然会有缺憾之处"忽然成了"中国当代正式法律的运作逻辑在某些方面与中国的社会背景脱节了"(《秋菊的困惑和山杠爷的悲剧》,第29页)。如前文所述,这似乎抬高了秋菊的诉求的"和谐性",也没有认识到是秋菊把"不可能完满地处理一切纠纷"的制度性法律引入山村的。苏力文章的第五部分有意无意地把秋菊的诉求,而不是她拒绝的李公安等人的处理方式,说成是"中国社会中的那些起作用的也许并不起眼的习惯、惯例","经过人们反复博弈而证明有效有用的法律制度"(《秋菊的困惑和山杠爷的悲剧》,第38页),这就偏离了真相。

四、走出山村的人最需要被送法下乡

影片谢幕的那一刻,是违背了"由社会连带产生的集体良知"(《秋菊的困惑和山杠爷的悲剧》,第32页)的秋菊在那个小世界中声名彻底扫地的开端。这个人仅仅因为个人独有的欲求在山村内难以实现,就盲目引入外部世界的惊涛骇浪。惊悚于外部法律的威力之余,大家会意识到秋菊为人的难弄。秋菊的困境不在于现代法律。**生在过去的任何一个朝代,她都会为此上访**(除非迫于交通手段的更为不便)。而县太爷也很可能不会完全从她。心情好时把村长拘过来打个二十大板,倒也不无可能,但那不是拘留十五日的古典版吗?

"一个伊甸园失去了"(《秋菊的困惑和山杠爷的悲剧》,第31页),但错不在现代法律。外面的世界可以有外面的规则,伊甸园也可以有伊甸园的规则。秋菊作为一个外嫁来的村妇[15](或许来自一个交通更便利、村长面子对村民的意

---

[15] 感谢山村出身的学友胡小倩指出这一点。

义略小的村落),可能并不熟悉,故而也不尊重这个"社区中曾长期有效,且在可预见的未来村民们仍将依赖的、看不见的社会关系网络"(《秋菊的困惑和山杠爷的悲剧》,第30页),[16]其茫然看着警车远去的镜头,充分说明了她不是一个法律和权利意识的先知先觉者,而只不过是一个碰到不幸的任性而又冒失的人。也许"正式的法律干预"对她造成了"更大伤害"(《秋菊的困惑和山杠爷的悲剧》,第32页),可这不是她作为完全行为能力人自找的吗?

实际上,世界和历史的各处反复上演着"法律文明的冲突"的悲剧故事。例如,一些中国人移民北美后,因为不大的家庭冲突而随意学洋人报警,结果"小题大做"的外国警察剥夺了"实施家暴"的父亲的监护权,甚至把丈夫关入大牢,令曾自称受害者的儿子、妻子欲哭无泪。他们也不过是洋秋菊罢了。在面临着一个不熟悉的外部规则体系时,勇于冒险的性格会令不少尝试者受益,但"无知者无畏"的风险也了无悬念地吞噬了许多人。秋菊的故事只不过是一个不愿意自我克制、不愿意"各自多做自我批评"(李公安、县公安局语)、不愿意"求大同存小异,以安定团结为重"(县公安局语)的人继续往前走却**冒险失败**的故事。

在整个中国法律体系在现代化、农村也在现代化的历史背景下,特殊的、例外的、非主流的是山村而不是城市。既然外部法律在城市中的运行基本上并无不妥,其偶然与山村

---

[16] 类似观点可见凌潇:"无需法律的秩序——《秋菊打官司》的另一个说法",载《山西师大学报(社会科学版)》,2012年第2期(提出秋菊"不理智"地破坏了"乡土社会互惠体系","何必为了一点小事伤了和气")。

不合拍也无伤大雅。所以苏力质问的"为什么要懂那些与他们的日常生活相距遥远的正式法律呢"(《秋菊的困惑和山杠爷的悲剧》,第33页)和凌斌批评的法律人"没有认真倾听,更没有认真听懂"秋菊和村长的想法,[17]都有把局部问题扩大化、把例外抬高成常例的意味。

诚然,庞大而古老的中国的特殊性总是存在的,学自西方的现代法律也显然不会天生契合国人。但我们不应当过于强调其特殊性,特别是不要把不那么典型的特殊性看成典型的特殊性。"今天的国家法律,因其规则的普遍性和背后的惩罚机制,就能够给逐渐陌生化的乡村社会提供信任,维持基本秩序。"[18] "(农民)弱势并不弱智,他们同样甚至更懂得国法莫大乎人情,法律是成年人的学问的道理,他们同样是人,同样向往现代文明,追求幸福,一切能给他们带来幸福的法治,他们都自愿且乐意接受。"[19]即使有的山村在短期内较难改变,外部的法律也很难有充分的理由去仅仅为了让自己的规则不要离山村太远,而停下庞大的身躯来等等山村,其显然更应该关照更大规模的生产生活正在发生着的城市的需求。外部的法律也不需要专门为山村制定一套正式的规则(因为山村本来就有自己的规则)。

秋菊成为依法维权的符号,是一个历史性的误会。耐人寻味的是,中国现实中的"依法维权",实际上往往成了

---

[17] 凌斌:"村长的困惑:《秋菊打官司》再思考",收入强世功主编:《政治与法律评论》2010年卷,北京大学出版社,2010年。
[18] 董磊明、陈柏峰、聂良波:"结构混乱与迎法下乡——河南宋村法律实践的解读",载《中国社会科学》,2008年第5期。
[19] 邱本:"商土中国及其法治建设",载《法制与社会发展》,2004年第4期。

"信访不信法"。更为典型的"活秋菊"是湖南唐慧，在司法机关已经超出法律标准来满足其愿望后，她仍然"不屈不挠"地强力"讨说法"不已。一些法律学者打着"为人民服务""为人民呐喊"的口号，却把个别刁民的呼叫当作人民的利益所在，进而富于优越感地批评本来是代表了人民公益和公意的法律，这种姿态可以休矣。

不过，人非圣贤，本人并不主张不顾秋菊的死活。秋菊有权追求她所希望的，即便在一些村民看来有悖公德。秋菊有权追求对她更好的结果。的确，在这个进程中，真正的风险实际上是一个秋菊般的村民会非要走出山村，把争议相对方乃至整个村庄都拖入不测的外部纠纷处理机制。这时，不如人意的结果是很难不发生的。从这个意义上讲，普法教育意义上的送"法（律知识）下乡"，系统告诉民众，特别是生活在相对独立的社区中的民众，选择外部的一般法律结果会如何，还是很有意义的。[20] 秋菊刁蛮的性格不会因此改变，但不愚蠢的她至少能有权衡利弊的机会。例如，本案一个为很多人忽视的地方是，如果秋菊一开始就选择民事诉讼程序而不是找公安的话，就算不能获得道歉这个令她自己满意的结果，招致警车进村的可能性却要小不少。

---

[20] 更一般地说，对城市居民也在诸多领域如金融有"送法（律知识）入户"的必要。例如，本人曾亲历一个法律援助案件，银行违规高息揽存被政府叫停，该储户无理坚持要求银行支付本来约定的高息而一次次上访，并认为人民银行、商业银行就是串通一气的。

中国法治事业中的空间因素与性别因素

从《秋菊打官司》的角色隐喻切入

尤陈俊*

前 言

影视作品最为突出的长处之一在于,凭借其艺术化的情节设计和影像处理,能够将某些散见于社会生活之中但却未必彼此直接关联的事件汇集在一起,置入某个虚构的时空之中次第演绎。优秀影视作品中的此类影像,在现实中未必皆会真实发生,但其在电影中的展现也能显得合情合理。因此,它们完全可以作为思考社会问题的独特素材。当代中国的一些法制类电影正是如此,而张艺谋导演、巩俐主演的《秋菊打官司》则是其中最为出色的代表性作品之一。

从《秋菊打官司》1992年下半年全国首映算起,二十多年来,国人关于其所可能蕴含的法律/法学意蕴的相关讨论,早已积淀成当代中国法学智识资源中的重要组成部分。对于中国的法律人而言,这部影片的重要价值,并不是来自其所

---

* 尤陈俊,中国人民大学法学院。本文原载《学习与探索》2013年第3期。

获得的众多荣耀与奖项，[1]而是在于"《秋菊打官司》无疑是中国法学界中关注最多的一部电影，它很可能也是中国法学界关注最多的一个文学作品"[2]。

本文将以秋菊在这部电影中所扮演的角色——一名"农村妇女"——为切入点，探讨这一角色隐喻在中国法治事业的含义。而为了能与先前关于《秋菊打官司》的讨论既有对照又作区别，以下将从梳理"秋菊的困惑"是如何在中国法学界被塑造成相关讨论中一个经久不衰的重要问题开始。

一、庸俗化的早期影评？

这部被《当代电影》杂志评为1992年国产十佳影片之首的作品，[3]虽然据说当年在中影公司的一次全国订片会上卖出的拷贝数其实并不如人意，[4]在一些城市（例如上海）的影院上座率也并不高（据说只有三至四成），[5]而且还因为其画面质量差和使用（陕西陇县）"方言"而遭到一些观众

---

[1]《秋菊打官司》曾荣获首届长春国际电影节最佳华语影片奖、第49届威尼斯电影节最佳影片奖金狮奖、第16届百花奖最佳故事片奖、第13届金鸡奖最佳故事片奖、第12届香港电影金像奖最佳华语片奖等重要奖项。1992年8月31日，广电部和新华社香港分社在北京人民大会堂联合举办了《秋菊打官司》的新片招待会，时任中共中央政治局委员、国务委员的李铁映出席，并对该片给予很高的评价，参见李铁映："李铁映在《秋菊打官司》电影招待会上的讲话"，载《电影通讯》，1992年第10期。
[2]王波："法社会学法人类学'面向中国'过程中的自我汉学化——以《秋菊打官司》诸法律影评为分析文本"，载《湖北经济学院学报》，2008年第4期。
[3]"走向市场的中国电影——92《当代电影》国产十佳影片揭晓"，载《电影评介》，1993年第7期。
[4]王兴："别起哄——我'看'《秋菊打官司》"，载《电影评介》，1992年第12期。
[5]晓喻："《秋菊打官司》为何上座率不高？"，载《电影评介》，1993年第4期。

的批评,[6]甚至还有个别论者认为,这根本就是一部"令观众昏昏欲睡"的作品,[7]但一个不争的事实是,在其上映之后不久,对之毁誉参半的众多影评便接踵而至。光是《电影评介》这一份杂志,在1993年便刊发了二十多篇专门针对这部电影的评论性文字。

在这些早期的影评当中,便有一些是评论这部电影本身存在的法律知识错误,或者该影片内容所蕴含的某些法制含义。尽管张艺谋在拍摄这部电影时,据说曾请了一些公检法的人员帮其检查是否有法律知识方面的纰漏,[8]但最终依然被一些评论人认为该片存在多处法律知识方面的欠妥之处。例如,一位来自河南某基层法院的观众指出,秋菊本人其实并不具备申请行政复议和提起行政诉讼的资格,市中级法院最后"依法"将村长王善堂"行政拘留十五天"的做法其实是不符合法律规定的行为,[9]而另一位评论者则指出,市中级法院以"行政拘留"对村长进行处罚而不是根据刑法上的"伤害罪"行使刑事管辖的做法,是混淆了罪与非罪(十二年之后,这个影片情节本身的法律错误,再次被一位法学研究者提及[10]),并且强调说,该片还错误地混用了"被告

---

[6] 唐象阳:"电影不是地方戏——看影片《秋菊打官司》给张艺谋的公开信",载《电影评介》,1992年第11期;李飞:"《秋菊》技术探索成败谈",载《电影评介》,1993年第1期。
[7] 沈殿元:"当心,别脱轨!——由《秋菊打官司》想到的",载《电影评介》,1993年第5期。
[8] 施殿华:"编导应学点'法律知识'",载《电影评介》,1996年第6期。
[9] 刘华:"这场官司有问题——浅谈《秋菊打官司》存在的法律问题",载《电影评介》,1993年第4期。
[10] 桑本谦:"'秋菊的困惑':一个巧妙的修辞",载《博览群书》,2005年第12期。

人"/"被告"、"法人"/"法定代表人"等法律概念。[11]

相对于上述针对该影片内容中的法律知识错误进行挑刺的评论,其他影评更多的是落墨于这部影片体现的所谓法制意涵。在一些论者看来,这部电影"反映当今农民法律意识的增强和时代的进步"[12],"显示了一位普通陕北大婶为了追求正义和真理而不畏艰难执着倔犟的独特个性"[13],"从中我们看到了农民自我意识的觉醒"[14]。甚至还有个别论者明显过于上纲上线地给予秋菊打官司的行为以溢美之词:"秋菊这场官司是坚持真理,伸张正气的官司,是认定法律面前、人人平等的民千[应为'告'——引者注]官官司,是公私分明,合情合理的官司。事件虽小,但影响是巨大而深远的,一个民族,如果没有坚持真理的高尚精神,这民族是没有前途的,一个公民,如果没有伸张正气的坚强性格,这人生也是可悲的。"[15] 苏力曾就那些关于《秋菊打官司》的早期影评做过评论,认为"不少中国法学家和评论家的解释是,它们反映了中国正在走向法治,人民群众已开始越来越多地运用法律来维护自己的权利"[16]。他的这个概括,由于未注明具体论据而被批评有"虚设"假想论敌的嫌疑,[17] 但从前述早期

---

[11] 李广生:"也谈《秋菊打官司》的法律漏洞",载《电影评介》,1993年第8期。
[12] 耿延强:"并非只是'打官司'",载《电影评介》,1993年第3期。
[13] 施殿华:"真实性和艺术性的完美结合——简评《秋菊打官司》的人物塑造",载《电影评介》,1993年第4期。
[14] 蒲东升:"秋菊为了什么",载《电影评介》,1993年第3期。
[15] 温福华:"秋菊官司赢了什么",载《电影评介》,1993年第4期。
[16] 苏力:"秋菊的困惑和山杠爷的悲剧",收入苏力:《法治及其本土资源》,中国政法大学出版社,1996年,第24页。该文最初发表于《东方》1996年第3期。
[17] 王波:"法社会学法人类学'面向中国'过程中的自我汉学化——以《秋菊打官司》诸法律影评为分析文本",载《湖北经济学院学报》,2008年第4期。

影评的论调来看,苏力的上述评论绝非无稽之谈,尽管先前的那些评论者中几乎无人能称得上是"法学家"。

二、法学寓意之重塑史:解构与建构的循环

如前所述,在关于《秋菊打官司》的那些早期影评中,其实已有一些涉及较为细致的法律问题,并非全属大而化之的庸俗之论,但是真正在学术意义上"把《秋菊打官司》构造成在中国讨论'法律与社会'的一个经典电影文本"[18]的讨论,则是始于苏力在1996年发表的一篇论文——《秋菊的困惑和山杠爷的悲剧》。在这篇后来不仅在汉语法学界引发了诸多讨论而且还获得了英语世界关注的论文中,苏力对先前那些关于《秋菊打官司》的"法治进化论"式的解读进行了质疑和反思。在他看来,《秋菊打官司》这部电影,"揭示出在某种意义上中国当代法律正日益西化,即强调正式法律制度,强调西方式的纠纷处理方法,强调西方的那种权利观念,强调国家对司法权的垄断性控制",但如果返回到具体的现实情境之时,我们将尴尬地看到,"在秋菊的案件中,那种正式的法律干预,尽管似乎更符合那种被认为是普适且客观的权利观和权利保护,似乎是'与国际接轨',但它不仅没有令当事人满意,而且带来了更为严重的后果:损害了社区中原来存在的尽管有纠纷但仍能互助的社会关系,损害

---

[18] 赵晓力:"要命的地方:《秋菊打官司》再解读",收入《北大法律评论》编辑委员会编:《北大法律评论》第6卷第2辑,北京大学出版社,2005年,第707页。

了社区中曾长期有效且在可预见的未来村民们仍将依赖的、看不见的社会关系网络"[19]。在对秋菊所称的"说法"加以学术化提炼之后所形成的"秋菊的困惑"这一命题的基础上，苏力进而提醒人们，不可盲目地迷信普适主义法制逻辑支配下的"法律移植"对于中国社会的功用。

坦率地说，苏力的这种"新"解读，其实也并非全新的看法，因为在此前关于这部影片的评论中，已有多篇评论从不同的侧面触及此点。例如，一位论者认为，"秋菊打官司的过程实际上是同一事件在两条不同的轨道上的运行过程，一条是走向现代文明的法律，一条是深藏在人们观念中的传统伦理规范"[20]，而另一位论者则强调，"秋菊面对的是一个陌生的、她的过往的生活经验无法理解的世界，她的痛苦和困惑是一个处在社会大转折时期的民族的典型心态"[21]。还有一位论者说得更为明晰："影片以非常深邃的视角反映了大变革时期农村人的心态。在道义和情感无法讲通的情况下，法律的解决令他们无法接受；在道义和情感可以讲通的和求得谅解的时候，法律的解决同样令他们无法接受。因为在他们的观念中，情、理、法是柔和［应为"糅合"——引者注］在一块儿的。既想运用法律来保护自己，又不忍心抛弃长期建立起来的人与人之间的情感和道德关系，因此分不清法律、道德、情感的界限。这是现代农村极普通而又极典型的

---

[19] 苏力："秋菊的困惑和山杠爷的悲剧"，收入苏力：《法治及其本土资源》，中国政法大学出版社，1996年，第28-33页。
[20] 张忠亮："两条难以交汇的河流——《秋菊打官司》主题剖析"，载《电影评介》，1993年第5期。
[21] 奚佩秋："《秋菊打官司》的多层意蕴"，载《电影评介》，1993年第8期。

生活背景，也是现时中国法制建设和人伦关系发生矛盾冲突的典型事例。"[22] 这些来自普通大众但实际上已然触及某些重要法学问题的评论，之所以未能引起中国法学界的关注，固然与他们的上述评论发表的刊物性质有关，但更大程度上则由于它们欠缺苏力那种借助社会科学化的学术分析而达到的理论化深度。

值得注意的是，尽管苏力在同一年还发表了另一篇利用法律经济学中的权利相互性理论分析《秋菊打官司》所引发的一场肖像权官司的论文，[23] 但中国法学界后来对这部影片的讨论，相比而言，更多的并非在于《秋菊打官司》所引发的那场官司，而是主要集中在《秋菊打官司》中秋菊所打的那场官司。并且，虽然讨论《秋菊打官司》所引发的官司的法学论文也为数不少，[24] 但就其在中国法学界内部产生的学术影响力而言，作为一个整体，它们显然无法与那些围绕秋菊所打的官司进行解读的学术讨论等量齐观。考虑到讨论主

---

[22] 王力军："情、理、法间好困惑"，载《电影评介》，1993年第3期。
[23] 苏力："《秋菊打官司》案、邱氏鼠药案和言论自由"，载《法学研究》，1996年第3期。关于这场肖像权官司的经过介绍，参见喻珊："偷拍暗摄是否构成侵权——电影《秋菊打官司》引出的一起肖像权纠纷案"，载《法律适用》，1995年第1期；王丰斌："《秋菊打官司》肖像权案以调解告终"，载《当代法学》，1996年第6期。
[24] 关于《秋菊打官司》引发的肖像权官司的法学讨论，包括但不限于赖虔干："也谈电影《秋菊打官司》引出的肖像权纠纷"，载《法律适用》，1995年第5期；王兰萍："对侵犯肖像权认定的思考——兼谈《秋菊打官司》的官司"，载《法律科学》，1995年第6期；袁志良："《秋菊打官司》的官司之我见"，载《法学》，1998年第4期；冉昊："审判的艺术和法律的价值——再析'秋菊打官司'的官司"，载《南京师大学报（社会科学版）》，1999年第4期；关今华："权利冲突的制约、均衡和言论自由优先配置质疑——也论《〈秋菊打官司〉案、邱氏鼠药案和言论自由》"，载《法学研究》，2000年第3期；薛爱娟："《秋菊打官司》案引发的思考"，载《河北法学》，2000年第2期。

题的相关性，本文仅挑选后一类论文加以关注。[25]

在1997年发表的一篇评论中，冯象进一步将关于这部影片的讨论推向深入，从"法盲"与"法治"之关系的角度，点出了一条不同于苏力的分析进路（详后）。而冯象的这种解读进路，又进一步引出了凌斌关于"变法型法治"向"普法型法治"转变过程中"法盲法理学"之重要性的后续讨论。[26] 江帆和桑本谦则分别从不同的角度，针对苏力在"秋菊的困惑"与法律现代性／本土性、法律移植等学术概念之间建构起来的逻辑链条加以质疑：前者指出，秋菊的"说法"无法被法制所完全理解，"实在与法律的现代性抑或本土性无关"[27]；后者认为，尽管"'秋菊的困惑'已经成为中国法学界用来反思或质疑法律移植的一个著名隐喻"，但实际上，"'秋菊的困惑'与法律移植的负面效应之间其实并没有严格的因果关系，对于苏力所阐述的学术主张而言，它只是一个巧妙的修辞"[28]。赵晓力同样跳出苏力所建构的逻辑链条，重新诠释了秋菊所要的"说法"的真正意涵——生育权利和生殖信仰。[29] 而陈柏峰则借助于"气"和"面子"这两个相互纠缠的本土概念，分析了为何秋菊不停地要"说

---

[25] 还需交代的是，在英文世界中也有不少文献讨论到《秋菊打官司》，一些国外学者还将其作为认识中国法制状况乃至从比较法意义上理解所谓"亚洲观念"（Asian Values）的一个切入点，但本文集中关注的是"中国法学界"对于《秋菊打官司》这一文本的法学含义诠释史，故而暂不讨论这些外文文献。
[26] 凌斌："普法、法盲与法治"，载《法制与社会发展》，2004年第2期。
[27] 江帆："法治的本土化与现代化之间——也说秋菊的困惑"，载《比较法研究》，1998年第2期。
[28] 桑本谦："'秋菊的困惑'：一个巧妙的修辞"，载《博览群书》，2005年第12期。
[29] 赵晓力："要命的地方：《秋菊打官司》再解读"，收入《北大法律评论》编委会编：《北大法律评论》第6卷第2辑，北京大学出版社，2005年，第717页。

法"而村长又坚决不予的村庄生活逻辑。[30]

中国法学界后续的这些重要讨论,虽然几乎都是从苏力所提炼的那个"秋菊的困惑"命题开始出发,但其各自展开的对影片所蕴含的法学意蕴的不同解读,已经大大地拓展了讨论主题的范围和深度。也正因为如此,在个别论者看来,包括苏力在内的这些法律影评人对《秋菊打官司》的解读显得过于任意,"都忽视了对电影作者原初思想的探究,或者他们想当然也认为自己已然洞察了电影作者的意思,他们是在按照电影'本意'解释"[31]。的确,倘若坚持一种"原旨主义"的立场,来对照《秋菊打官司》编剧刘恒所声称的《秋菊打官司》这一故事所包含的三层内涵——"一、最外在最肤浅同时又是具有一定社会层面:一个民告官的故事,或者说一个普通老百姓与基层官僚主义做斗争的故事。二、人物命运和性格的层面:一个受到损害的弱者维护自身尊严的故事。三、存在主义命题的层面:人在维护自身尊严的同时,很可能以损害对方为代价"[32],那么,诸多法律影评人的解读似乎已逾越太多。但是,即便不去引用法国文学批评家罗兰·巴特(Roland Barthes)的"作者已死"理论作为反驳的论据,[33]我们只需要稍稍想一下,

---

[30] 陈柏峰:"秋菊的'气'与村长的'面子'——《秋菊打官司》再解读",载《山东大学学报(哲学社会科学版)》,2010年第3期。
[31] 王波:"法社会学法人类学'面向中国'过程中的自我汉学化——以《秋菊打官司》诸法律影评为分析文本",载《湖北经济学院学报》,2008年第4期。
[32] 陈鹏歌:"秦国人——记张艺谋",收入杨远婴、潘桦、张专主编:《90年代的"第五代"》,北京广播学院出版社,2000年,第105页。
[33] [法]罗兰·巴特:"作者的死亡",收入罗兰·巴特:《罗兰·巴特随笔选》,怀宇译,百花文艺出版社,2009年。

《秋菊打官司》之所以会成为"法学意义"上的经典文本，很大程度上是得益于苏力等人借题发挥式解读的意义添附和内涵重塑；单单只是影片本身，其实并没有承载多少经得起时间考验、具有长期法学学术讨论潜力的新鲜内容。与先前进行评论的诸多法律人一样，我所秉持的同样并非严格意义上的原旨主义立场，但这绝不意味着以下的讨论就将是天马行空。

三、"农村"妇女与空间隐喻

《秋菊打官司》影片中的故事，开始于秋菊及其小姑子用一架板车拉着被村长王善堂踢伤下身的万庆来到乡上卫生室看病。当那位在秋菊看来像兽医的卫生室大夫经过询问后得知庆来是西沟子村村民之时，曾下意识地说道："噢，还是山里头的。"这段关于住所地的简短问答，预告了影片故事的主要发生地点——西北地区的一个边远山村。

随着秋菊及其小姑子在雪地中拉着板车步行回村，故事的场景开始转入西沟子村。影片中一位放牛村民在路过秋菊家门口时的一声日常性问候——"秋菊，吃了吗"，暗示了这是一个没有陌生人的"乡土社会"。费孝通曾写道："乡土社会在地方性的限制下成了生于斯、死于斯的社会。常态的生活是终老是乡。假如在一个村子里的人都是这样的话，在人和人的关系上也就发生了一种特色，每个孩子都是在人家眼中看着长大的，在孩子眼里周围的人也是从小就看惯的。这是一个'熟悉'的社会,没有陌生人的社会。"[34]而《秋菊打官司》影片中的多个故事情节,均显示出与这一描述的高度契合性。例如,当秋菊拿着医院开的证明来到村长家讨要医药费时,村长家中正在吃饭的小女孩们稚气的招呼声——"姨,来了",暗示着王、万两家彼此之间的熟稔关系;而当秋菊从市里告状回到家中,让庆来试穿她在城里为他新买的衣服时,在旁围观的妇女们那些充满羡慕之意的七嘴八舌式询问("听说你把局长的小汽车都坐了""真的?了不起啊""你是我们山里人第一个坐小车的吧"),则从一个侧面透露出村民们的外界交往机会的稀缺性。

影片中时常作为背景出现的偏僻寂寥的大西北山村的画面,不仅反复暗示这是一个乡土社会,而且还意味着这也是一个处于政治、经济和文化边缘的某种意义上的"法律不入之地"[35]。如果我们将法治的事业看作由一个个涵盖范围渐扩、法制浓度渐增的小空间构成的整体,那么,秋菊一次次离村越来越远的打官司旅程("乡上—县上—市里"),意味着她在循着国家权力的毛细血管末端上溯,一步步进入不同层级的法制空间的规训之中。就此而言,《秋菊打官司》的故事,首先讲的是法治与空间的关系(类似的影视作品还有后来的《马背上的法庭》等)。[36]还记得秋菊进城告状的艰

---

[34] 费孝通:《乡土中国 生育制度》,北京大学出版社,1998年,第9页。
[35] 所谓"法律不入之地",乃是强世功等人到陕北农村调查时在公交车上听到的本地人对当地法律状况的描述。参见强世功:"'法律不入之地'的民事调解——一起'依法收贷'案的再分析",载《比较法研究》,1998年第3期。
[36] 先前的论者通常以法治状况的城乡差别来加以形容,但这种概括极易给人以城乡二元对立的意涵。我更倾向于使用分层化的空间概念。

辛路程吗？一个多次出现的经典画面是，一辆拖着装有红辣子的小板车的拖拉机，颠簸行驶在崎岖的乡间土路之上，黄土飞扬，而拖拉机上坐着正要进城讨个"说法"的秋菊。尘土之后，是她生活于斯的偏僻农村，而前方去处，则是被作为现代性之重要组成部分的形式法制主要盘踞的城镇。

这种"道路通向城市"（借用苏力一本书之名）的空间穿梭与场景转换，并不仅仅只有地理上的含义，更重要的，还蕴含着潜在的文化寓意。唐纳德·布莱克（Donald Black）曾提出一个"法律的变化与其他社会控制成反比"的理论命题。他强调，法律是一种重要的社会控制方式，不过也只是诸多社会控制方式中的一种，除此之外，"还有其他多种社会控制方式存在于社会生活中，存在于家庭、友谊、邻里关系、村落、部落、职业、组织和各种群体中"，"当其他社会控制的量减少时，法律的量就会增加"。[37] 如果我们将"礼治社会"和"法治社会"视为分别处在坐标横向两端的两种理想类型，而将"乡土社会"和"工商社会"当作分别处在坐标纵向两端的两种理想类型，那么，区别"礼治社会"和"法治社会"这对马克斯·韦伯（Max Weber）意义上的不同理想类型（Idealtypus/ideal type）的一个重要标准，正是社会控制的主要变量不同（更确切地说，各种社会控制方式组成的比例差异），而"乡土社会"和"工商社会"这对理想类

---

[37] 参见［美］布莱克：《法律的运作行为》，唐越、苏力译，中国政法大学出版社，1994年，第7-10页。

型,则与前一组理想类型构成了地理空间上的大致对应。[38]

因此,身为"农村"妇女的秋菊一次次走出村庄,先后来到乡上、县上和市里寻求"说法"的行动轨迹,就不只意味着在由"乡土社会"和"工商社会"共同构成的坐标轴上开始逐渐偏离前者,而且同时还意味着在由"礼治社会"和"法治社会"共同构成的坐标轴上慢慢靠近后者。[39]她在后一类空间中所遇到的困惑,来自这一让她感到好奇的陌生空间的社会控制方式,与其所熟悉的那个空间(作为乡土社会、熟人社会的西沟子村)的社会控制方式(秋菊在此方面的认知,最为典型地体现在影片中她多次讲的几句大同小异的话——大致内容是,"他是村长,打两下也没啥,他不能随便往那要命的地方踢")之间存在的明显差异:"在关系密切的人们中间,法律是不活跃的;法律随人们之间的距离的增大而增多,而当增大到人们的生活世界完全相互隔绝的状态时,法律开始减少。在现代社会中,关系距离很少达到人们完全相互隔绝的状态,但比在简单社会中的关系距离要大。"[40]也正是在后一类空间中,发生在城市中的决定性的冲

---

[38] "理想类型"概念的使用并非始于马克斯·韦伯,一些学者认为,韦伯对这一概念的使用,直接源于其大学同事兼好友耶利内克(Georg Jellinek),但使之在社会科学领域产生广泛影响的关键性人物则无疑是马克斯·韦伯,参见翟本瑞、张维安、陈介玄:《社会实体与方法:韦伯社会学方法论》,台湾巨流图书公司,1989年,第138-139页。
[39] 这种在坐标轴上的移动,并非二元对立意义上的非此即彼选择,而毋宁是在一个连续体上发生的渐变滑动。正如梁治平在检讨费孝通笔下的"礼治秩序"时所指出的,"'礼治秩序'中有'法治秩序'的生长点,'法治秩序'也可以从'礼治秩序'中获取养分"。参见梁治平:"从'礼治'到'法治'?",载《开放时代》,1999年第1期。
[40] [美]布莱克:《法律的运作行为》,唐越、苏力译,中国政法大学出版社,1994年,第48页。

突"以城市面对农村,形式程序法面对社会主义所影响的农村不成文道德伦理规范和现代理性面对它所试图克服的包括'民众习惯'、'社会风俗'、'自然正当'或'传统'但又不限于这些的习俗性规则的方式被展现出来"〔41〕。

当秋菊离开自己所熟悉的村落空间,进入到法制浓度渐增的城镇新空间之时,这些不同空间在社会控制方式上的抽象差异(例如礼治与法治的量的相对变化),对于她而言,首先直接表现为一些令其感到陌生的人、事、物(具体包括人物、职业、场所等)乃至"新"规则的相继出现。体现此点的一个典型情节,便是当她来到县公安局时,见到等候在外的人们手上均拿着纸,打听之后得知告状需要有申诉书,于是按照指点,找到在邮电局门口摆摊的张老汉,而当她让张老汉为其写材料时,又惊讶地得知需要先支付20块钱的酬劳。〔42〕这一剧情所展示的规则(告状需要材料)和职业(有偿代笔),对于秋菊而言,都是她原先的生活空间中所没有的但却在其如今面对的新空间中与法制相关的事物。影片中体现秋菊这种困惑的情节,还有她在与市里某区律师事务所的吴律师初次交谈时,对律师职业的那种令法律人啼笑皆非的理解——"噢,那就是说,你天天收人家的钱,天天给

---

〔41〕 张旭东:"叙事、文化与正当性:《秋菊打官司》中的重复与独一无二性",刘晗译,收入孙晓忠编:《方法与个案:文化研究演讲集》,上海书店出版社,2009年,第407页。
〔42〕 值得一提的是,在《秋菊打官司》中,张艺谋对以代笔为业的张老汉的形象设计,似乎是有意用来烘托普通农民利用法制的高成本。依据张老汉扮演者范祯祥的回忆,他曾觉得剧中设计的20元写状价格太贵,因此希望张艺谋改为5元钱,以合实际,但张艺谋以剧情需要为由,坚持20块钱的台词设计不变。参见胡世健、冯宪印:"张艺谋·巩俐·写信老汉",载《电影评介》,1993年第11期。

人家一个说法"。发生在行政诉讼案件开庭审理这一典型的法制空间中的一些法律规则,同样也令秋菊感到不解,因此她才会满腹狐疑地问道:"好人也能在一块儿打官司?"事实上,即便是秋菊到市里告状时投宿的那间"工农旅社",也已经不再是普通意义上的旅店,而是成为与法制空间相联系的某种延伸空间,因为按照工农旅社老板的说法,"我这儿住得离公安局近,乡下来这打官司的人都在我这儿住"。而那位工农旅社老板本人也已经不再是普通的旅店经营者,而是成为与法制空间有着某种联系的外围人物,用他自己的说法来说:"慢慢地,有啥事情我都懂得一点儿了,以后有啥法律上的事情,你就来找我。"事实上,正是工农旅社老板指点秋菊去找市公安局长并为她提供了后者的住家地址。张老汉、吴律师和工农旅社老板这些与法制空间之间存在着各种各样联系的人物,极易让一些熟悉中国历史的观众想起明清时期的代书、讼师和歇家,[43]但对于秋菊而言,他们更多的则是意味着她所不熟悉的空间中的一些陌生职业。

在秋菊所面对的新空间中,陌生的依旧陌生,似乎熟悉的其实也只是想象而已。在很大程度上,支撑秋菊先后在"乡上—县上—市里"这些法制浓度渐增的位于不同层级的空间中寻求"说法"的,乃是一个镶嵌在科层化的权力空间

---

[43] 关于明清时期的代书、讼师和歇家,参见 [日] 唐泽靖彦:"清代的诉状及其制作者",牛杰译,收入《北大法律评论》编委会编:《北大法律评论》第10卷第1辑,北京大学出版社,2009年;Melissa Macauley, *Social Power and Legal Culture: Litigation Masters in Late Imperial China*, Stanford, California: Stanford University Press, 1998;[日] 太田出:"明清時代「歇家」考——訴訟との關わり)を中心に",载《東洋史研究》,第67卷第1号(2008年6月);胡铁球:"'歇家'介入司法领域的原因和方式",载《社会科学》,2008年第5期。

之中、关于维护"公道正义"之力量源泉的层级化想象。秋菊的这种层级化想象,看似与应星在研究大河库区移民上访时所听到的民谣——"中央是恩人,省里是亲人,地区有好人,县里多坏人,区乡尽敌人"——所透露的意涵大不相同,[44]因为即便是对乡上、县上、市里的处理不服,秋菊始终都没有将李公安、市公安局长等视为坏人,但是,两者的逻辑实际上如出一辙:它们都对处于更高层级的权力纠正不公道之事的能力抱持着更多的美好想象。就此而言,《秋菊打官司》中多次被提及的"北京",就不仅仅是一个地理名称而已,而是一个在乡民心目中象征着公权力/公道之终端来源的符号隐喻。[45]从这个意义上讲,《秋菊打官司》所展示的,是一位来自法治边陲的农民与低层法制空间之间的一次尴尬邂逅,是底层法治事业所面临的一场看上去微不足道的挑战,而并没有颠覆对于高层法制空间/核心权力空间的美好想象。这暴露了该影片不彻底的批判意识,还是为现代法治保留了一丝颜面和想象性的希望?答案见仁见智。

四、农村"妇女"与性别隐喻

如果将《秋菊打官司》视为中国法制类电影中的代表性

---

[44] 参见应星:《大河移民上访的故事》,生活·读书·新知三联书店,2001年,第209页。
[45] 在《秋菊打官司》影片中,"北京"先后共被提及两次:一次是庆来在去村长家的路上遇到一位赶牛的相熟村民,后者调侃他说:"你把腿夹紧了,要叫村长再踢你一脚的话,秋菊就把官司告到北京去了。"另一次则是在秋菊因为退钱之事受到村长的辱骂后倍感委屈,于是打算再出去告状时,不想再生事端的庆来出言反对:"咋?你还真没完了。都闹到市上去了,结果还不是一样,你还能闹到北京去?"

作品，那么它对主角人物的选取与刻画，必然会在某种程度上反映，甚至不自觉地建构或强化了，电影导演乃至普罗大众的某些微妙前见。[46]在我看来，《秋菊打官司》之所以能够给学人们造成颇为强烈的智识触动，除了前述所论的空间寓意（兼具地理和文化的含义），还在于，影片中那位为了在现行权力/法制空间中讨个"说法"而执拗地奔波其间的主角，乃是一位土生土长的农村"妇女"。《秋菊打官司》中的这一人物特征，同样为我们思考当代中国的法治问题提供了一种开放性视角。

当代中国的现代化进程，通常被视作一个现代性因素从城市向乡村扩展和渗透的渐变过程。而长期以来，由于受教育程度相对较低，中国农民往往被认为不能较快地适应这一变化，因此极易成为现代化进程中的弱势群体。与此相关的一种看法则是，他们有朝一日直面现代法治之时，其中的很多人很可能将因为所面对的异质新事物而集体失语，甚至觉得根本无法理解。对于这样的问题，数十年前，费孝通便在《乡土中国》一书中予以关注。他曾经以一则本夫殴伤奸夫的乡间案例作为例子，来反思"现行的司法制度在乡间发生了很特殊的副作用，它破坏了原有的礼治秩序，但并不能有效地建立起法治秩序"[47]。

---

[46] 早就有评论者指出，包括张艺谋在内的很多导演的电影中都存在着一种"女性情节"。参见薛晋文："张艺谋电影中的女性情结分析"，载《太原师范学院学报（社会科学版）》，2006年第5期；戴锦华："不可见的女性：当代中国电影中的女性与女性的电影"，载《当代电影》，1994年第6期。这些知名导演们的"前见"，又通过观众们对其影视作品的欣赏而得到更大范围的再生产。
[47] 参见费孝通：《乡土中国 生育制度》，北京大学出版社，1998年，第58页。

仔细追究起来，这种情形确实非常微妙。一方面，扎根于工商社会的现代法制，为了标举自身行为规则的现代性和先进性，必须要与乡土社会的旧有规则保持区隔，而这将会导致数量众多的农民被放逐成在现代法治规则面前失语的"弱势群体"；另一方面，现代法治若想真正建成，则必须对这些生活于广袤农村地区的"弱势群体"建立起可以按照需要随时兑现的权力支配关系。因此，中国法制向乡村的空间拓展，必将是一个通过权力支配获致规则整合的过程，而这必须通过无数次建立身体的直接支配方能完成。《秋菊打官司》所展示的，正是诸如此类的相遇。十几年前，冯象早已深刻地指出，类似于秋菊这样的农村"法盲"，其实为现代法治所必需。用他的原话来讲，"秋菊的困惑，其实正是法治得以'现代化'的不可缺少的前提条件"，因为"法治现代化作为主导地位的意识形态（文字化、科层化、职业化的意志、手段和说教）的首要任务，便是设法保存并且每日每时地生产出秋菊们来，让他们成为自己教育、改造的对象，成为非文字化的、'简朴'的、'自发'的、互相矛盾的、愚昧无知的一个一个的'说法'，以便区别对待，细心保护"[48]。但冯象并未讨论到秋菊这样的"女性"法盲形象在现代法治中所可能具有的微妙意涵。

由于诸多因素合力造成的影响，中国的女性，无论是以往还是现在，其总体文化水平相较于男性而言往往总体

---

[48] 冯象："秋菊的困惑"，载《读书》，1997年第11期。

要低，[49]因此也就有了"妇女无知""妇愚无知"之类一度使用颇广的贬义形容词。[50]法律下乡通常与文字下乡如影随形，[51]而农村妇女对文字这种工具的实际掌握程度，往往被认为要弱于农村男性。在《秋菊打官司》的故事塑造中，尽管秋菊声称自己"读过中学"，只是"没写过材料，不会写"，但她后来在收到市法院的开庭通知时，还需要特地找到相熟的一位乡村男教师，让他帮忙"看下是不是给我来的通知"，由此推知，实际上她很可能欠缺基本的读写能力（这是文化水平高低的衡量指标之一）。故而，对于现代法治而言，她们通常被视为是最不容易融入其中的群体之一。这些常被当作"文盲"的农村妇女，借用一位学者的分类来说，实际上还被视为"敌对性法盲"。[52]也正因为如此，倘若农村女性也能够主动追慕现代法制，则往往就被视为是令人欢欣鼓舞的进步。而秋菊的漫漫告状路，如同电影中所展示的，正是一位来自法治空间之边陲的农村妇女，主动向所谓先进的现代法制靠拢的亲身经历。电影中所塑造的秋菊，

---

[49] 以衡量文化水平差异的一个常用标准为例，在清代，按照罗友枝（Evelyn Sakakida Rawski）多少有些显得过高的研究结果，男性中拥有最基本的读写能力的大概为30%-45%，女性则为2%-10%，参见Evelyn Sakakida Rawski, *Education and Popular Literacy in Ch'ing China*, Ann Arbor: University of Michigan Press, 1979, p. 23。

[50] 赖惠敏："妇女无知？清代内务旗妇的法律地位"，载《近代中国妇女史研究》，2003年第11期；毛立平："'妇愚无知'：嘉道时期民事案件审理中的县官与下层妇女"，载《清史研究》，2012年第3期。

[51] 关于文字下乡的现代性意涵，参见费孝通：《乡土中国 生育制度》，北京大学出版社，1998年，第12-23页。

[52] "敌对性法盲指的是这样一种类型的法盲，他们由于缺乏教育或者存在观念性的错误，根本无力认识国家法律的基本立场和价值取向，进而在法情感上和国家法律的立场相对立。"参见王康敏："通过'法盲'的治理"，收入《北大法律评论》编委会编：《北大法律评论》第11卷第1辑，北京大学出版社，2010年，第54页。

既是令人同情的女性形象，又执拗得几乎超过任何男子。有孕在身的她，[53]丈夫被村长踢伤下身，因此要求村长就此给个"说法"，但在乡里调解后未觉满意，因此开始了远赴县上、市里的漫漫告状路。这种主角人物的特征塑造，一旦解读起来，实际上别有意涵：它将据说有着"普适"意义的现代法制，和被认为与其最为隔阂的"落后"人物，通过电影的叙事技巧建立起巧妙的联系，最终完成现代法制在乡村地区的又一次权力支配过程。

遗憾的是，秋菊与现代法制的相遇，其最终结果并不完美，从某种角度来看甚至可谓失败。在我看来，秋菊与现代法制之间的隔阂，或者说，她之所以最终无法在现代法制框架内获得自己心目中的那个"说法"，并不仅仅是像很多学者以往所指出的那样是因为农民在面对现代法制的陌生规则时产生了困惑，而是还可能与秋菊作为女性的体验有关。[54]西方学界方兴未艾的女性主义法学思潮早就不断强调，现代社会中的整个法律体系，是以男性作为中心加以构筑，法律结构的创设，也都是立足于男性意象，而通常并不考虑对于

---

[53] 张艺谋在影片中将《万家诉讼》中的人物原型改变为孕妇模样，不仅仅具有视觉艺术上的更好效果，实际上也为观众创造了解读故事的更多开放性视角。已有一些评论针对秋菊孕妇形象的寓意进行专门讨论，参见操齐齐："孕妇意象深层底蕴的紊解"，载《电影评介》，1993年第4期；梁金龙："秋菊怀孕——一种电影化的谋略"，载《才智》，2008年第22期。

[54] 一些研究已经揭示（尽管也存在争议），由于生理构造等因素的差别，女性和男性在对一些问题的认识上存在着微妙的"性别化"差异。例如，卡罗尔·吉利根（Carol Gilligan）发现，女性和男性在对道德规范的归纳和认识方面存在着颇为明显的区别，而理查德·波斯纳则借鉴社会生物学的研究，解释了为什么相对于女性而言，男性所喜欢消费的更多是"色情物"（pornographic）而非"情色物"（erotic）。参见［美］卡罗尔·吉利根：《不同的声音：心理学理论与妇女发展》，肖巍译，中央编译出版社，1999年；［美］波斯纳：《性与理性》，苏力译，中国政法大学出版社，2002年，第121-123、472-477页。

女性而言其实极为重要的那些经验和价值。[55]尽管我并不赞同一些女性主义法学论者对"性别"二元对立的刻意强调，但我认为一种低限度的女性主义法学视角将会颇有裨益。

理查德·波斯纳（Richard A. Posner）曾注意过这种附随于法治的不同性别意象。他发现，在《赫卡帕》《安提戈涅》《威尼斯商人》等西方文学作品之中，往往都青睐于塑造诉求自然法的女性形象，并以此作为反对男性化的法律实证主义的主角。其中最典型的可能是乔伊斯的《尤利西斯》。波斯纳指出，在库克罗普斯的故事所讨论的那些案件当中，"法律和那些喜欢技术差别和细节的人都是用男性意象描绘的，而布卢姆，一个富有同情心的人以及那些不能讨论法律技术问题的人都是用女性意象描绘的"。他因此强调说，世界上其实存在着两种与性别差异相联系的法律观，其中男性法律观"体现为重视法条、强调技术细节、规则、严格解释以及'难办的'（hard）案件"，而女性法律观则"强调衡平，重视宽泛的标准、实质性正义和裁量"。再进而言之，"男性法律世界观总是从丰富的案件特殊性中抽象出几个显著的事实，让它们在法律中起到决定作用。这就是规则之法（law by rules），也就是规则的作用。而女性的法律世界观更情愿根据案件的全部情况来判决，不受那种要求人们蒙上眼睛不看全体的规则的限制，也不感到判决要服从于普遍和'中性

---

[55] 关于女性主义法学的核心观点，可参见[美]凯瑟琳·A. 麦金农：《迈向女性主义的国家理论》，曲广娣译，中国政法大学出版社，2007年；[美]朱迪斯·贝尔：《女性的法律生活：构建一种女性主义法学》，熊湘怡译，北京大学出版社，2010年。

的'原则是件麻烦事"。究其实质而言,在波斯纳看来,"这种男性法律观就是法律实证主义的法律观,而女性法律观就是自然法的法律观"[56]。

秋菊的"困惑",如果借用波斯纳所使用的上述术语来描述,恰恰体现在她所要寻求的那个依据"自然法"的"说法",无法在"法律实证主义"的框架之中获致。当然,在这里,对于何谓"自然法",我们需要暂时跳出西方语境的框架而重作界定。从秋菊的表达来看,她所诉诸的,其实是一种与生育崇拜紧密相关、具体表现为"睾丸隐喻"的"自然法"——"他是村长,打两下也没啥,他也不能随便往那要命的地方踢"。正如赵晓力所指出的,"如果说秋菊是一个维权先锋,那么她要维护的,并不是什么她或她丈夫的个人权利,而是一种普遍的生育的权利,一种对于生殖的古老信仰:破坏生殖是最大的犯罪"[57]。

人们可以说,秋菊维护这种"自然法"的执拗行为看似构成了对男性中心主义的挑战,但这种潜藏在"睾丸隐喻"背后的"自然法"事实上恰恰正是男权中心主义的产物,因此,"秋菊也就完全成为一个不自觉的依附于父权的女奴形象,尽管她积极向父权讨要'说法',却由于这说法本身就是服务于父权而遭到了根本的颠覆,于是,其表层的具有现代意识的求理求法完全消解于深层的传统的父权意识之

---

[56] 参见〔美〕波斯纳:《法理学问题》,苏力译,中国政法大学出版社,2002年,第505-506页。
[57] 赵晓力:"要命的地方:《秋菊打官司》再解读",收入《北大法律评论》第6卷第2辑,北京大学出版社,2005年,第717页。

中"[58]。但是，我们应该注意，秋菊所要的"说法"，多少也隐含着某些具有女性意象的独特表达方式：注重对细节的感性描述，看重一种情感性的诉求。而这一切，在现代法制面前，都被单一化的、据称有着形式理性的高级特征的抽象规则所湮灭。而后者也许的确具有男性意象的某些特征。

结语：空间、性别与法治

从某种意义上讲，法治的事业乃是一种空间分化和空间同构相互交错进行的过程。一方面，它需要根据权力高低、管辖范围等标准，设置分层化的法制空间，从而呈现出法制浓度的空间分化；另一方面，它还需要将一些游离的边缘空间整合到不同层级的法制空间之中，进而形成一种共同朝向某个法制核心的结构模式。在这一空间建构之中，"接近正义"（the access to justice）的距离，实际上具有极为重要的意义。如果我们将秋菊的告状经历看成一次尴尬的"迎法下乡"，那么，需要我们认真反思的，就不仅仅是秋菊那艰辛旅途所昭示的农民与现代法制之间的地理距离，[59]而是还应

---

[58] 冯利军："从《秋菊打官司》到《惊蛰》：论张艺谋与王全安在相似文本中相异的女性观念及艺术态度"，载《北京电影学院学报》，2005年第3期。另可参见张建珍："张艺谋影片叙事分析"，载《当代电影》，1993年第3期；范志忠："寻找被逐者的精神家园——试论新时期中国女性电影的文化意蕴"，载《当代电影》，1994年第6期。

[59] 很少有实证研究深入探讨地理距离对于中国民众"接近正义/司法"（access to justice）的影响，巴恒（David C. Buxbaum）数十年前的一份研究至今仍是极少数的例外。他曾根据清代台湾的淡新档案，统计并分析了告状人住所地与官方衙门之间的距离对其诉讼行为的影响，参见 David C. Buxbaum, "Some Aspects of Civil Procedure and Practice at the Trial Level in Tanshui and Hsinchu from 1789 to 1895", *The Journal of Asian Studies*, Vol. 30, No. 2 (1971), pp. 274-275。

该包括民众对于现代法治的心理距离。

齐美尔（Georg Simmel）曾区分了"距离"（distance）和"陌生"（strangeness）的微妙差异。在他看来，"就与他人的关系而言，距离意味着对方近在咫尺却很遥远，而陌生则意味着与对方相隔遥远但其实很接近"[60]。这一洞见，对我们理解本文的问题颇具启发性。就中国的法治事业，真正对其构成挑战的，并非一些民众在与现代法治发生接触时所生的"陌生感"，而是一些民众在法治空间中受挫之后对其大失所望的"距离感"。而为了减少这种"距离感"的产生，我们必须认真对待每个个体在法治空间中的不同体验，其中也包括对不同性别的法律认知差异给予适当的重视。

---

[60] 见 Georg Simmel, *The Sociology of Georg Simmel*, translated, edited and with an introduction by Kurt H. Wolff, The Free Press, 1950, p. 402。

下　编

秋菊的解惑

喜剧与文化

阿兰·斯通

胡海娜、马峣 译　陈颀 校 *

> 中国观众认为《秋菊打官司》是一部才华横溢的喜剧。西方观众则认为它是一部单调乏味的情节剧。我们遗漏了什么呢?

中国女演员巩俐是当今电影界最美丽的女性之一。她的美貌与演技相得益彰,高挺的颧骨,流动的明眸,饱满的朱唇,完美地结合在一张鹅蛋脸上,使她能够演绎出任何角色的情感。在《红高粱》《大红灯笼高高挂》《菊豆》这三部文艺佳片中,她成功塑造了不同类型的女性形象,让自己和导演张艺谋赢得了国际性声誉。

此后,针对更广阔的商业市场,张艺谋又让巩俐主演了一部港式动作惊悚片——《代号美洲豹》。巩俐那隐藏在紧身护士服下的妖娆身段,证明她也能成为一位性感偶像。

张艺谋最新的电影《秋菊打官司》,赋予了巩俐不同以

---

* 阿兰·斯通,美国哈佛大学法学院。本文原载《波士顿评论》1993年9月/10月号。胡海娜,北京大学法学院法律硕士;马峣,武汉大学法学院。

往的角色定位。影片中，巩俐扮演的村妇秋菊与丈夫一家生活在农村。她怀着头胎，身子沉笨，迈着蹒跚的八字步，得手撑腰背向后才能平衡笨拙的身体。故事发生在冬季，秋菊脸上半裹着一条围巾，只露出五官，看起来有些土里土气。她文化水平不高，不算机灵，动作不快。对于所见所闻，她的表情迟钝，反应总是慢半拍。巩俐对角色的演绎让观众能够捕捉到秋菊的心理活动，并从她茫然的表情中解读出她正在经历的一切。一个生动的例子发生在秋菊与小姑子在陌生拥挤的城市中走散之后。她的面部表情的特写镜头，先是迷惑，随后心焦，再是气恼，最后惊慌失措。

巩俐赋予这一角色的习惯性动作——下意识地咬手——尤为传神地展现了秋菊的迟滞体态和茫然眼神。以上全部的表情细节堪称精彩，但张艺谋也清楚地知道，即便如此，这些动作也不能完全掩盖巩俐精致的容颜，以及她在电影银幕上闪耀的光芒。他非常了解这种力量。正是他发掘了大二学生巩俐，让她成为自己电影事业的缪斯女神。她的音容笑貌总能传神地演绎他所设定的故事。这位导演与他的"御用女主角"携手并进，成就了最高水准的电影艺术团队。

不过，大多数美国评论家认为，《秋菊打官司》算不上张艺谋团队最好的作品之一。根据这些评论家的说法，本片太过冗长曲折，不像《菊豆》《大红灯笼高高挂》《红高粱》等早期作品那样，以魅惑的方式探索激情和悲剧的主题。在这三部影片中，巩俐那令人生畏的脆弱性让观众坐立难安。相形之下，《秋菊打官司》似乎是一个结局不幸的冗长的乏味的故事。

然而，中国观众的观感截然不同。他们把《秋菊打官司》当作一部喜剧。

如果中国观众是对的，那么，评论家又错在哪儿了？而且西方观众可能完全没有抓住电影的要点（我没看到一个西方观众在布拉特剧院开怀大笑）。西方人的"白种视角"蒙蔽了我们。与其假装理解影片中的笑点（于我而言，这既虚伪也很无聊），不如让我来抛砖引玉吧。

不幸生而美丽，让巩俐很难成为一名喜剧演员。一个身怀六甲的妇人，颤巍巍地坐在小姑子的自行车后座上，穿越严寒的乡镇，并搭乘一台颠簸的农用拖拉机回村，这样的场景显然一点儿都不好笑。当然，幽默容易受到（跨）文化翻译的影响。我们都曾听说，当卡夫卡对着朋友们高声朗读自己写的故事之时，他与朋友们都笑得满地打滚。但我仍旧认为，卡夫卡不大可能笑得出来。同理，我们也很难想象有人嘲笑巩俐。

就像卡夫卡著名寓言故事里的农民一样，秋菊追求着正义（justice），但他们都没有找到正义。秋菊对正义的追求，起于她男人庆来与村长的激烈争吵。当庆来质疑村长的生育能力时，他被村长痛打一顿，"要命的地方"被踢伤了。影片开始于怀孕的秋菊和拉车的小姑子一起上路。在整部影片中，她们还有许多共赴旅途的场景，就像堂吉诃德和桑丘一样，为了骑士的荣誉漂泊四方。小姑子总是对秋菊言听计从，她拉着大车，载着受伤后不能走路的庆来。她们带着他去找医生检查。

上述种种场景可能都很有趣，但是秋菊担心她丈夫"要命的地方"遭受了要命的伤害。电影的背景是当代中国，中国政府的"计划生育"基本国策规定一对夫妻只能生一个孩子，所以每对夫妻都拼命想要一个男孩。村长严重违背了"计划生育"政策，他老婆生了四个小孩，但都是女儿。这激发庆来公然冒犯了村长的男子气概：他说村长只配"生一窝子母鸡"。如果庆来因为要命的伤害造成永久伤残，那么秋菊现在怀着的胎儿将是他们生下男孩的唯一机会。如果生下来的是女孩，也可能导致他们婚姻关系的终结。但是，当医生做出良性诊断并给予简单的治疗之后（不必紧张，待其自愈），秋菊并没有像我们预料的那样得到宽慰。她觉得尊严（honor）受损，于是她寻求法律制度的帮助，以弥补她所遭受到的不公正待遇。

但秋菊想要的是"人间正义"（human justice），而非简单的法律正义。她的自尊心要求村长承认自己的错误，并做出相应的道歉。但是，村长只会做法律要求他做的事情。县一级法律调解的处理结果是，村长必须向秋菊的丈夫赔偿医疗费和误工费。这完全符合法律标准，但在秋菊看来大错特错，因为法律并没有要求村长道歉。相反，村长耀武扬威地召唤秋菊到他家里拿钱，并当着秋菊的面把赔偿款一张张抛撒在地上。秋菊拒绝在村长面前卑躬屈膝地捡钱，她在离开之后更加坚定了要以自己的方式讨到说法的决心。

尽管我们可以把村长当成是一个邪恶的父权制家长，张艺谋却用面带笑意的妻子和欢乐嬉戏的女儿们装点他的家庭生活。她们对待来家做客的秋菊热情有礼，让观众很难相信她们的一家之主是如此可恶。村长倔强地不道歉，一部分原因是因为中国人所说的面子。作为乡村领袖，他不想丢了面子，一方面是自尊作祟，另一方面是维护族长权威。之后，我们会发现他的确配得上"一村之长"的头衔。

与张艺谋的其他女主人公一样，秋菊被理解为一个女权主义者，但执着于村长的道歉，让她越来越缺乏倔强到底的真正理由。对于"讨说法"给她的丈夫和家庭带来的严重影响，以及给乡村熟人社区造成的尴尬矛盾，她似乎毫不关心。秋菊的"讨说法"变成了她自己而非庆来的执念。当庆来言辞激烈地反对她再次出门的时候，这一点变得确定无疑。秋菊对丈夫置之不理，这是导演张艺谋的安排，他让这个病恹恹的男人只占据了故事一个无关紧要的位置。

显然，庆来不是意志坚定的秋菊的对手。为了筹集旅费，她挪卖了家里不少宝贵的红辣椒，并要求小姑子一直陪伴左右。但是，她的个人动机并不能让我们信服。张艺谋让电影镜头与秋菊的美丽容颜保持一定的距离，每当我们看到她的面容时，她的表情都是同样地坚定。秋菊执着所求的不过是村长的道歉。这让我们不禁发问，秋菊代表着微小持久的良知之声，还是代表着自负骄傲的愚蠢之音？

如果观众不了解张艺谋的喜剧意图，就可能认为秋菊的二元性格不切实际，甚至有些荒谬。我们根本不知道，一个怀有身孕的女人怎么能忍受这令人精疲力尽的痛苦煎熬。秋菊的角色呈现的当然不是一个愤怒的诉讼人。在电影中，无论是面对村长，还是遭遇司法挫折，她都没有发火撒气。动怒的心理动机可以自圆其说，但是张艺谋并没有落入这样的窠臼。在他的所有作品中,张艺谋没有表现出探索个体心理学深度的任何兴趣。然而,这一次,导演并不期望观众能够理解或者同情秋菊,而是期待我们对她一笑置之。

电影镜头跟随着倔强的秋菊走过县城,来到城市。镜头有时会忽略秋菊,去呈现当代中国温馨和谐的旅途风貌。一个令人生疑的例外是,在旅途中所有人都对土里土气的秋菊异常和善,这扭曲了故事的可信度。没有一个人正面质疑她"讨说法"的重要性,每位官员都会帮助她向上级申诉。他们把她当成公主,而不是农妇。在不能帮助秋菊通过调解达成满意的解决办法时,全程体贴周到的执法部门居然敦促秋菊越过他们的上级部门,向法庭提起行政诉讼。秋菊感激官员们的关怀,却也担心自己过于冒犯。但官员们坚称,秋菊主张的是自己的合法权益,这根本不存在冒不冒犯的问题。他们为她介绍了一位优秀的吴律师。吴律师在法庭上竭尽全力地为秋菊辩护。中国观众可能会觉得这一切都非同寻常,以至于忍俊不禁。然而,对美国观众而言,看到败诉判决和秋菊的回家旅程,我们不免为她伤心难过。

如果说这部分情节有美化执法部门的友善和廉正之嫌,那么它也不真实地贬低了中国执法官员作为调解者的智慧。现代中国的调解,起源于当事人双方展开自我批评的政治性要求。自负和自私是资产阶级的恶习,谦逊和大度是共产主义的美德。尽管秋菊一早就被告知,她需要做一种政治上的自我批评,但是她和村长对此都敷衍了事。电影也没有出现调解人把双方聚在一起,并利用集体的压力来调和争端。鉴于上述要素构成了中国调解的基础,由此可以得出一个确切的结论(即便你不会因此发笑):张艺谋根本无意描绘中国法律制度的真实状况。考虑到法院审期拖延的特点,在通过三级调解之后,秋菊还能在怀孕的最后三个月内提起诉讼的情节显然不合常理。在这场虚假的诉讼中,正如秋菊不是一个真实的人设,她遇到的执法官员同样是不真实的。电影还有很多不合常理的细节无法解释清楚。这不可避免地导向了这样的结论:中国观众的喜剧意识是对的,因为所有细节都来自导演的刻意而为!

伴随着秋菊在法庭上的最终败诉,张艺谋的迂回情节也逐渐升温,并迎来了大结局。在一个冬夜,秋菊难产并伴有大出血,母婴两人都处于生命危险之中。她丈夫孤注一掷,去敲村长的大门。我们知道,秋菊的持续申诉让村长承受了不小的痛苦。观众们已经做好了最坏的心理准备,然而,村长却放下了私人恩怨,承担起了自己的职责。他召集了一帮村民,翻越白雪皑皑的山丘,把秋菊抬进县城的医院,直到她平安生下一个宝贝儿子。这让我们确信,村长拯救母子俩的性命,所以村长对她有恩。秋菊再也不能要求村长道歉了。

一个月之后,大部分村民都来吃秋菊宝贝儿子的满月酒。如今,生下男孩的秋菊获得乡亲们的尊重。她坚持所有人都必须等迟到的贵客——也就是村长——到了才能开席。然而,众人等来的却是村长被警察逮捕和拘留的消息。医生为庆来做 X 光检查的结果终于出来了,证明村长的殴打导致庆来的骨折。这种人身伤害与下身被踢不一样,已经构成刑事犯罪。或许是因为秋菊的不屈不挠,尽职尽责的法律机构对村长提出了刑事诉讼。

张艺谋终于转向他最擅长的电影风格。他将镜头对准巩俐,通过她脸上的表情反应来讲述最后的故事。当秋菊知道村长被带走之后,她离开酒席,翻越山头朝村长家跑去。她不顾一切地试图阻止法律惩罚的发生,这绝不是她想要的结局。我们可以听见,熟悉的警笛在远处响起。秋菊不再挺着大肚子,也没有包裹头巾,我们可以观察到她的表情,她惊恐地发现,警察带走了村长。当她意识到一切都变得如此糟糕的时候,通过她的面部表情,我们可以感觉到她是多么地痛苦不堪。村长挽救了她的性命,反倒遭受了惩罚,她将成为村庄的"贱民"(pariah)。哪怕一万句道歉,也不可能弥补她的所作所为造成的恶果。她一直寻求尊严,最终却给自己留下了永久的耻辱。通过凝结在巩俐脸庞上的镜头画面,张艺谋雄辩有力地讲述了秋菊故事的道德寓意。然而,这一雄辩时刻对西方观众来说太过于简短,也太迟了。

中国观众对这部电影的感受非常不同,这一发现无疑让人兴奋。西方观众觉得难以置信且令人困惑,他们却觉得荒诞不经且引人捧腹。当我们尝试理解秋菊的动机时,他们正在嘲笑她的愚笨。当我们发现电影节奏缓慢时,他们则有了时间开怀大笑。对于我们来说,这样的结局太短促、来得太晚,而对他们来说,这个结局悲喜交加,赋予喜剧一个辛辣的结尾。许多最著名的美国电影评论家都无法在《秋菊打官司》里找到中国式的幽默,即便具备自觉意识的世界主义精英也不例外。这再一次表明,文化隔阂对于电影的批评和欣赏标准能有多大的影响。

与张艺谋的其他电影一样,《秋菊打官司》在中国20世纪90年代初的政治氛围下完成制作。著名汉学家史景迁(Jonathan Spence)从这个角度评论了《秋菊打官司》。他指出电影的许多细节都不合常理,而大多数批评者认为那只是为了表现幽默。电影刻画了在每一个层级上都能一以贯之地保持迅捷、诚信和礼貌办事风格的官员,这样的剧情对他而言显得有些异乎寻常。关于电影的剧情,他不确定张艺谋是为了向谁表示什么,抑或只是一种喜剧手法。史景迁总结,《秋菊打官司》是一部重要的电影,我们从中可以发现政治表达的火花。

我毫不怀疑史景迁教授对现代中国及其历史的专业知识。不过,我认为,他误解了张艺谋的美学抱负。他的政治解读的问题在于,没有充分考虑到这部影片中其他许多不合常理的细节的整体意义。影片中的每个人,乃至秋菊,都是中国观众发笑的对象。那些臆想的电影细节,因荒诞不经而足以让本片产生某种幽默感,构成了张艺谋在他所有佳片中编织的共同线索。这些电影既不属于现实主义流派,也不是在隐蔽的政治表达基调下制作的。巩俐和张艺谋的电影属于魔幻寓言体裁(the magic genre of fables),这种体裁擅长制造奇幻事件。我们有理由相信,看完《秋菊打官司》之后,怀有顾虑的人最终确认所有的电影细节都不是针对谁。它们都是寓言,揭示了人的普遍性,而非特殊性。

《秋菊打官司》的时代背景是当代中国,也许正是因为如此,本片不合常理的细节才让观众迷惑不解。然而,张艺谋之前制作的三部电影就像魔法咒语一样,具有永恒的神话和寓言价值。伯格曼（Bergman）的部分作品也具有相同的典范价值，它们就像小时候我们围着篝火聆听的故事。张艺谋最好的电影同样是神话般的存在，不合常理的细节增加了观众的体验强度，而非使他们感到困惑。这些细节把奇异的视觉影像投放在屏幕之上，就像副歌一样反复呈现。这些仪式化的图像充满了神秘感，让人难以理解，却无法忘怀。

没有艺术家能够拍摄一部与其生活世界无关的电影，但张艺谋和巩俐的作品呈现的并不是真实的中华人民共和国。电影描绘的中国原型是寓言的国度。秋菊不是特定制度的受害者，她是所有法律体制的普遍受害者（无论是以喜剧或是悲剧的方式）。

观赏《秋菊打官司》却不能理解其中的幽默，这就造成了一个有趣的结果。我们更加清楚地理解了张艺谋电影事业的成功之道背后的奇思妙想和导演技巧。如我们所知，张艺谋电影在国际发行商的期望下展开融资和制作，所以导演在配音和字幕上面临着艰巨的工作压力。才华横溢的张艺谋却充分避免了这种迫不得已的处境，寓言就是这一事业的完美工具。电影镜头近乎全神贯注于巩俐的神奇容颜，简单的情节线索，以及持续的情绪创造，这些都是导演让对话变得多余的技巧。这让人回想起那些伟大的无声电影，它们同样直接地打动了世界各地的观众。

张艺谋在电影摄制艺术上具有自觉的绘画意识，这也让人叹为观止。他最初是像一名静物摄影师那样开始摄制生涯，他似乎有能力把每个场景都拍成一幅静物照片，让人们注意到他正在拍摄的艺术构图和色彩。《菊豆》的背景设定在一家染料工厂，颜色飞溅的瞬间，巨大的布匹戏剧性地展开。他用红色涂满屏幕，创造了强大的视觉冲击，比方说，高高挂起的大红灯笼并以此为电影之名，《红高粱》的"红色"，以及夕阳染红山山水水的许多画面。张艺谋高超且自觉地运用色彩符号，让观众感受到抱负最为宏大的电影艺术，而非逼真写实的社会现实主义。异国情调的场景和宏伟的建筑意象强化了我们正在观看的原型故事的感召力。在这三部精彩绝伦的电影中，张艺谋的视觉艺术和巩俐的演技与美貌双全可谓是珠联璧合。当巩俐饰演的角色被推入性与暴力的雷区时，这三部电影都让观众的心理紧张不安。

但是就像在《秋菊》中一样，张艺谋的电影都需要巩俐饰演不谙世事的天真少女角色。她从来不是一个精于世故的女人，不会蒙上虚伪或微妙的社交姿态面纱，来掩饰自己的真情实感。张艺谋的镜头捕捉到了这样的天真人类的脆弱之处，他们尚未从欺骗的教训中学会憎恶人世。巩俐率真而迷人的角色塑造，给她在这个堕落世界遭遇的故事赋予了一种辛酸之感。

正如秋菊一样，巩俐塑造的角色不仅无辜，而且奇异。她的角色没有过去，也不属于当下，就像是住在天堂的天使坠入凡间。银幕上的巩俐光芒四射，绝对魅惑人心，这使得我直到秋菊这一角色才意识到她从来没有扮演过一个真实的人物形象。作为一名女演员，她从来不需要探索自己的角色深度。她只需要在电影里专注于自己的情绪反应，她出色完成了这一任务。

当《秋菊打官司》被看作和理解为一部喜剧时，向中国观众证明张艺谋和巩俐是民族瑰宝就未免有些特别了。在同一部电影中，从喜剧小丑到悲剧人物的演绎，巩俐证明了自己的演技跨度。张艺谋或许也已经证明了自己，因为他可以让近十亿人边哭边笑。这再一次说明，比起喜剧，世界各国人民对性、暴力和悲剧的主题具有更多的共同语言。至于对像我这样准备做出评判的西方电影评论家来说，本片似乎还有另一个教训：这个笑话是关于我们自身的。

叙事、文化与正当性
《秋菊打官司》中的重复与独一性

张旭东

刘晗译 朱羽校*

现代主义及其来世

20世纪80年代后期以来,张艺谋成了众所称道的中国电影人,成了世界电影界的一个品牌。在声名鹊起之后,他的作品如今开创了一种中国电影艺术家鲜能达到(或许谢晋除外)的路径,即其全部作品都被看成是带着他特有电影风格的独一无二的影像世界。确乎无疑的是,这种声誉代表了一种固有的美学等级的顶点,而它受到了当今文学批评、电影研究以及文化研究名义上的而非实质性的批判。随之而来的是,电影创作者自身的坚持得到了默许,即这些电影只能在它们自身所创造的世界范围内被解读,同时这样一种解读首先需要抗拒任何一种将视觉与审美要素分解成直接的社会

---

* 张旭东,美国纽约大学比较文学系。刘晗,清华大学法学院。朱羽,上海大学文学学院。本文最初发表于 *Understanding Film: Marxist Perspectives*, ed. by Mike Wayne, Pluto Press, 2005, 后收录于张旭东:《全球化与文化政治:90年代中国与20世纪的终结》,朱羽等译,北京大学出版社,2013年。

经济要素的企图[1]。

我并非一上来就拒斥这种现代主义的神话学（它在今天已不再是一项具有挑战性的知识任务了），相反，我会使用诸如自主、自由和创造性这类概念的残余价值，来追踪和重构某种错综复杂的机制和程序，正是它将经济、社会和文化-意识形态因素编织进电影文本，同时我也会在必然被政治化的生活世界与其必要的审美再现之间建立起某种批判性的距离。此种距离虽由艺术生产的本性决定，可是却首先听命于历史分析的逻辑。人们绝不可能在不经"形式"领域（在此处指的是视觉和叙事意义上的细微的电影操作）迂回或中介的情况下，就对张艺谋最近几部电影的"内容"所包含的历史多重决定因素和政治上的复杂性——这一"内容"在这儿从属于某些更加一般性的问题，即传统的连续性和再创造，社会主义的传承以及当代中国的政治本性——进行分析。

张艺谋的作品除了可以为审美与政治、形式与历史之间的辩证法提供又一个例证之外，必须被视为某种双重颠覆：既反对意识形态驱动下的中国的"再现"，也反对某种保护电影现代主义的欲望，即将之作为某种个体创造性的普遍语言来保护。注意以下一点会十分有趣：虽然现代主义美学（象征主义、审美强度、文体创新和自我意识以及形式自主或自我指涉等等）对于张艺谋在国际电影节上相对于其他

---

[1] 对中国电影之现代主义的批评性研究，参见 Xudong Zhang, "Politics of the Visual Encounter", in *Chinese Modernism in the Era of Reforms*, Durham, NC: Duke University Press, 1997。

角逐者取得竞争优势来说，显得至关重要，也在他"再现"中国主张中扮演了非同小可的角色，但是这一美学的核心无法再局限于某种影像本体论（photographic ontology），后者试图捕获新时期中国改革的历史时刻之"物理真实"。毋宁说，在张艺谋20世纪90年代的作品中，本体论维度已经与政治维度天衣无缝地结合在了一起，我们不能在行政政策和政治教条的意义上理解这种本体论，而应该以某种正在兴起的日常生活的主流意识形态来理解之，这种意识形态受到了国家主导下的中国社会大转型——即转向市场——的规定。

高峰现代主义风格上的获利，即只能由一小部分中国精英作家和获得国际承认的电影人来享受的、得来不易的半自主性，如今面临着某种社会和形式上的挑战，即如何通过艺术节奏和形象来表达复杂的历史境况和新兴的日常生活世界，前者需要与后者产生共振。这同时意味着面对某种来自现代主义形式空间内部的压力，也就是说，用更为精细和柔和的叙事来代替早期"第五代"电影［典型如陈凯歌的《黄土地》（1983）、张艺谋的《红高粱》（1987）或《活着》（1994）的示范］纪念碑式的视觉雕塑。它们往往被错误地称为或是被误解为"中国后现代主义"的新叙事机制，呈现出某种范式变迁和新的集体性感受（collective sensibility），这一感受植根于所谓"社会主义市场经济"条件下的中国日常生活。对于这种新的集体性感受形式、风格的阐述，并不只关乎当代中国文学和文化在美学和哲学上的创新性，而且也确实提供了一种反思某些思想和政治议题的方式，这些议题与某些更大的语境联系在一起，即民族国家相对于全球帝国秩序、共同体和文化相对于流行的普遍性修辞、历史连续性相对于断裂性以及主权的独一性相对于抽象和交换的一般性。带着这些问题，我将转入到对于张艺谋1992年的获奖电影《秋菊打官司》的分析。

日常生活的文化政治

《秋菊打官司》基于新写实派作家陈源斌的《万家诉讼》改编而成（发表于1991年）[2]。在文学版的标题中，"万"字既是一个普通的姓氏（所以我将其译作"The Wan Family's Law Suit"），当然也有"上万"的意思。凭借这种"多义"的小把戏，这一标题就有了"无数的诉讼"之意，虽说张艺谋的电影有着"掩人耳目的休闲电影"的说法，但是在它独特的敏感背景中，这一意义从未付之阙如。张艺谋和文学原作的处理都不是随意的。在20世纪80年代末到90年代成熟繁荣的市场经济逐渐发展起来的数年中，中国的文学市场和文学生产力几乎处于全盘崩溃的边缘，而张艺谋却在全球电影市场迅速走红，他为了确保生产流水线的高速运转，迫切需要稳定的原创电影剧本供给，因此他被文学界授予了"整个中国唯一一位小说读者"的称号。张艺谋在90年代初对于中国文学界的支配程度使他能够同时雇用多位著名作家为他撰写和修改同一个电影剧本。

张艺谋虽说曾有把文学文本改得面目全非以实现其电影

---

[2] 陈源斌："万家诉讼"，载《中国作家》，1991年第1期。

设想的"前科",但这一次他却十分忠实于《万家诉讼》中的故事。它简单的主题和叙事结构聚焦于倔强、重复、矛盾以及多样性和独一性之间的辩证法,而<u>这些也构成了张艺谋电影改编的形式风格和道德主旨</u>。电影讲述了这样一个故事:一个叫秋菊的农村妇女,因为丈夫在与村长的争吵中被后者踢了下身,决心讨回公道。电影的戏剧主旨几乎全部来自秋菊不停地走远路向上级申诉——同时不断受挫——以求公道的行为,因为她对调解、妥协以及下层官员的裁决都感到不满。电影有意识的纪录片风格标志着"第五代"电影语言的重大转折。这种风格使电影从强迫性的审美和哲学高度上走了下来,转而去表达诸如乡村正义与治理、一般性的中国法律-政治改革等重大社会问题。它延续了"第五代"导演以人类学、社会学的热情和严肃观察中国乡村生活的传统,不过,致使《秋菊打官司》与《黄土地》分道扬镳的却是这样一个事实:经过现代电影语言风格化处理的乡村生活,已不再是根本性政治批判和哲学批判的美学基础了(传统或共产主义国家的政治文化)。相反,乡村或农民生活作为一种**自在的存在**(being in itself),即作为某种自身具有历史本质和道德本质甚至具有审美自足性的生活形式,占据了电影银幕。早期"第五代"导演的"落后"诗学(poetics of backwardness),即在乡村生活物质贫困的基础上进行影像现代主义的风格试验——这正是他们电影的核心特点,在这儿被一种日常生活的叙事形式所替换,后者的审美自主性并非人们以现代主义的名义而为之奋斗的事物,而是植根于历史的和物质的特殊性和具体性,正如影片中那些被镜头一扫而过但却十分醒目的"红辣椒"所暗示的那样。观众可能会注意到,这些红辣椒在使用价值(即由质量和用处决定的价值)与交换价值(市价),以及交换价值与审美价值之间存在着完美的和谐。当被吊在屋外进行晾晒时,它们是农民生活形式"自足"的象征;而在市场上被卖掉时,它们换来了现金,为秋菊一次又一次寻求她自己所理解的公道提供了资助。作为日常的生活必需品和物质生产的标识,红辣椒正是手工劳作和乡村生活的内在审美构造物,乃至成为中国农民隐而未显的道德尊严,成为桀骜不驯和永不折服的标志。

在纯粹形式的意义上,这部电影是一个(普洛普结构主义叙事学的)教科书般的例子——伴随着出人意料的迂回曲折,通过一种喜剧式的方法,电影以女英雄克服艰难险阻的形式展现了一个人实现自己目标的延宕过程。伴随着表面上没完没了的延迟和重复,每个细节在进入完成了的叙事结构之前,都在悬隔状态中获得了自身的生命。在这种过程中,纪录片风格那种粗犷的、"无中介"的视觉细节(即这部电影的拍摄手法)完成了某种象征整体。也就是说,所有服务于形式主义意义上的叙事设计的东西,同时也为"内容"服务。这种内容的日常性(everydayness)和世俗的具体性,因为受到了更大的社会政治背景的多重决定,自身成了推进叙事发展的动力。

如果从某种简单的、具有误导性的观点来看,这部电影无非就是一部以庭审判决为高潮的法制剧。然而,法制主题的核心却有其自身的含混性,甚至颠覆性。整个故事纯然的焦点和强度,催生出某种寓言式的升华,仿佛电影里的每一事物都意味着另外一些东西。这部电影的中心情节（即一个农村妇女独自求助国家机器以求公道）引发了一系列不同的连锁反应（这些反应又引发了另一些问题）。如果这部电影是关于中国社会的（不）正义和（非）合法性的，那么它几乎不可能避免国家对立于社会、官方对立于非官方、现代性对立于传统、城市对立于农村等诸如此类简化了的主题，即那些在当代中国的流俗媒体和学术书写中仍占统治地位的二元对立。然而《秋菊打官司》并没有落入这些二元对立的无聊俗套之中，这一事实使它的批评者很不舒服。一些人只是模模糊糊地表示，这部电影（以及在当今中国日益获得成功的电影人张艺谋）可被解读为对于国家的某种认可，因为它呈现出当代中国日常生活世界的某种稍显宽厚的（至少是安稳的和可改善的）形象。这样一种"透明"的解读忽略了文化文本的复杂性，并与之缺少共鸣。尽管如此，我们也可以想见，许多来自极右派和极左派的批评者——他们出于截然不同的理由，不愿承认社会主义在世界历史格局中的名义上或实质上的任何正当性——将会发现自己的意识形态框架在处理张艺谋的电影叙事的纯粹性和复杂性，以及由电影延伸出的潜在的文化政治时，显得十分不适应。

在我们继续分析这部电影的核心问题以前，先让我们来看一看它的开场方式，这会为我们捕捉张艺谋艺术风格和文化政治的重大变化提供一个线索。《秋菊打官司》的开场很自然地让我们想到了张艺谋的第一部电影《红高粱》（1987），两部电影的开场镜头大相径庭。众所周知，《红高粱》以刺激感官的、带有窥阴癖的特写镜头开始，巩俐被困在花轿里，周遭是含情的大红色。这幅引人注目的景象明白无误地宣告了张艺谋的到来，他创造了"第五代"的另一种审美和政治维度，即以情欲、暴力和哲学-神话学的过剩为特征。这种审美维度不仅作为一种客观化的社会欲望符号而存在，也作为一种易辨认的（其实是令人难忘的）视觉原型和电影标识而为张艺谋的许多电影所承继。赤裸裸的、过度审美化的人脸可以解读作处在新时期中国世俗化进程中不甚精细的"蒙娜丽莎"。它揭露了一种社会景象（实际上是一种社会力比多），通过遮掩在所谓"现代电影语言"的审美面纱之下——在这里即是镜头（在巩俐和她的欲望客体即赤膊的轿夫）间来回切换——一种标准的好莱坞手法将欲望主体与其"欲望客体"缝合了起来（这里透露出的信息是：人在欲望开始之前并不是一个主体！）。这种震撼性的视觉效果很大程度上只限于中国经济改革的早期。在今天的电影批评家迟钝厌腻的眼中，此种画面在形式的意义上值得注意之处是其情境的排他性，即花轿内的场景（一个完全封闭的空间）及其持续不移的视觉焦点和同质性，即女人的脸、大红色及其象征性统一，这赋予了此种拍摄顺序某种近乎商业意义上的视觉快感和可靠的高峰现代主义色彩。回溯性地来看，新时期早期文化的政治本体论需要此种高度聚焦和完全排他的视觉情境，来完成旨在清理社会欲望的美学-哲学建构[3]。

---

[3] 对《红高粱》更为完整的分析，参见 Xudong Zhang, "Ideology and Utopia in Zhang Yimou's Red Sorghum", in *Chinese Modernism in the Era of Reforms*, pp. 306-329。

《秋菊》的开场(同样很具震撼性)可被解读为某种不同种类的清理或社会去蔽。它通过耐心而迷人的社会学-人类学观察揭露了,说得更准确些是展开了日常生活的具体性和不可化约性。我们或许记得,《秋菊》的开场与那些关于中国农村小城镇生活的纪录片在视觉上十分相似。不像上面说到的《红高粱》里的场景,在那儿,摄像机深深地刺入日常世界的物理构造,而且真切地"内在于"花轿,不断在欲望客体之间移动(这让人联想起本雅明那个著名的论断:摄影是外科医生在切割人体,而传统油画只是巫医在人体周围搔首弄姿)。相反,《秋菊》的开场则从一个固定的隐藏机位拍摄,摄像机的呈现建立在假定自身缺席之基础上,说得更确切些,它安全而不引人注目地处在这个场景之中,或者说成了这一场景的一部分。观众所看到的东西,这种凭借臆测中处于被动状态的摄像机呈现出来的东西(这一摄像机试图捕捉完整的世界),正是普通乡村集市上川流不息的人群。这个镜头持续了两分钟之长(一动不动的固定镜头,镜头里"什么都没有发生"),在这两分钟的最后十秒里,巩俐出现了,可是起初并未引人注意。画面里的是一个农村孕妇和小姑子(由业余演员扮演)一道,用手推车推着受伤的丈夫去治病,她完全混入了背景之中。巩俐并非凭借镜头放大的方式走向前台,而是在某种耐心的、从容不迫的长时段拍摄之下,以最没有"自我意识"的方式接近了隐蔽的摄像机。与此同时,小镇集市上大量闲散走动、漠不关心的人显示出了生活的纷乱状态。电影随即以一系列水平运动的镜头将主人公从其他人群中凸显出来,由此,故事的叙事序列开始了。

如果说开场镜头宣告了电影的纪录片冲动，那么随后的镜头则使它的情节剧意图清晰地展现了出来。通过此种方式，与人群正面遭遇的镜头被一连串描述川流不息的日常生活的画面所替代，日常生活的无定形性和不可化约的偶然性构成了电影形式上的特征。换句话说，曾经将主角分隔出来的摄像技术手段，同时也意味着将她平整地、更加牢固地压回到平凡世界的镶嵌画中，她本来就属于这个世界，跟芸芸众生很难区别开来。

有人或许倾向于认为此种不做判断的临时视角将使张艺谋能够以某种表面上看来更具同情性的眼光来看待中国（政府），仿佛它从内部观之应被看作一组既冲突又共存的道德文化符码，而从外部观之则是日益兴起的、重构中的社会领域的一名参与者。以此看来，电影中的李公安、村长以及市公安局局长等配角就不能仅仅被看成冷漠和抽象的现代官僚组织，而必须被看作一个完整但内部分化甚至断裂的调停者，它自身的生计和价值判断都植根于日常生活的具体性之中，植根于这一总体性的内在矛盾之中。

对于这些人物来说，对于为他们所着迷的观察者张艺谋来说，根本不存在一个外部的优势地位，可以借此来再现，更不用说来规约甚或揭露他们的生活世界，相反，只能设计一种视觉框架，特殊生活形式的直接性、强度和独一无二性可以借此以自身的叙事和情绪节奏来发现自我、表达自我。对于那些对中国现有社会政治现实感到不耐烦的乌托邦式新自由主义革命者而言，张艺谋的电影看起来肯定像是在为现状辩护，在他们看来，这种现状对于轮廓鲜明的自由市场体系来说（这一体系包括私有产权的法律体系和议会民主程序），显得呆滞、混乱和落后。就如上指控而言，张艺谋或许确有罪咎，但是那些现实的和潜在的批评者都容易遗忘这样一个事实，即张的电影对于那些"保守派"同样具有颠覆效果。事实上，这种绝对主义（表现为社会主义现代性的计划经济和全球资本主义同质性的空想），正是受到了张艺谋那些关乎"社会主义市场经济"的日常世界里的普通人生活的电影的质疑。针对意识形态过剩，兴起了一种新的视野和新的文化政治，它成为张艺谋电影叙事中隐秘的社会性指涉。

合法性对比正当性

在《秋菊打官司》里，我们必须注意的是，叙事所追寻的"终点"，即核心争议并非是法条主义语词意义上的正义，而是某种先于它的事物，该事物形成了它的历史和道德的前理解，并构成了它的社会、政治乃至文化的（如果可以这么说的话）基础。其中的冲突与对抗不应被描述为一种原始的、自发的市民社会（人们不该忘记这个概念在黑格尔-马克思的原意中指的是资本主义社会）遭受现代化官僚国家的法律冷酷无情的强迫，也不应反过来视之为似乎遭到撒手不管（至少持续了几十年）而混沌落后、不可能走向现代化的乡村世界，也就是说，无法进入包含实在的或程序性的法律的商业社会形态，而法律说明的是建立在私有财产之上的新的社会经济契约。《秋菊打官司》中具有欺骗性——欺骗性在这里构成了剧作本身,并为整理该剧的叙事难题提供了线索——的地方在于,电影戏剧性的焦点正是法律制度,或者说,以喜剧的方式展现了一个头脑简单的农村妇女不断地错失这一法律机制,这就像她在现代大都市里迷了路一样。但对于这部电影仔细而有效的解读必须建立在这样一种朴素的观察之上,即这部电影绝不关乎形式的、工具性的(法律和意识形态)程序和规则。在《秋菊打官司》中,法律的(甚至是法条主义的)主题服务于绝非法条主义的、实际上是反对抽象一般性和可交换性的真理内容。在张艺谋的电影中,法律不能理解为法律法规,它甚至也不是文化——心理学意义上的幼稚理解(即"无意识"),或用更加老练的知识行话说,拉康的"象征秩序"(它将文化性归于法律性,虽然仅是"隐喻性的"[4])理解下的文化。相反,法律在这里意味着某种先于法律规则的东西,它植根于某种另外的事物,并且是这一事物的表达。后者尚未在形式主义的意义上语言化,但却像语言一样被建构起来。

我想通过突出一个细小然而却十分关键的翻译问题(我们可以说,作为一种被翻译过来的现代性,中国现代性的所有问题实际上都源于翻译!)来导入我的分析。随着这部电影在国际上发行,获得了翻译意义上的"来世",问题出现了。这部电影的关键词是"正义"和"道歉",这是秋菊决心要得到的两种东西,电影叙事也围绕这两者展开。尽管英

---

[4] 参见 Jacques Lacan, "The Agency of the Letter in the Unconscious or Reason Since Freud," in *Ecrits*, New York: W. W. Norton & Company, 1977, pp. 146–178.

文字幕将关键词径直译作"justice"或"apology",而且经常相互替换,仿佛它们是可以互换的,但实际上,秋菊在整部电影中始终固执地重复的,却是"说法"这个词。这个词表面意思和潜在含义不是法律性的,而是道德性的;不是推定性的,而是劝说性的;不是威权主义式的,而是社群主义式的、共识性的;不是判断性的,而是描述性的(说得更准确些,是叙事性的)。实际上,这个词更接近于"解释"的意思,因为"说法"在字面意义上和日常习惯上的意思,正是事情在得以讨论、谈论之后,最终以不加强迫的方式得到理解和接受。"说法"的道德-文化意义正是向他人解释某些事情并让他接受的方式;这就意味着,政治-法律秩序必须建立在一个缄默的协议之上,即得到那些听取解释的人的同意。

很明显且很重要的是,英文字幕的翻译本身就是一种误译,因为它巧妙而准确地预期到了当代中国语境下普通中国观众理解"说法"的方式(即将其看作"正义"和"道歉"),捕捉到了这一方式——将其"翻译"了出来。这种观察依据某种中西社会或"伦理"的虚假对立和冲突,霸占了任何阐述"文化"(文化在这儿仅仅作为受到革命和社会主义形塑的中国人道德和政治特质的速写)的意向。就这种细致的语用学考察看来,秋菊首先要求的,正如村长的故事提示我们的那样,并不是抽象一般法意义上的正义,不是要求那种平等和无差别地适用于所有人的正义;而是由她直接的生存环境所规定的某些价值,这一生活环境继续在为她提供意义上的依托。这么说或许并不算是学术上的夸张:秋菊的官司并非一场法律诉讼，而是确保意义与价值、保证理解甚至是存在的世界之一致性与完整性的一场阐释学斗争。她不是为了起诉，而是为了治愈自己，她最想治愈的是自己内心的平静，一种适当的正义观念和个人尊严虽说是必要条件，但远非充分条件。

这部电影与"西方法治"观念格格不入，现代化国家为了建立自身的政治正当性引入了这一观念，可是它在哲学上的正当性却历史地存在于资产阶级对于无差别的抽象一般性的追求之中，这种一般性建基于交换价值以及以产权人为社会形象的一般个体。秋菊的丈夫为什么与村长打架？这一方面跟中国农村地区模糊不清、纵横交错的不动产所有权状况有关，即在政府和成文法之间存在着一片灰色地带；另一方面跟毛泽东时代积淀下来的农村文化、日常实践以及平民是非观相关甚大。这部电影的戏剧逻辑完全超越了法制领域，但这并不意味着戏剧张力的展开可以脱离法条主义的逻辑。这部电影覆盖了秋菊在所有下层政治机构乃至省一级（因此体现了它的日常意味，如果不是诙谐意味的话）的斗争，真正促使所有角色最终认真对待秋菊的官司的，却是秋菊可能并且事实上已经威胁他们说，她要越过地方的相对自治性和规范继续上告。

在电影里，一个邻居用某种诙谐的方式点出了这种可能性，虽说只是一闪而过而已。他跟庆来开玩笑说，得把两腿夹紧防止再被踢到，因为如果那样的话，秋菊一定会一路告到北京。一个农民到北京向最高权威进行上诉的权利及其现实可能性，揭示了个体与超越规则、规章和正当程序的绝对主权之间具有至关重要的联系[5]。就纯粹形式的方面来看，这倒跟古代中国农民信赖善良而仁慈的皇帝有些相似，即跟古代中国"告御状"这种民众行为颇为相似。但中国革命和社会主义现代性的历史及社会意识形态密度，给了这种信仰某种新的本质（至少在理论上是这样），即维持了某种高于法律的主权。我们可以在这里发现作为电影的喜剧技巧以及知识与理论复杂性之根源的叙事设计：秋菊觉察到了基层政府的无法状态（lawlessness），在那儿法律、程序和规范具有支配地位，她始终在与之抗争。可是，她所诉诸的，却是更高级别政府的法治，即（从定义上讲）外在于而且高于法律、界定后者道德政治章程的主权领域。换言之，她在寻找道德本质意义上的正义，可是往往那里只有程序和实在法意义上的正义；她在法律根本不存在的地方寻找法律，也就是说，法律仅仅作为某种被主权的绝对概念所形塑、激活，但同时又被消解的东西。这就是秋菊不停歇的申诉之旅注定要失败的法哲学原因。

这部电影没有反面角色，也没有愤愤不平地谴责集权体制下的任何"无法"状态。在这个意义上，这部电影将现代国家体系的全部理性法律基础放置在某种更深的层次之上，用知识上、政治上更为有力的方式对之进行"审判"。这儿

---

[5] 这里我对主权（资产阶级实定法的限度）的超法律性质的分析受到了卡尔·施米特相关著作的启发，施米特的论述在智识上是超群的，但在政治上却引发了诸多质疑，这些怀疑皆围绕他的这一命题："主权就是决断非常状态"。与这些带有风险的主题特别相关的乃是施米特的如下两部著作：*The Concept of the Political*（translated and introduced by George Schwab, Chicago: The University of Chicago Press, 1996）和 *The Crisis of Parliamentary Democracy*（translated by Ellen Kennedy, Cambridge, MA: MIT Press, 1985）。

的反讽意味是三方面的。首先，农民没有能够了解国家将法律体系现代化的良苦用心（即用它来保护他们的权利），因而国家感到十分失望。其次，国家没有能够了解农民无法清楚表达出来的道德政治规则（它构成并且巩固了现实和实质的秩序），因而农民感到十分失望。最后，秋菊对于正义的寻求注定会失败，这是因为某种总体性的、无差别的、法条主义的正义并不是她想要的东西，也没有办法解决她的问题。可是，这些已经是现代理性社会和国家组织所能提供的全部东西了。人们可以说，她的失败是一种结构主义者的失败，因为秋菊自己就是某种无意识斗争的症候，她在与自身的语言化作斗争，与这种正在生成的自在的语言作斗争，这种语言常常呈现在物化与异化的状态之中。这就是观众为什么在观看整部电影的过程中既感到开心又感到失落的原因，这就像秋菊的目标既不太低也不太高一样：她既不算和善，也不是无情；既不过分宽宏大量，也不过分冰冷绝情；既不要求过多，也不是什么都不要。她的固执和倔强把电影里的人物和看电影的观众都快逼疯了！

从某种程度上说，这部电影戏剧和哲学上的复杂性，被"说法"这个词语言上的含混性完完全全捕捉住了。"说"（讲话、谈话和谈论等）字与"法"（法律、方法、方式）字的结合造就了如下三种语义可能性：(a)"在法律意义上谈问题"；(b)"一种说明和解释的方式"（上文已讨论过）；(c)"谈论或评论法律"。人们可以看到，这部电影的戏剧和哲学展开实际上遵循了这样的方式，即"说法"的意思从(a)发展为(c)：电影以法律问题开始，即某种可以察觉到的不公，随即转向了对于解释的需要，最后，又变成了对于法律及其限度的评论和反思。这已经远远不是翻译的问题了，然而，翻译的艰难（指"说法"）成为某种生活形式和价值冲突之多样性的隐喻，这种多样性总是宣称自己对于意义和诠释提出了挑战。它证明了，将语义翻译得清楚精确是不可能的，更不用说去翻译这种农民习语（即"说法"这个词）的实际意义了。从某种意义上说，《秋菊打官司》这部电影显示出某种一以贯之的努力，试图通过考察"说法"这个词在不同日常情景和语境下的使用情况，来确定它的意思——一种后期维特根斯坦式的对于"语言使用"的试错实验。在这些语境下，要求一种"解释"（它逐渐为我们所理解）使得对于真理的寻求在一个更大语境里活动起来，这也是试图说明某种尚未得到定义的事物，它是先于象征秩序存在，却是像语言一样被建构起来的事物。因此，女主人公在电影里所面临的困难，与其说是法律秩序所造成的困难（这种法律秩序被视为某种抽象、一般的规范），不如说是某种当代中国日常生活的价值体系，这一价值体系正携带着自身根本性的道德和政治自我理解进行着斗争。

在电影叙事当中，决定性的冲突发生在城市里面，以城乡之间、形式程序法与乡村不成文的道德伦理规范（同中国社会主义政治遗产混合在一块儿）之间，以及现代理性和理性所欲克服的东西（包括"民众习惯""社会风俗""自然正当"或"传统"，但又不限于这些）之间的遭遇表现了出来。在这里，现代国家的官僚政治-法条主义机制，试图在抽象然而还有那么点具体性，非人格化然而尚具社会"责任"的方式中表达出自身。对于民众智慧所付出的努力之解读,给这出戏剧增添了另一份喜剧性的曲折。"工农旅社"那位年长的老板,很自信地,而且事实上很明智地预测秋菊将会打赢官司,因为据他观察,政府(它在推进法治进程中的角色鲜为人知)需要输掉一些"民告官"的案件,从而使公众确信此次政府是动真格了,要开始一视同仁了。然而,最终秋菊输掉了官司,这个事实恰恰表明政府事实上比民众智慧所期盼的还要公正、还要认真地执行了法律。政府尽管对秋菊怀有同情——这种同情体现在市公安局长身上——但对法律程序也无能为力。这一次,法律体系似乎决心独立于多管闲事的政府官员、个人情感和道德倾向,按照自身的逻辑进程运行下去。

但这种治愈,即真正伦理和道德意义上的解决,只能在乡村生活的范围内才能完成。如果说秋菊在寻求"公道"的过程中有那么一个情绪转折点的话,那就应该是村长在除夕之夜救了她和她娃命的时候。对于村长来说,那不过是作为邻居和长者应尽的义务,跟他和秋菊之间正在进行的法律诉讼毫不相干。但是这种日常生活价值体系里的和谐时刻,提供了法律框架之外的某种叙事解决。新年的到来,正如男婴的诞生一样,绝不仅仅是个巧合,因为节日和秋菊孩子的诞生强调了共同体、相互依赖性和再生性。然而,影片末尾却是一种夹杂着悬而未决之冲突的和谐状态——乡村共同体内部的"前现代"和谐状态与现代实证主义理性蔓延之间的冲突,一种文化上根深蒂固的、先于法律的正义观与必定抽象的、过度法条化的现代法律现实之间的冲突。正是在这种总体性的意识形态，或者说文化政治的框架中，某个错置的诉讼"开示"了不同的价值、文化和社会行为体系之间的根本矛盾、冲突和共存状态——这一冲突是喜剧而非悲剧，它的表现方式是纪录片风格，而非现代主义样式。

当然，这不过是观察使用价值世界同交换价值世界之间历史冲突的另一种方式。显然，马克思主义关于使用价值的经典定义，不仅立足于物的"物理有用性"，而且强调"有用之物乃是一个包含许多特性的整体"。除此之外，马克思还指出，"物的多重用途是历史的结果"，并因此是"社会承认的衡量这些有用物的数量标准的创造"。[6]而在另一方面，交换价值被理解为"生产中所有固有的人身（历史）依附关系的解除，同时就是生产者全面的相互依赖"。[7]秋菊要讨一个"说法"，这个要求（先于并超越其法律含义）必须在全球化条件下的社会主义中国的结构性变迁和生产方式发生分化的社会经济语境下进行理解。在这种语境中，生产者的相互依赖关系、他们的生活形式的整体性及其价值体系（建立在在历史中形成并得到理解的、多种多样的物之"有用性"上），正在被某种更为总体化的、抽象的和实证主义式的资本主义交换价值体系所侵蚀。在这种日益拉大的差距之下，农民的正义概念，如我们在电影中所了解到的那样，不如"法律"严格和刚性，可是比它多了几分苛求和缺乏灵活性，因为它所蕴涵的惩罚来自更高也更为内在化的权威。因

---

[6] Karl Marx, *Capital*, vol. 1, London and New York: Penguin Books, 1976, p. 125.
[7] Karl Marx, *Grundrisse*, London and New York: Penguin Books, 1973, p. 156.

此，对于像秋菊这样的人来说，问题并不在于法律体系不现代或不够现代，而是它抽象、自治、非人格化或"中立"的样式太过现代了，以至于扬言要将自己从规定他们的日常生活具体而未表达出来的价值体系中分离出来。在这个案例里，秋菊之类的人不知道国家与法律之间有着某种"现代"的区分，而这一点凸显了内在于现代正当性和主权话语在历史和哲学上的含混性，甚至是混乱性。当代中国对于它来说并不是例外，而是一个恰当而贴切的例子。

重复与独一性：进一步思索日常世界和人民主权的自我肯定

观众最后逐渐开始理解，秋菊"讨个说法"的固执行为并不是现实性内容，而只是一种故事的叙事手法，一种无须自我解释的、展现集体情境社会政治纷扰的叙事手法。这种将不可见的东西变得可见的过程十分微妙，又非常含混，然而却并不具有误导性。随着女主人公再三的诉讼之旅的展开——在行政诉讼中达至顶点，影片所揭示的主要对象，并不是当今中国政法官僚机制的运作方式，也不是这一体制中许多官员暧昧不明的性质，更不是那些来自乡村的朴素农民。我们应该记得，案件的最终裁决（对村长进行两周的行政拘留）是一个迟来的裁决，它基于某种新的医学"证据"，即 X 光拍摄显示庆来肋骨骨折，从而使原先的争议升级到"轻伤害罪"。没有比这条新的司法证据的出现更坏的时机了，实际上，它看起来来得十分荒谬，至少从当时已经趋于和谐的村庄共同体角度看来恰是如此。X光照片到头来成了某种哲学分化的神秘提醒（如果说不算隐喻的话），这种分化正是发生在合法性和正当性这两种大相径庭的语言体系之间。作为孤立的、"更深的"和抽象的事实之"负片"影像（negative picture）和镜像（mirror-image），X光照片说的是技术和法律程序的实证主义语言，但对于仍然生活在前技术（pre-technological）、前法条主义世界（pre-legalistic）的农民来说，它是一种不可见和不可理解的语言。它记录了一种完全外在于、独立于农民生活世界（Lebenswelt）的领域里所发生的事件，记录了另一种逻辑。农民参与这个世界唯一的方式就是语言模仿和文化仿造，在集市上给不识字的农村人"代笔"写诉讼状的老人做的就是这个。诸如"严重违反了计划生育政策""有意谋杀"和"国法难容"——这些都指向村长踢庆来下身这一事件——这些对于极为精确的法条主义-行政措辞极为夸张的模仿，抓住了抽象法律规则与村民生活其中的日常世界之间喜剧式的又颇为荒诞的差异，后者根本无法在前者之中找到再现它们的东西。

承诺施与所有人（曾经是如此遥远，不可企及）的法律和正义，终于向这个农村妇女敞开了，只是传递给她的信息跟她原先所希望得到的大相径庭。可以理解的是，那些习惯于、禁不住从中国的任何事情里面都简单地读出支持政府或反对政府信息的人，对此肯定感到迷惑和失望。而且还有许多人和他们一样，试图去推断张艺谋的这部电影是否只是通过赋予革命时代遗产的某种社会常态，进而坚定地为之辩护；或者相反，去推断是否秋菊故事出人意料的曲折和转折，事实上揭示了某种复杂的、尚不确定的混合力量，这种力量正在当今中国发生着它的作用。然而，很少有人能够就这样一个事实进行争论，即在独立的、非人格化的法律（主义的）程序，同当今中国在秋菊那样的人身上实际起作用或不起作用的规则之间，存在着某种矛盾。因此，法条主义意义上的正义并非这部电影的主旨所在，这点已经很清楚了。

由是观之，女主人公"讨说法"的欲求，必须被看作在社会-知识上寻找意义的寓言。这种寓言建立在这一事实之上：当代中国的发展可以被理解为现实的，甚至是合理的——倘若那些不合理的事情（比如腐败）根据同样的道理必须被看作无理的，甚至是"非法"的话。因此，这部电影的深刻性并不在于它展示了中国法治的不完善状态。事实上，电影对于现代法律结构在改革时代稍显仓促的推行抱以某种总体上来说还算积极，至少是理解的态度。进而言之，具有批判性和煽动性的，是这样一种事实：它以某种方式将戏剧性强度彻底地置于法律和政治的结构性差异之中。后者（政治）不再局限于政党政治这种狭隘的含义，而是涵盖了从价值判断（建立在某种特殊生活形式的基础之上）一直到道德勇气和主张（通过它来正当化和捍卫这一价值）。

这种不可见的而且尚未表达出来的框架早于法律和法条主义的秩序，并构成后者真正的基础。它以秋菊固执地拒绝任何前法律秩序与法律秩序、不成文法（正是这一不成文法掌控着秋菊的世界）与精巧然而非人格的法规（正是这一法规保证了现代社会平稳而抽象地运作）之间任何抽象或形式上画等号的方式,坚韧地在正在崛起中的金钱社会里持续存在了下来。如果我们将这种不成文法理解为农民生活世界的自我主张(而不是自我否定),那么这部电影戏剧性的活力和哲学的可能性就只能来自这样一个简单的认定:它并不关乎法条主义意义上的正义,而是关乎植根于乡村共同体独一性(而非一般性)的"自然正当"意义上的"是与非"。

电影开头部分有这么一个场景,秋菊的丈夫发怒说:"有人管他。"英文字幕在翻译时又犯了大错,译成了"正义将会实现"(Justice will be done)。按照这种译法,《秋菊打官司》最终所要传递的信息,或者说它的核心冲突就成了以下情况:那种实证主义法律概念对于中国农民来说十分疏远,他们只相信某种统辖他们日常生活世界,并且指导他们道德政治生活的不成文法意义上的正义(和平等)观念。这种不成文法不容易在现代法律-社会-政治结构的象征秩序中找到自身的表达形式,可是出于某种原因它能够被转化成某种相关的集体性乌托邦理想,从而得以在现代世界里流通。这种看似不可能的沟通之寓言形象,凸显于市场中反复叫卖红辣椒的场景,凸显于秋菊在现代大都市和现代官僚机构的迷宫里找路,也凸显于普通群众在社会肌理里保存下来的"翻译"机制。顺便说一下,所有这些场景都使张艺谋对于秋菊故事的视觉建构具有了完美的电影意义。在电影结束的时候,秋菊依然不快乐,但那不是问题的关键。一旦成文法意义上的社会规范和不成文法意义上的道德伦理规范相脱离——合法性与正当性之间的差异暗示出了这一点——在社会关系和日常生活中表现出来,她就再也不会感到快乐了。与更广大的社会存在一起存在的世界中的存在（being in the world）并没有改变秋菊所面对的生活情境，但人民主权概念的在场或留存，或许可以改变这一情境被接近、认可乃至被改造的方式。

对于这部电影的社会-伦理分析可以具有，也的确具有某种同曲折的或"不发达的"资产阶级自我观念相平行的动向。就性别认同而言，秋菊的主体性不断地遭受挫折，甚至遭到否定。只要我们联系到张艺谋对于生产（往往按照前资本主义的技术和手工劳动予以视觉化，这里则展现为研磨红辣椒的特写）和生育（庆来受伤之后这得打上一个问号了）的痴迷态度来看，秋菊的怀孕似乎就是她的女性特质和性别诉求某个并不那么隐讳的暗示了。但是秋菊的决定和行动并不完全基于对家庭的考虑，也不是受家庭驱使，比如，她不是总能得到丈夫的支持。毋宁说，她的个体自由意志是性别认同和性别问题的讨论基点。在这种语境中，秋菊对于男性中心主义体系的挑战、她诉诸法律（如福柯和拉康所定义的那样）的失败，并不受她的无意识结构、受挫的欲望规定。恰恰相反，电影就秋菊的无意识欲望并没有给出什么暗示：这里没有主体内部的永久分裂，自我同欲望的分离。相反，在电影里，秋菊的欲望是由社会、政治多重决定的：讨个公道，要个说法，坚持某种道德构造的有效性（正是它塑造了秋菊，规定了使她获得地位、身份的社会秩序）。在《秋菊打官司》中，这是一种前资产阶级的主体性，结果它过分社会化和符码化，因此否认了那种内在分化、异化的主体自我空间。

日常行为和普通人的伦理领域内的不成文法，有时跟同样没有定型的、模糊的（amorphous）国家组织及其政治法律规则天衣无缝地融合。这些规范最终不可避免地催生出当今中国日常现实的主权和正当性的意义。《秋菊打官司》并没有认可或是谴责国家与社会之间彻底的融合，它只是以一种同时具有自然主义和风格化的电影语言，揭示了国家的法律-政治规则同日常领域的道德-伦理规则杂居在一起的状态。这种美学里面隐藏着的政治有着迷惑人的纯洁感，正如20世纪90年代的中国独立电影生产的半自主性被证明为更能展现尚未表达和尚未理论化的政治经济现实一样。我们与其不加批判地使用"独立"这个词，不如理解它对于真实的政治经济现实的借鉴意义，正是这一现实规定了它的依附性和处境（以及国际观众眼中拥有独立地位的电影的虚幻身份）。因此，对于卡尔·施米特所定义的政治概念——为了某种生活方式生、为之死的意志——迷惑人地"文化"运用，可以在生活形式领域中找到例证。由此看来，对先于法律之事物充满冲突的形式化，正是张艺谋的电影在全球资本主义时代中国社会文化发生大转型语境下的政治意义所在。

像电影史上很多伟大的作品一样，《秋菊打官司》具有某种混合着缓慢与沉闷色彩的诙谐与爆炸性的能量。这种能量可以被视为某种形式设计的结果，即建立在有意为之的重复与变化之上的设计。我们应该记得，张艺谋从第五代导演中脱颖而出，正在于他从那种知识上的苛求、创作者的自我沉溺以及过剩的风格主义摆脱了出来。他背离于第五代导演，最终增强并巩固了这一运动的美学象征，而且为之赢得了国际声誉，可这一事实并没有减损张艺谋的所有电影追求直接的、具有视觉效应的、带有强烈情绪性的故事讲述和人物刻画的内在倾向。"第五代"美学上的根本二元论以两位导演各自的处女作为代表，即陈凯歌的《黄土地》和张艺谋的《红高粱》。但在这个意义上，正是《秋菊打官司》创造了一种新的电影叙事空间。它也是唯一一部在结构和精神上为张艺谋自己所仿效甚或拓展的作品，比如《一个都不能少》就可以被看作张艺谋给予自己的创新不加遮掩的赞美。

对于张艺谋来说，当代中国的社会学现实，正如秋菊的心理世界一样，是自然而然存在着的东西。因此，电影里得以再现的东西，其实是某些无法再现的事物，它拒斥抽象的"象征"意义上的中介，要求通过某种不同的叙事逻辑和表达逻辑进行自我阐发。在我看来，这种得以再现的东西，就是重复性和直接性、独一性及其不可遏制的复归的逻辑。张艺谋处理这种逻辑的方式是喜剧式的，而不是悲剧式的。这样一来，他毫不含糊地表明了，中国的国家形式和乡村世界必须被看作实际存在的生活形式，它的正当性（"说法"）来自它们自身的内在分化、矛盾、不平衡，以及相互之间永不停息的磋商。对于某种混合生产方式及其交叠的社会、意识形态和道德秩序的理解，通过政治和商业标识的随意共存，会体现得更为明显。比如，秋菊住的"城里最便宜的旅馆"叫作"工农旅社"。这一形象平静地、不具备自我意识地坐落在一间普通的"新潮发屋"隔壁，在自身刺眼并具有反讽意味的时代错乱中并不显得那么突出。这种"扁平"的共存模式同时与某种"深度"模式结合在了一块儿,它通过自己的不作为而有所作为:当秋菊和她的小姑子完全分不清东南西北、徘徊于街头的时候,一位好心的看车人告诉她们要"穿得像个城里人",也就是说,要用时尚的都市服饰掩盖自己土里土气的衣服,以免再次受骗上当。但当她们从服装店里重新出来的时候,新衣服盖住了旧的,她们的样子丝毫没有变得像个城里人,反而具有了更多层次,从中可以看到恩斯特·布洛赫所谓的"共时的非同代性"(synchronic non-contemporaneity)[8]。

秋菊一次又一次去"讨说法"的旅程,看起来似乎是重复性的。然而,重复可谓是某种最有效的叙事装置了,有助于观念的演变,这种观念带着令人惊讶的直接性再现为未编码的,因此是先于语言的事物。每一轮谈判、调解或者冲突,都排除了某种可能的解决途径,而且通过这种排除,使电影更加聚焦于作为"说法"的无名之"道"。金钱,或者说是赔偿金自然是头一种方式,但是秋菊因为村长侮辱性的付钱方式,拒绝接收这笔钱。继而是李公安给出的某种基于文化的理性化处理方式,他带给秋菊的"一份点心"(可以说是一种反向贿赂)是一种喜剧式的,同时又颇具辛辣意味的方式,它凸显出构成法条主义思维(这是警察的社会政治和官僚功能反复要求的东西)基础的某种共同体智慧。可它同样不奏效。秋菊固执地讨"说法"所产生的最终受害者,

---

[8] 参见 Ernst Bloch, *Heritage of Our Times*, translated by Neville and Stephen Plaice, Berkeley, CA: University of California Press, 1990, Part II, and especially pp. 97-116。

正如我们所讨论过的，正是现代法律体系本身。

事实上，重复作为一种叙事设计，似乎打破了自身的形式节奏，从而暗示出某种属于艺术作品的哲学维度、属于罗曼·英加登所谓"本体论"或评价维度的东西。有鉴于这部电影反对抽象和一般、赞赏特殊的取向，重复于是就成了某种服务于自我肯定的叙事逻辑了（倘若说还不是自我主张的话）——即对于某种尚不确定、无法定义的品质的主张。

在《重复与差异》中，德勒兹赋予了重复某种独特的直观：它催生出某种处在演进之中的自我分化的、多样的、肯定的和极富生产性的同一机制，这一机制同依赖于否定和否定运动的黑格尔式辩证法截然相反。他写道："重复，就是以这样一种特定的方式运动，它关系到某种独特而独一的东西，没有任何事物与之相同或等价。这种重复或许在外部行为的层面，自身呼应着某种神秘的颤动，这种颤动激活了某种更为深刻的、独一性内部的内在重复。"[9]德勒兹通过重建自己的作品与伯格森、尼采和斯宾诺莎问题在概念上和范畴上的联系，让我们看到了我们自己的时代与其史前史之间重要的历史、政治和哲学相关性，它们一道构成了处于"永恒复归"之中的现代资本主义社会不连续的连续性。在这儿，德勒兹在某个令人目眩的概念高度（同时与历史高度相关），呈现出过去的残余、被征服了的东西、多余者、被压制者和未成熟者永远是时间和经验的不可缺少的部分，虽然我们徒

---

[9] Gilles Deleuze, *Difference and Repetition*, translated by Paul Patton, New York: Columbia University Press, p. 1.

劳地试图一上来就用神话学和形而上学（文化），继而以理性和现代性（历史）的名义来规制它们，将之形式化和一般化。透过秋菊的故事来看，德勒兹试图呈现的正是：所有的认同和生活形式，正如所有的欲望、幻想、症候和未实现的愿望一样，总是伪装成自我满足和自我肯定复归，而不是心甘情愿地被"否定"，并一劳永逸地消失在普遍历史的垃圾堆里。正是在那些认同和生活形式的桀骜不驯之中，它们各自独一无二的政治性通过重复显出自身。而透过德勒兹的观点来看，万家的诉讼是一种为历史和政治所塑形的生活形式寻求自我肯定，即自身的"永恒复归"[10]的寓言。在《秋菊打官司》里，每当这位追求正义的农村妇女空手而归的时候，观众都在失望和敬畏当中近一步抓住了那个无形概念的意义，近一步理解了不可能之事的可能性。秋菊那儿的每一次重复都是对于那种不存在的、失落之物的肯定，作为某种面向一般性与可交换性的规范体系，秩序的世界否认了这一事物的存在。然而，它又是具体的、独一无二的事物，在某个超越现代理性形式制度的更大语境中不断共振。在文学的意义上，张艺谋这部电影中的重复是一种"僭越，它质疑法律，谴责法律名义上的、一般的特征，反过来支持某

---

[10] 德勒兹将"查拉图斯特拉对于'重复'的道德测试看成是在与康德竞争"，进而提出，"处在永恒复归之中的重复形式，是某种直接性的粗暴形式，它是普遍性与独一性重新结合起来的形式，废黜了任何一种一般性的法律，瓦解各种中介，消灭臣服于法律的特殊性"。参见上注 *Difference and Repetition*, p. 7。因此，对于康德的法律概念和黑格尔的中介概念的颠覆，或许可以为想象某种集体性革命形式开辟出某种理论图景，这一革命形式在当代资本主义全球性及对之不满的语境中，重新统一了普遍性与独一性。

种更为深刻，也更艺术化的现实"。[11] 每一次重复都是"重复那不可重复之事"，那不可重复的就是某种具体生活形式的独一无二性。因此，秋菊的每一次旅程都不仅仅是在前一次的基础上再加一次，而是如德勒兹所说的"将第一次进行到底"。[12]

---

[11] Deleuze, *Difference and Repetition*, p. 3.
[12] Deleuze, *Difference and Repetition*, p. 9.

村长的困惑

《秋菊打官司》再思考

凌　斌[*]

> 一个视觉形象究竟象征了什么,取决于目睹这一形象的人的心灵……哪怕是国旗,也不例外。对一个缺乏诗意的人来说,国旗也不过是块布片罢了。[1]

村长的困惑:中国政治的深层追问

当代法学,还没有哪部电影,甚至很少有学术专著,能够像《秋菊打官司》(以下简称《秋菊》)一样,不断吸引中

---

[*] 凌斌,北京大学法学院。本文原载强世功主编:《政治与法律评论》2010年卷,北京大学出版社,2010年。
[1] 霍姆斯:"约翰·马歇尔",苏力译,收入苏力主编:《法律书评》第一辑,法律出版社,2003年,第5页。

外学者的反复解读，[2]而且至今势头不减。[3]也许这就是一部出色作品区别于普通作品的标志所在：有持久的生命力，并且赋予生命。这部从头至尾弥漫着浓郁乡土气息的艺术影片，超越了一个边远农村的"地方性知识"，展现出中国政治和法治实践的深层逻辑。

《秋菊》的讨论甚至超越了国界。那还是2006年，我在耶鲁法学院读书的时候，中国法中心的马瑞欣博士向图书馆

---

[2] 其中包括了苏力、冯象、赵晓力、桑本谦、张旭东、Jerome Cohen 等法学学者的出色评论。参见苏力："秋菊的困惑和山杠爷的悲剧"，收入苏力：《法律与文学》，生活·读书·新知三联书店，2006年；冯象："秋菊的困惑和织女星文明"，收入冯象：《木腿正义（增订版）》，北京大学出版社，2007年；江帆："法治的本土化与现代化之间——也说秋菊的困惑"，载《比较法研究》，1998年第2期；薛爱娟："《秋菊打官司》案引发的思考"，载《河北法学》，2000年第2期；凌斌："普法、法盲与法治"，载《法制与社会发展》，2004年第2期；赵晓力："要命的地方"，收入《北大法律评论》编辑委员会编：《北大法律评论》第6卷第2辑，北京大学出版社，2005年；张明："另一个角度看秋菊"，载《北京大学研究生学志》，2006年第1期；桑本谦："法治及社会资源——兼评苏力'本土资源'说"，载《现代法学》，2006年第1期；丁国强："秋菊，人治与法治的'中间物'"，载《中国审判新闻月刊》，2006年第11期；胡兴成："再说电影《秋菊打官司》中的法律问题"，载《郑州铁路职业技术学院学报》，2006年第18卷第1期；柯卫："论普法中的公民意识培养"，载《政法学刊》，2007年第24卷第4期；丁英奇："从《秋菊打官司》深入思考加强和改进农村人民调解工作的重要性"，载《人民调解》，2008年第5期；王波："法社会学法人类学'面向中国'过程中的自我汉学化"，载《文化研究》，2008年第6卷第4期；Jerome A. Cohen and Joan Lebold Cohen, "Did Qiu Ju Get Good Legal Advice?," in *Cinema, Law and State in Asia* (ed. by Corey K. Creekmur and Mark Sidel), Palgrave Macmillan, 2007; Xudong Zhang, "Narrative, Culture and Legitimacy: Repetition and Singularity in Zhang Yimou's The Story of Qiu Ju," in *Understanding Film: Marxist Perspectives*, ed. by Mike Wayne, Pluto Press, 2005.

[3] 从电影艺术和文化批评角度的阐释也延续不断。参见罗雪莹："写人·叙事·内涵——《秋菊打官司》放谈录"，载《当代电影》，1992年第6期；木子："张艺谋谈《秋菊打官司》"，载《当代电视》，1992年第10期；李映蓉："张艺谋电影意识的新实验"，载《电影评介》，1993年第6期；张中载："这'说法'怎么个说法？"，载《外国文学》，1993年第3期；刘华："这场官司有问题"，载《电影评介》，1993年第3期；裴斗礼："《秋菊打官司》和张艺谋的导演风格"，载《北京电影学院学报》，1995年第2期；刘嘉："秋菊的困惑与艾琳的收获"，载《电影评介》，2007年第21期；崔春泽："非纯正意味的荒谬喜剧"，载《电影文学》，2008年第22期；张晓磊、李国新："秋菊：一个传统的女性"，载《电影评介》，2008年第8期；梁金龙："秋菊怀孕"，载《才智》，2008年第22期。

的"电影之夜"推荐了《秋菊打官司》,并邀请我参加放映结束后的自由讨论。讨论之热烈,大大出乎我的预料。而讨论之焦点,更是出乎意料:讨论者们反复提出的问题——竟然是关于"村长的困惑"。

故事的内容并不复杂:村长打了秋菊的丈夫,秋菊层层上告却讨不到"说法";村长救了难产的秋菊,却被警车抓进了监狱。浸润于现代观念和法治信仰的这些外国师友,不难根据自己的文化想象,把秋菊理解为一个"追求正义""为权利而斗争"的人权斗士,一个"英雄",一个中国版的"安提戈涅"或者"圣女贞德"。但村长的所作所为,无论是起初打人之后的拒不道歉,还是后来救人之时的翻山越岭,和他们标准的正反两面的官员想象,都有着很大的距离——至少,无论是"打人"还是"救人",村长都没有"合法权力"。更让他们难以理解的是,李公安和严局长明明一再承认"村长打人不对",却还是对之一再包庇——即使,他们很容易将答案归结为中国官员乃至政府本身的"腐败"。他们仿佛把秋菊的困惑延续到了自己身上,提出的是和秋菊一样的疑问:"村长咋就不能给[秋菊]认个错呢?"李公安和严局长"咋就不能给[秋菊]一个说法",让打了人的村长给被打的庆来道个歉呢?

顺着这个思路想下来,这个"村长的困惑"不仅是"关于"(about)村长的困惑,还是"属于"(of)村长的困惑。显然,影片中"困惑"的不只是打官司的秋菊,更有吃官司的村长。村长不仅不能理解秋菊凭什么不依不饶,要告到县里市里,"臭他的名声";也不理解在秋菊眼中始终回护他的李公安和严局长，为什么就不直截了当地拒绝秋菊的说法，非要一次次让他赔钱，"丢他的面子"。不然，他也不会一直顶牛。更不用说，影片的最后，警车里的村长一定会比警车外的秋菊还要困惑：踢了人家要命的地方，只是罚我两百五十块钱；救了这母子俩的命，反而要把我抓进监狱！尽管"缺席"了满月宴席，但是在远去的警笛长鸣中，村长的困惑依然保持了"在场"——并且留给了观众。

由此回过头来，再看影片本身的发展线索，正是这个"村长的困惑"构成了整个故事不断发展的原动力。《秋菊》中各个重要角色的"说法"，无一不是对"村长困惑"的重申和解答。这些不同说法的潜在张力和共同指向，为我们重新理解中国政治和法治改革自身的深层矛盾，提供了一个难得的视角。和苏力与冯象先生提出的"秋菊的困惑"一样，"村长的困惑"也是一个有意思的、富含了思想酵母的"困惑"。

外国师友们提出的"村长的困惑"，自然带着他们生活经验的深深烙印。但是其中的问题，就和土气的秋菊提出的一样，并不是"地方性"的。回国后，"村长的困惑"仍然萦绕在我的脑海之中。不久之后，大西洋两岸和台海两岸的几件大事，让我更深切地体会到了"村长的困惑"的现实意义。

先是2008年的火炬传递。大西洋两岸风起云涌的华人爱国运动，完全出乎中外精英的意料。让他们无法理解的是，那些素来与中国政府"意见不同"的海外华人，怎么反而掉转枪口，对"友邦人士"群起而攻之了呢？那些平日埋头实验室的年轻学子，从来对政治漠不关心，怎么突然间蜘蛛侠般亮出面具，上街上网，赫然成了坚定的"赤卫队员"了呢？这样的感觉，和不理解为什么秋菊竟会反对警察抓走村长，是一样的——也是"村长的困惑"。

再是其后海峡两岸的局势发展。台湾省内，大搞民主的"阿扁"，和力挺法治的"小马哥"，都没有赢得两岸中国人民的衷心赞誉。阿扁"主政"十年的民主成果，最终表现为前后两次的"反贪腐运动"。虽然媒体的报道红红火火、轰轰烈烈，但是不论"阿扁下台"还是"阿扁入狱"，都没能遮掩台湾地区经济困境所造成的萧条与浮躁。所有人都知道问题的关键不是阿扁多收了多少钱，而是阿扁让台湾人民少收了多少钱，是阿扁毁掉了台湾地区的经济。同样，"小马哥"上台，不论如何树立廉洁形象，如何标榜严格依法，民调支持却持续下降。特别是"8·8风灾"，"小马哥"以法治为由的僵化卸责和官僚主义，让岛内人民和大陆同胞全都大失所望，民心立失。

与之对比，大陆这边的情形正好相反。"5·12地震"，政府的全力以赴和官民的团结一心，让海内外华人对中国政府的认同与支持不断提升。虽然很多学者看到，中国政府和官员在救灾过程中法治不足，尊重私人权利不足，无论是抗震救灾阶段，还是灾后重建过程，都是先斩后奏，不讲程序，但是中国的普通民众却分明就是要政府和官员能够不顾一切，全力以赴。中国政府和官员在救灾过程中的出色表现，获得了广泛的认可和赞扬。

两相对比，让不少海内外人士再次"看不懂"的是，为什么所谓"厉行民主法治"的台湾省内,官员的腐败没能杜绝,政府的威信没能提高;为什么被说成"充斥着人情面子"的大陆的政府和官员,一方面总能够在重要关头赢得普通民众的坚定支持,另一方面却也时常受到各种抱怨。其实,这些看似零散、对立的事件,都有共通的道理。这些困惑,就和秋菊起初不理解李公安和严局长的做法,后来又责备法律的做法一样——也是"村长的困惑"。

如何理解中国现实政治中政府和官员行为的特有逻辑,正是"村长的困惑"的实质问题。中国现实政治中的政府与官员,仍然在以类似影片中村长、李公安、严局长的方式,展现着基层民众和普通官员在政府治理模式转向法治过程中的困惑与选择。影片中每个人物的困惑与说法,与中国政治的现实经验相互激荡,因而要求我们不仅反思现代法治的"专制与暴虐"[4],更要看懂中国政治本身的特有逻辑以及困境。《秋菊》这部富含现实洞察和思想酵母的影片,因此不仅提出了批判西方现代法治逻辑的"秋菊的困惑",也提出了反思中国传统政治逻辑的"村长的困惑"。

打什么官司:官民矛盾的官方解决

那么,《秋菊》这部影片到底讲了一个什么故事呢?马瑞欣博士曾经随信转发了一篇《纽约时报》上的影评。影评离谱得匪夷所思,将《秋菊打官司》描绘成了另一座卡夫卡

---

[4] 参见本篇注[2]中苏力、冯象、凌斌和赵晓力的文章。

的《城堡》:秋菊是"一个农村普通妇女,生活一直平淡无奇,直到丈夫(庆来)被村里的一位长者(即影片中的村长)打伤身体。这位长者拒绝道歉,秋菊于是在一位地方治安法官(即影片中的严局长)的帮助下决定寻求法律诉讼。很快,她简单的正义要求迅速变为与一个复杂无用的官僚体制进行的一系列令人沮丧的斗争"。[5]

其实《秋菊打官司》的故事很简单,不外是一个"民告官"的故事。[6]从头到尾,就是一个村民秋菊向各级政府寻求自己丈夫和村长之间官民矛盾的纠纷解决过程。"打官司"的过程,用法律的术语来说,是从乡派出所的"行政调解"(这是李公安口中"民事调解"的准确法律性质)到县公安局的"行政裁决",从市公安局的"行政复议"到两审法院的"行政诉讼",再到最后对村长的"行政拘留",一路离不开"行政"两个字。

那么,为什么一直要在"行政"圈子里打官司、讨说法呢?这还要从官司的起因谈起。直接的起因,都说是村长打人,踢了庆来"要命的地方"。但是,正像李公安所说的,"一个巴掌拍不响"。影片告诉我们,两人之间原本没有什么个人恩怨。一直被忽略的真正原因,在于村长是在执行国家政策时与秋菊一家起了冲突。影片借秋菊之口,讲出了事件的起因:

---

[5] Janet Maslin, "Chinese Woman in Search of Justice", *New York Times*, Sep. 1st, 2004.
[6] 影片的编剧刘恒谈到创作《秋菊打官司》的第一个内涵,就是"一个民告官的故事"。参见"十几年前的《秋菊打官司》讨论会摘要",http://blog.sina.com.cn/yehang,最后访问时间2008年5月14日;罗雪莹,同本篇注[3],第16页。

李公安：［村长］为啥［打人］？

秋菊：……俺家总想盖个辣子楼。砖瓦都备好了，村长他就是不批。没办法，我就在承包地里拾掇一块地边边，想在这地方盖了就算了。村长还是不批。他说有啥文件。我说，你有文件可以；你有文件，就把这文件拿来给我看一下。他说不用给我看。他说他就是文件。他就是不给我看。

……

庆来妹子：我哥气不过，骂了他一句：下辈子断子绝孙，还抱一窝母鸡。

看来，虽说庆来"戳了老汉心窝子"（村长生了四个女儿并且刚刚节育），是村长"往要命的地方踢"（村长一怒踢伤了庆来的下身）的导火索，但是显而易见，要是没有这个"文件"，就不会有漫天的云彩。整个故事，正是在"执行公务"这个"行政"背景下展开的。[7]

那么，秋菊为什么一开始不到法院提起"民事"诉讼？要是秋菊知法用法，要是这场"官司"直接"打"的就是民事诉讼，是不是村长就不会被警车带走，也就不会有秋菊和村长的困惑？这也是后来马瑞欣博士在与我的通信中提出的问题："秋菊的丈夫显然有权因村长踢了他而提起一个民事诉讼。或许秋菊也有权以第三人的身份或是代表自己丈夫，提

---

[7] 关于村长为什么不愿意向庆来"公开信息"，参见凌斌：《法治改革与人情政治》，未刊稿。

起这样的民事诉讼。"[8]的确,《民法通则》早有明文,第六章第四节134条第(10)项规定的"承担民事责任的方式"就是"赔礼道歉"——正好是秋菊的诉求。但我们不能因此把秋菊看成法学版的"祥林嫂"。

问题的关键在于:只有行政体制才能给秋菊那个"说法"。尽管法律学者们可以迅速指出"村长不是国家干部",但那是影片上映之后的事情。更重要的是,影片中的每个人,无论是秋菊还是村长,无论是村民还是李公安、严局长,都清清楚楚地知道,最终走到了"打官司"这一步,就是因为作为纠纷一方当事人的村长是"公家人",或者用庆来父亲的话说,"政府的人"。试想,如果打人的不是村长,只是另一个村民,还会有"秋菊打官司"吗?还会走到法官下乡、警车呼啸的那一步吗?多半不会。结局大概不是这个村民事后主动赔礼道歉,就是村长出来主持公道,给了秋菊说法。反观影片,恰恰呈现的是一个极端情形:那个原本代表公家作为村里纠纷仲裁人的村长,成了矛盾的一方。案子因此才变得格外难办。而这一点,也是中国各级官员和各级政府在执行公务过程中最为难办的问题。

秋菊的说法:官员行为的政府责任

提起民事诉讼的上述设想显示了,人们易于将秋菊要讨

---

[8] 见本篇注[2],Jerome Cohen and Joan Cohen。

的"说法"等同于民事法律上的"赔礼道歉"。[9] 这是不对的。秋菊要讨的"说法",不是寻常意义的"赔礼道歉",而是让一个"公家人",让一个"干部"给她赔礼道歉。让公家人给老百姓赔礼道歉,这是秋菊讨说法的要害。

因此秋菊自始至终都是在向"公家"讨说法。包括最初向村长本人要说法时,秋菊找的其实不仅是"王善堂"这个自然人,还包括"村长"这个公家人。只是普通百姓没有区分"公务行为"和"私人行为"的现代法治概念。所以村长不给说法的时候,秋菊向李公安委屈地告状:"你是村长,你还打人,你就是不对嘛。"庆来父亲也气愤地说:"他政府的人,他不管!"同样逻辑,既然村长这个公家人不给说法,就只能继续向公家讨说法,如庆来说的,"他[村长]不管,有管他[村长]的地方"。

但是,秋菊能够一次次上路,恰恰说明她始终相信这个体制。她相信"公家"会给她一个说法:"我就不信没有个说理的地方。"这也是当代"讨说法"这一流行语的基本含义:找政府评理,让公家主持公道。在秋菊一家的眼里,之所以"官家人"是"公家人",是因为"官家"就应当是"公家"。正是因为抱有对"官家"主持"公道"的坚定信仰,庆来一家才会觉得,村长是官家人而不主持公道,那就是"欺负人";李公安和严局长作为公家人不给说法,这样的结果秋菊"就是不服"。明白了这些,"秋菊的说法"意思也就清楚了:要让"官家"/"公家"给自己做主,管管欺人太甚的

---

[9] 见本篇注[2],Jerome Cohen and Joan Cohen。

"官家人"/"公家人"。用学术的语言来说,就是要求政府兑现约束政府官员的政治责任。

所以秋菊要讨说法,"民告民"不行,非"民告官"不可。她和村长之间真正的纠葛,根本不是两个平等民事主体之间的权利义务关系,而是官民之间的地位关系。所以不难想见,即使秋菊熟读《民法通则》,即使秋菊选择的就是民事诉讼,要解决的也还是同一个问题:让村长这个"公家人"给自己赔礼认错。同样道理,即使秋菊提起并且打赢了民事诉讼,村长也还是不可能乖乖地执行这一判决。其实现实生活中的许多针对政府官员的"民事诉讼",都不是为了什么民事权益,而是和秋菊打官司一样,想要借着国家的力量管教管教为所欲为的公家人。这和他们到人大、政协、找媒体记者的用意没什么不同。他们和电影里的秋菊和村长一样,都知道这根本不是个"钱"的问题,不是什么"民事"问题。打"官司",说到底,打的还是"官"司。

所以《秋菊打官司》片名中"打官司"的意思,不仅仅是指最后诉诸法院的那个"法律诉讼",更大程度上它指的是从行政调解开始的整个"民告官"的过程。这个过程从秋菊走进李公安的办公室就已经开始了。忽略了"民告官"这个最直观、最基本的主题,就会把"秋菊打官司"仅仅理解为——正如其英文片名——"秋菊的故事"(*The Story of Qiu Ju*)。

《秋菊打官司》讲的绝不仅仅是"秋菊的故事"。中文片名的奥妙在于,虽然只是点出了主人公"秋菊"的名字,但是"打官司"的"打"字暗示着"对手"的存在,意味着这不是一场秋菊的独角戏，隐晦地指明了"秋菊的说法"的关键："和谁打官司"。而"官司"二字则隐含了影片中一再强调的"公家人"这一意涵，隐含了"村长"在这个故事中的特殊意义。而村长，这个秋菊打官司指向的"对手"，正是整个"故事"一再试图解决却始终未能妥善解决的核心问题。可以说，影片的每个情节都是为了解决"村长问题"而产生的"连锁反应"。村长这个"问题制造者"，无疑是整个故事的关键所在。"秋菊的故事"，从另一个角度来看，也是"村长的故事"。

因此只听懂"秋菊的说法"还不够。依照法律人兼听则明的信仰，还应当耐心听听，什么是"村长的说法"。进而设身处地想想，究竟村长为什么不肯给秋菊一家低这个头、认这个错，究竟低头认错对他来说意味着什么——究竟村长有什么无可退让的"要命的地方"。

村长的说法：行政执法的政治条件

村长的说法有三层含义。李公安第一次来村上调解，村长讲了他不给秋菊说法的第一个"说法"："俺是按你们发的文件办事。"在接受了现代法治理念的人看来，村长打人完全是出于个人私愤，是他和庆来之间由于个人情绪引起的私人冲撞。这和"按文件办事"，和执行公务，扯不上半点关系。人们会像秋菊一样向李公安辩驳，"文件上也没写打人这一条"，会和李公安一样反问村长，"文件上又没说让你打人！"

可是，村长显然也不能接受现代法治理念的这个批判。村长之所以强调"俺是按你们发的文件办事"，有个潜台词，就是他并不认为自己打人和执行公务无关：要不是为了按你们政府——公家——发的文件办事，庆来怎么会骂我，我又怎么会踢他?! 他对秋菊说的话也适用于我们："有心有肺地想一想，我为啥踢他?! "——有心有肺地想一想，庆来为啥骂我?! 是啊，庆来和村长没有个人恩怨。庆来之所以骂村长，就是因为村长要"执行公务"和"依法办事"。这是问题的关键。所以在他看来，被骂和打人，都是执行公务的一部分。李公安并没有反驳这一点。他承认，这的确是村长面对的实际问题。

既然这是村长面对的实际问题，政府要是不体谅，那他的工作就没法干，政府的文件也就没法执行。这是当县公安局的行政裁决下来，李公安让村长"回去给秋菊两口子说些面子话"的时候，村长给出的第二个"说法"："我大小是个干部，以后我在村里没法工作么。"换句话说，不给秋菊说法，是他这个"干部""在村里工作"和"按公家发的文件办事"的必要条件。李公安也默认了。他承认，这是村长工作的现实处境。

而且，村长的说法其实还有一层弦外之音：我是咱公家的自己人，公家当然得给自己人撑腰。所以，当市公安局的行政复议下到村里，虽然多赔了五十元钱，反而坚定了村长的信心，相信自己的说法没错："秋菊，我跟你说，官司打到天上，也就这样了! ""我跟你说，我不怕你们告。我是公家人。一年到头辛辛苦苦，上面都知道。他不给我撑腰，给谁撑腰？"这个说法和秋菊的说法一样，也是关于公家应当如何对待公家人的说法。双方针锋相对的冲突恰恰在于，秋菊相信，是"公家"就得主持"公道"，总会给自己一个说法，而村长则认准了自己"是公家人"，"公家"肯定会给自己"撑腰"。这就是村长的第三个说法。

总之，村长的三层含义合在一起是说，政府保全"村长的面子"，是村长替政府执行公务所必须乃至应当获得的政治条件。至少其中的前两层意思，并不是以一种"契约"方式和政府讨价还价，而是客观地讲了一个道理，一个不论是谁处在这个位置都得遵循的道理。

那么，李公安和严局长在听了秋菊和村长两人各自的说法之后，为什么默默认可了"村长的说法"，而非"秋菊的说法"呢？显然，与吴律师和无名法官代表的现代法律（人）不同，李公安和严局长不是没听懂秋菊的说法。他们都既不是大善也不是大恶（这一点，使我们可以把问题的讨论集中于政治逻辑本身），并且都对秋菊充满同情。理解和同情"秋菊的说法"，却支持了"村长的说法"，必定有特殊的缘故。看来，听懂了秋菊和村长各自的说法之后，还得从李公安和严局长的说法做法中，耐心听懂和看懂他们代表的"公家的说法"。

公家的说法：公私兼顾的官方逻辑

乍一看，李公安和严局长代表"公家的说法"，认同的正是"村长的说法"。李公安不仅把这一点理所当然地讲给庆来一家,"人家[村长]是干部。总得给他留点面子",而且直截了当地用来说服村长,"刚才县上裁决你又不是没看,你不丢面子吗?"

甚至,李公安的工作每次都先从村长那里做起,凡事一定是村长在先,秋菊在后。在调解的时候他要和村长单独谈一下,后来县公安局的行政裁决下来,他也是先找村长做说服工作,再后来,明明是秋菊千辛万苦从市公安局那里讨来的复议书,却被李公安交到了村长手里。这微妙的先后次序,秋菊都那么敏感,村长自己肯定更清楚,村民也都能从中识别出基本的"信号传递"(signaling)。[10]但李公安这么"做",显然不是因为在个人好恶上偏心村长,而是始终在"讲"他的那个说法:"人家[村长]是干部。总得给他留点面子。"接下来,秋菊在行政系统的层层上诉,得到的都是县市公安局用维持原判的"做法"一遍遍认可和重复李公安的也就是村长的这个"说法"。县市公安局的决定甚至也遵照这个说法的基本精神,同样给李公安留了面子。

公家对村长面子的维护之所以如此重要,归根结底,是"公家"已经取代"长老",成为基层政治秩序的载体。虽然是山沟沟里的一个小村庄,可是这里也不再是费孝通先生描述的那个"长老统治"了。[11]庆来的父亲年纪更大,但远远没有村长在村里的影响力:儿媳难产,他自己叫不来人,只

---

[10] 见 Michael Spence, "Job Market Signaling," *Quarterly Journal of Economics*, Vol. 87, Issue 3 (Aug., 1973), pp. 355-374。
[11] 即韦伯所谓的"传统型"支配。参见韦伯:《经济与历史 支配的类型》,康乐等译,广西师范大学出版社,2004年,第303-304页。

能去央求村长。可见"长幼之序"不再能够产生权力，年老的人不再"握有强制年幼的人的教化权力"，看戏的年轻人也不再认同"逢着年长的人都得恭敬、顺服于这种权力"。[12]在村子里真正起到权威作用的已经换作了国家的也就是公家的面子。

换个角度说，这和秋菊只能走出村外"打官司"，其实是一个道理。"秋菊的说法"在村里讨不到，正是因为这个问题本身和国家权力的基层延伸联系在一起，和"官"联系在一起。原有的乡土秩序之所以解决不了这样的问题，是因为这里没人能管得了"公家"，也就没有人能管得了这个"公家"的人——"公家人"。秋菊当然可以选择不上告，不打官司。但如果她不想受村长的欺负，她就必须走出她的"伊甸园"，到乡土秩序之外遥远的公家那里，到那个能管得了公家人的地方，讨个公道。总之，秋菊和村长在乡土秩序中的生活已经是现代社会的一部分，已然无法脱离国家权力这一政治基础。因此他们之间出现的问题以及如何解决这一问题，都必须从公家那里，也就是从现代国家那里，找到原因和结果。

但是，如果我们只能理解到这一步，那还是没有完全听懂李公安和严局长的说法。因为进一步的问题在于，既然村长在法律上不是公家人，为什么乡里、县里和市里的政府部门不能只是依法办事，只是保全公家的面子？为什么还要在公家的面子之外给村长"留点面子"？以及，为什么在村长

---

[12] 费孝通：《乡土中国　生育制度》，北京大学出版社，1998年，第67页。

留有面子的同时，他们又都一次次帮着秋菊层层上告，级级上诉？

李公安和严局长没有直接回答这些问题。但是《秋菊》结尾处"救人的村长"和"打人的法律"对比鲜明，让我们再次理解了前述"公家的说法"中包含的另一层深意：无论是公家的"文件"，还是秋菊的"性命"，都离不开"村长的面子"。李公安和严局长对村长面子的处处照顾，最终是对公家和私家双重利益的小心维护，反映的是"村长的面子"对中国行政体制运作和基层秩序维护的双重意义。

有句俗话说得不俗："别拿村长不当干部，别拿豆包不当干粮。"苏力先生在《送法下乡》一书中分析了村干部对国家权力支配地方秩序的重要性："在各类干部下乡办事时，村干部在每一个这类具体场景中都几乎不可或缺。[公家人]……进村首先要找村干部，获得他/她们的配合，然后再开始工作。"[13] 影片同样暗示了这一点：如果村长叫不来人，秋菊和孩子难产而死，村民们不仅瞧不起王善堂，而且会瞧不起"公家"和所有"公家人"——包括李公安和严局长。那就不仅是村长"没法在村里工作"，而是所有公家人都没法"按公家发的文件办事"。村长和公家因此通过"面子"拧成了一股绳：村长的工作离不开公家的面子，公家的工作也离不开村长的面子。

不仅是国家权力的有效运作，这个村庄的安宁幸福同样离不开一个"有面子的村长"。影片中最为鲜明体现"村长

---

[13] 苏力：《送法下乡》，中国政法大学出版社，2000年，第46页。

的面子"的，是"秋菊难产"这段情节。与打官司的长路漫漫相比，虽然也要走过同样遥远并且由于雪夜而会更为艰难的道路，但是影片处理得极为干净利落：接生婆和庆来到村长家敲门，村长边说边出门，到了王庄叫上几个年轻人，抬着秋菊上路，紧接着就是第二天大早一起吃面，借庆来之口交代了母子平安。影片处理得干净利索，恰恰体现了村长在村中说一不二的雷厉风行：庆来在自己老婆孩子命在旦夕时都叫不来人，只能放下所有面子，求告已经形同仇人的村长；但是村长一到，便如快刀斩乱麻，三下五除二地解决了问题。尽管影片用了一个多小时的时间让村长丢尽了面子，但这短短的三十秒，把村长的面子，把村长的面子对于这个村庄的意义，都淋漓尽致地呈现出来。

村长的面子与国家权力和基层秩序的双重关联，使我们看到了村长身上的双重角色：村长一方面被政府和村民都视为国家权力的代理人，"大小是个干部"；另一方面，他也是这个地方秩序的维护者，是秋菊难产时庆来要找的人。问题的关键就在于村长身上双重角色的相互纠缠。正是由于村长不仅是国家利益的代理人，也是村民利益的代表，处罚村长的任何一个角色都会使另一个角色牵连的利益受损。因此法院拘留村长，实际上处罚的是整个村庄，也包括秋菊，乃至政府本身——"村里的工作"和"公家的文件"，今后势必都行之不易了。

因此无论于公于私，李公安和严局长看似偏心的做法，其实维护的并非是村长本人的而是公家和私家的双重"面子"。对李公安和严局长来说，秋菊母子的平安不仅是秋菊一家或者这个村庄的大事,也是公家的关切所在。尽管影片没有直接交代,但是我们很容易看得出来:公家一再给村长面子,是知道这个村庄和这个国家离不开一个有面子的村长。他们回护的不是村长个人,而是村庄的并且因而是公家的利益。这和他们帮助秋菊层层上告和级级上诉并无分别。这和"公家的文件"不让秋菊在自己地里盖辣椒棚是一个道理。李公安讲给秋菊的道理虽然简单朴实,但却堂堂正正:"这承包地是让种庄稼的,都在里头动开土木了,那咱吃啥。"这个公家的道理不是针对秋菊一家,正如维护村长的面子也不是为了村长一人。所以,李公安和严局长的说法看似是赞同了村长的说法,其实更深一层来看,真正认同的是秋菊的说法:公家不是公家人的公家,而是所有人的公家。

是的,"村长的面子"绝不是村长一个人的面子问题。村长的面子,是政府、官员和百姓三者的共同利益所在。一旦"撕破脸","一点儿面子也不给",受伤的不仅是王善堂,还有秋菊和庆来,最终还有全体村民和公家本身。正如苏力先生看到的,这对村长,对秋菊,对整个村庄乃至遥远的公家,都意味着一个空前的"危机"。这并不意味着也不需要李公安和严局长具有清醒的理论"自觉"。他们也许和嘲笑秋菊一家的村民们一样,只不过凭借的是多年来工作生活中积累的"本能"——对中国政治自身逻辑的心领神会。这个本能和由此产生的"老理",让他们具有基本的"常识",懂得做人做事的"分寸",彼此留有"面子",保存生活的"余地"。[14]

---

[14] 关于中国政治的人情特点,参见韦伯:《中国的宗教 宗教与世界》,康乐、简惠美译,广西师范大学出版社,2004年,第319页。

因此影片虽然戛然而止，但是影片提出的问题并没有完结：如果村长被拘留期间又出现了"冬梅难产"，这时候冬梅的丈夫要去找谁？谁又能立刻叫来戏台前的年轻人把冬梅送到山外的医院？就算村长被释放回来，再有"春桃难产"的时候，那些村里的年轻人还会买他的账吗？如果没人再给村长面子，丢了面子的村长今后怎么"在村里工作"？今后"公家的文件"又怎么执行？所有和秋菊难产一样的困难问题又要由谁解决？这些问题并不需要回答。这些问题本身就意味着，这就是公家原本的为难之处。"村长的面子"，正是村长、秋菊、村庄和公家共同的"要命的地方"。

这个道理，也就是李公安、严局长所代表的"公家的说法"。理解了这个说法，我们就能够明白，公家一方面一再地追加罚款，另一方面却始终没有强迫村长道歉，正是希望秋菊和村长都能体谅他们的苦衷，为公家更为自己留住这个"村长的面子"。影片最后的悲剧，如果让他们来看，不是因为现代法律（人）没听懂秋菊的说法，而是因为没听懂他们默默言说的"公家的说法"。如果秋菊、村长、吴律师和无名法官，都能从李公安和严局长看似不公的"做法"中听懂他们的"说法"，彼此"留点面子"，那就不会有结尾时的悲剧，更不会有那警车内外悔之晚矣的"村长的困惑"。

法律的说法：形式理性的法治逻辑

可是，公家的说法未必能让法律人信服。法律也有不同于公家说法的自己的一套"说法"——法律之为法律的说法。

这套说法尽管在影片中显得过于强暴，在现实中往往扮演"大写真理"，但是在批判之前，也应该像对待先前的各种说法一样，听一听法律自己的这番道理。《秋菊》这部影片同样没有让吴律师和无名法官直接给出法律的说法。和公家的说法一样，法律的这说法也只能从人们的做法中看懂。

法律的说法，其实不必由吴律师和无名法官来表现，而是首先表现在严局长这个人物行为的内在冲突上。把秋菊引上"向法院直接起诉"这条法治不归路的，正是严局长。但严局长的做法却实在奇怪：一方面，他并没有试图在原有体制之内做出任何改变，依然在市公安局的行政复议里默认了李公安的说法，"维持县公安局的行政裁决"；但是另一方面，他却帮秋菊把自己告上法庭，对自己的复议决定提起行政诉讼，帮助秋菊转向了《行政诉讼法》确立的新的官僚体制。[15] 严局长为什么要这样做呢？如果他不认同秋菊的说法，为什么又要帮助秋菊找律师，还亲自到法院应诉？如果他认同，作为行政体制的最高领导，为什么不直接在行政复议里否定或者更改县公安局的决定，让村长给秋菊赔礼道歉？

严局长虽然没有给秋菊，也没有给我们一个"说法"。但他的做法也就是他的说法：行政体制内部已经无法改变"人情面子"的实践逻辑，只能依靠外在的"法律程序"。影片处理手法的非同凡响之处，是在现实效果充分显露之前，

---

[15] 参见王洪伟："论民告官的行政诉讼法"，载《民营科技》，2009年第4期；杨伟东："行政诉讼法修改的基本动向及其问题"，载《国家检察官学院学报》，2007年第2期；杨临宏："《中华人民共和国行政诉讼法》公布实施20年的成就与反思"，载《学术探索》，2009年第1期。

就以严局长两面为人的奇怪行事,鲜明呈现出这一历史转折的意味深长。严局长之所以不再能像李公安那样一手调和,只能两面为人,正是由于行政体制内的"潜规则"和《行政诉讼法》的"新规定"是两套逻辑,两者之间水火不容的制度差异和理念张力,不再是私人的"情面"可以弥合的。

因此一旦转入"法律程序",吴律师和无名法官们的一言一行,体现出的都是当代法治转型所试图追求的治理目标:强调程序,注重证据,冷漠无情。这一目标当然不会在乎李公安和严局长的担心,因为法治从来不把谁会去管"秋菊难产"当作中心问题。因此,正如旅馆老板所预测的,行政系统内部从李公安到严局长对村长面子的刻意照顾,在《行政诉讼法》颁布之后,不再被法院系统所奉行和延续。

《行政诉讼法》的设计宗旨,是要求村长的行为方式和从前相比来一个一百八十度的大转弯。一方面,村长在执行法律文件的时候要规规矩矩,客客气气,只要"文件上没说让你打人",就绝对是骂不张口,打不还手,即使执法对象说出"抱一窝母鸡"这样"戳心窝子"的恶毒言语,也仍然不会用头把对方顶倒。法治下的理想官员绝不会是王善堂和齐达内,而是那种毫无个人情感、只会"依法办事"的"套中人"。而且,就算出了踢人下身和顶人胸口的事情,法律也绝不会给任何人"留面子",不管是一村之长还是一队之长,法律面前,人人平等,警车拘留,红牌出场。另一方面,村长没有法定义务要管别人难产的事儿,那不属于村长的法定工作范围。退一步说,就算平时有这个义务,可是当时正值过年(法定假日),还是深夜(下班期间),也超出了法定工作时间。所以别说和秋菊一家结下了梁子，就算和好如初，村长也没有法律上的义务管这个"私事"。同时，那也不属于他的职权范围。因此即使他想管，也管不了，因为看戏的村民不会理他，他也没有任何权力和权威强迫村民们和他一起顶风冒雪，翻山越岭。

因此，秋菊要的说法，恰恰是法律所不能给的，村长和李公安的说法，也恰恰是法律所不能听的。因为法治的目标，正如冯象先生看到的，就是要摒除政治过程中的人情关系，改造"秋菊的说法"，打破"村长的面子"，[16]建立一种新型的政治治理模式。[17]法院和前面的行政机关之所以不同，就在于其决定不能基于村长个人的劳苦功高，基于对村长个人威信、人格的考虑，而只能基于法律的形式理性和内在逻辑。[18]否则就不是"法治"，仍然是"人治"。[19]不给"秋菊的说法"和不顾"村长的面子"，根除有法不依和徇私枉法，恰恰也是法治的底线，也是法治"要命的地方"。这就是"法律的说法"。

由此，我们伴着影片情节的故事展开，已经聆听了各方的"说法"——秋菊的、村长的、李公安和严局长的以及

---

[16] 参见冯象："秋菊的困惑和织女星文明"，同本篇注〔2〕引书，第52-59页。
[17] 关于法治原则的基本界定，参见，拉兹：《法律的权威》，朱峰译，法律出版社，2005年，"法治及其价值"；富勒：《法律的道德性》，郑戈译，商务印书馆，2005年，第二章；Albert Dicey, *Introduction to the Study of the Law of the Constitution*, Macmillan and Co., Limited (1915, Eighth Edition), pp. 179-201。
[18] 参见韦伯：同本篇注〔11〕，第307-322页；施路赫特：《理性化与官僚化》，顾忠华译，广西师范大学出版社，2004年，第127页。
[19] 参见，乔伟："人治与法治的比较研究——论以法治国的重要意义"，载《山东社会科学》，1992年第5期；史焕章："要法治不要人治"，载《法学》，1989年第5期；兆丰："从人治走向法治——商品经济、民主政治与法治社会"，载《法律科学》，1989年第4期。

吴律师和无名法官的种种说法。《秋菊》的出色之处，恰恰在于，在做出终局判决之前，已经让观众充分了解了全部利害关系方的理由陈述。这样，在展示了基本事实和各方关于"村长的困惑"的主张之后，观众就被置于了一个"上诉审"的位置：给出最终裁决。影片正是通过这一方式，向所有观众和他们代表的各方利益群体，再次提出了这个"村长的困惑"，要求所有这些置身事外的观众最终评一评理，做一个客观中立的判断：究竟各方的观点谁是谁非？——究竟关于中国官民关系和政治伦理的何种理解，应该成为我们判决"官司"的最终根据？

影片本身没有给出答案。相反，影片通过故事结尾的巨大转折，进一步强化着这一问题，更加尖锐地提出着这个"村长的困惑"。这一独特的叙事结构，不断追问，不断回答，再将所有问题和所有答案最终一股脑地摆在我们面前，使得这个"村长的困惑"，定格在了那个最强音上！

双重的追问：两全其美的政治诉求

出色的悲剧作品，往往在不经意间安排下命运的转折。比如俄狄浦斯杀死自己父亲时的浑噩懵懂，[20]窦娥给张驴儿父子做汤时的茫然无知，[21]还有《李尔王》里的忠言逆耳、置若罔闻。[22]这正如哪怕是改天换地的历史事件，也往往只

---

[20] 参见罗念生：《古希腊悲剧经典》，作家出版社，1998年，第131页。
[21] 参见关汉卿：《窦娥冤》，北京出版社，2003年。
[22] 参见莎士比亚：《李尔王》，朱生豪译，中国国际广播出版社，2001年。

能从事后察觉。梁惠王与孟子坐而论道时,[23]哪里想到,他不听公叔痤之言放走的那个卫庶子公孙鞅,竟会亲手埋葬他的宏图霸业![24]《秋菊》有着同样的命运安排。

层层上告的秋菊,仍然不能接受市公安局做出的行政复议决定,再次找到了公安局的严局长。

严局长:我忘了问你,你对复议决定同意不同意?

秋菊:我就是不服。……我就是不明白,村长咋就不能给我认个错?我是老百姓,你们都是公家人,谁知道你们是不是在底下都商量好了?!

严局长:……你要是不服,倒有个办法,可以向法院直接起诉。

那时,如果秋菊听了丈夫庆来的话,认命"算了",一切就都回归到生活的常态。不会有后来的法律干预,也不会有村长的被抓和秋菊的困惑。甚至因为少了山路的颠簸,秋菊也不会难产。至于秋菊一家的生活,也许会因为秋菊的强硬执着与生儿子的"本事",在村里让人另眼相看,让直不起腰的庆来也跟着挺起腰来。而村长,也许会从中吸取教训,嘴上虽然依旧不服,但是以后做起事来总会多少收敛,免得再碰上一个"冬梅",再"丢面子""臭名声"一回。总之,一切都会风平浪静。这大约就是李公安和严局长的心中

---

[23] 参见焦循:《孟子正义》,中华书局,1987年,第31页及以下。
[24] 参见司马迁:《史记》第7册,中华书局,1982年,第1227页。

所想。

但是秋菊没有。秋菊的执着因此导致了自己的悲剧，但也成就了一部作品的伟大，触及并揭示了日常生活往往没能触及的中国政治转型过程的伦理基础与文化制约。

正是这个"我就是不服"的秋菊，正是这个"不信没有个说理的地方"的秋菊，使故事中的政治没有堕落到不可救药的地步。秋菊的这番质问，也是替观众质问严局长这个行政体制的最高领导：如果公家为了自己的"文件"而对"村长的面子"投鼠忌器，如果村里人都为了给村长留点面子而放弃了自己的面子，怎么能保证村长不会飞扬跋扈、鱼肉乡里？村长的说法冠冕堂皇，都是为了"在村里工作"，"照文件办事"，但是庆来父亲看得清楚，村长就是在仗着"他是公家人"而"欺负人"。否则，既然所有人都知道村长打人不对，村长凭什么就是不给秋菊一家道歉，凭什么反过来还要进一步羞辱秋菊？还不是村民和公家都一再给他面子，让他吃定了公家和村民的顾虑，有恃无恐，蛮不讲理？

也正是这个秋菊，带着我们，也带着她关于"村长的困惑"，踏上了一条从未走过的法治之路。这一在当时看似平淡无奇的变化，成为了影片故事的转折：此前一直在行政体制内部进行的"官司"，从此以后开始交给体制外的司法系统处理。从此以后，行政体制内部关于"人情面子"的重重考虑不复存在，取而代之的是令秋菊陌生而困惑的"法律程序"。同时，这一转折也暗合了现实政治中两个时代的分野：对行政体制的监督和制约，从现行体制内自我教育和自我监察的"人治"，转向了体制外"中立"第三方依法裁判的

"法治"。

只是,走出大山的秋菊那时还不知道,等待她的还有比翻山越岭更多的坎坷艰辛。她即将踏上的那条路虽然铺上了柏油,架起了电灯,不会像她走过的山路那样崎岖黑暗,但是最终通向的,却是一个她完全没法理解更没法预见的地方。那里允诺不再有打人的村长,却还是会被踢中"要命的地方";那里会给她一个说法,却是她做梦也想不到的一个,让她"猜中了前头,却猜不中这结局!"

当李公安最终送来了法院的"说法",秋菊循着长鸣的警笛,一路追到了村外,追到了那条她"讨说法"时一次次启程的路口。这时,即使是执着的秋菊也已经幡然醒悟:她的说法,不能越过李公安、严局长和村民们默默信守的那个底线。

李公安:……中级人民法院已经依法把王善堂行政拘留十五天。

秋菊:拘留了?!

李公安:就是让公安局抓走了。

秋菊:抓走?我就是要个说法嘛,我就没让他抓人嘛。他咋把人抓走了呢?!

这两个片段,正是秋菊的法治之路的起点和终点。两个情节中秋菊的两个"说法",让我们更深地理解了"秋菊的说法"的完整含义:一是政府要让村长给庆来道歉;二是政府不能把村长抓走。

一方面，即便公家的说法都在理，总不能因为"村长的面子"不可或缺，就让"公家人"以"公家"的名义为所欲为。影片结尾的悲剧并不意味着，秋菊的说法讨错了，李公安和严局长不给秋菊说法就做对了，结局就真的只能像村长说的，"上面……不给我撑腰，给谁撑腰"，你秋菊告得再高，"官司打到天上，也就这样了！"要真是这样，公家人岂不是只要花上几个钱，就可以随意欺负别人?!要真是这样，那公家岂不成了公家人的私家？毕竟村长要面子，庆来和秋菊也有生活的尊严，不会认为因为指望村长的救助，就只能做一个骂不还口、打不还手的安善良民。所以只要村长还在打人，就总会有秋菊的说法，也总会有讨说法的秋菊。除非秋菊们真的发现"官司打到天上"也讨不到说法，完全丧失了找公家说理的信念。要真是这样，《秋菊打官司》的结尾，恐怕就是《水浒传》的开头了吧。

另一方面，秋菊最终实际上认同了公家的说法：得给村长留点面子。我们不能走到另一个极端，借口庆来秋菊们愚昧无知，批判他们欠缺权利意识和公民精神，以致要给他们强行洗脑，强迫他们"聪明起来"。恰恰是因为知道现实的两难，他们更懂得做事的分寸和立命的根本。因为他们知道，真有天灾人祸，叫天天不应，叫地地不灵，能够指望得上的，还是那个曾经欺负自己的村长和包庇村长的李公安。那些遥远的声援者和鼓动者，不论是吴律师还是无名法官，都帮不上忙。美国帮不上忙，联合国帮不上忙，WTO和UFO一样帮不上忙。所以，尽管在故事中他们一方面痛恨滥用权力的官员和包庇属下、官官相护的政府，可是另一方面，他们也清楚地知道，自己还离不开这些官员和这个政府。

按照这个双重诉求，李公安、严局长甚至无名法官应当做的，既不是自己买点心两头讨好，也不是用小车送秋菊回家、自己到法院应诉的人格分裂，更不是不由分说地做出一刀切式的判决，而是要对村长进行严肃的批评教育，让村长给秋菊做出自我批评，从而教育当事人和人民群众，使他们直接彻底地解决矛盾冲突，重新团结起来。这就是秋菊要的说法。这就是当年毛泽东时代通过"团结－批评－团结"的方式所力求实现的"正确处理人民内部矛盾"。[25] 影片中，对庆来父亲这样的老人来说，甚至对秋菊来说，他们对"公家"的坚定信念，对村长身为"公家人"却不主持公道的气愤，毫无疑问都是来自这种难以磨灭的历史记忆。秋菊一次次不畏艰辛地上路，正是对那条老路的追寻。

秋菊的说法，因此代表着一种实质性的政治诉求。其中的两层含义尽管朴素，却蕴含着一个颠扑不破的至理：不仅因为指望"救人"就任由救人的人随便"打人"，会导致"官逼民反"，而且，由于愤慨"打人"而忘了打人的人也能"救人"，那一样是个悲剧。《秋菊》精彩和深刻的地方，恰不在于给出了廉价的答案，而是提出了绝妙的问题——如果打人的和救人的是同一个人，该怎么办才好?! 是否顾虑救人的村长，就只能任由村长打人？是否惩治了打人的村长，也还有救人的村长在？究竟中国的老百姓，能不能有一个只救人不打

---

[25] 参见毛泽东:《关于正确处理人民内部矛盾的问题》，人民出版社，1964年，第33页。

人的村长,能不能有一种既合乎情理又合乎法律的政治?

影片依然没有给出答案:秋菊自己给不出答案,想必村长、李公安、严局长、吴律师和无名法官们,也都给不出答案。"村长的困惑",因此不仅是贯穿影片始终的主题,而且成了影片留给我们的,或者向我们提出的追问。

未解的难题:艺术作品的现实寓意

《秋菊》是一部虚构的作品。但是虚构的作品中可以有真实的问题。影片中每个人物的说法和做法,折射出的是真实世界中不同人物的想法和活法。[26]影片中展现的一个个矛盾冲突,也正在当代中国不断涌现。这个"村长的困惑",不论是他人关于村长的困惑,还是属于村长自己的困惑,都是当代中国吏治的困惑,也都最终指向了吏治背后更深层次的困惑——新旧政治体制之间的冲突和不同政治逻辑之间的张力。"村长的困惑",是所有关切中国政治体制改革的人们都必须思考、回答和抉择的一个根本问题。

《秋菊》中的重要人物不多,就是告状的秋菊,打人的村长,被打的庆来,行政调解的李公安,行政复议的严局长,代理官司的吴律师,和审理官司的无名法官。此外还有影片外的观众。虽然人物不多,中国各个地方的百姓和官员,却都可以从中找到原型。只要我们稍作"移情",略加"抽象",理解影片中各个主要人物在现实中的典型对应,就

---

[26] 参见许章润:《说法 活法 立法》,中国法制出版社,2000年,第8页。

村长的困惑——《秋菊打官司》再思考

不难看到,这部影片实际上构成了(即使原本并无此意图)关于中国政治的一个隐喻,揭示出了不同政治主体从不同视角对中国官员伦理和行政体制的不同理解与疑问。

从人物的典型意义来说,中国的普通百姓大都不是庆来,就是秋菊。庆来挨打窝心,只是忍气吞声。这是人民群众中的"老实人",知道"民不跟官斗"。但也总有些"犟人",当官的如果太过分,就会像秋菊一样奋起反抗,四处求援,非要讨个说法不可。他们有时候找到县里市里还不算,还要找到人大代表、《焦点访谈》,甚至告到联合国去,非要收拾收拾村长不可。而且越是有李公安、严局长这样的人从中回旋,就越会表现得不共戴天,鱼死网破。但是很多时候,他们其实和秋菊一样,不过是让政府主持公道,管管贪赃枉法、鱼肉百姓的官员。正是他们要讨的这个"说法",提出了他们关于"村长的困惑"。

村长是中国当代官员的一类典型代表。现实中的"村长"不仅有小来小去的滥用权力和贪污受贿,而且常常因为养成了"打两下也没啥"的惯习,难免踢了人民群众"要命的地方"。甚至碰上了不服软的秋菊,还要仗着自己的权势蛮不讲理,欺压百姓。但是与此同时,一旦秋菊庆来们遇上了孕妇难产、水灾冰灾、台风地震、金融海啸,"村长"们也会为了"人民生命财产的安危",顶风冒雪,跋山涉水,甚至不惜献上"自己的生命财产"。

而李公安和严局长则代表的是"公家",是政府。他们体谅但却没有更好的方法来化解官民两方的矛盾。他们很多时候宁愿也搭上"自己的生命财产",自己买点心,自己用车送当事人回家，希望把问题大事化小，小事化了，维持安定团结，确保稳定发展。无论是村长还是李公安和严局长，他们也有关于自己行为的一套"说法"。所以，当人们用现代法治理念去批判这些官员和他们代表的政府的时候，他们也有和秋菊一样的委屈与无奈，有属于自己的"村长的困惑"。

而吴律师与无名法官，象征的是现代法律，尽管只是人们对法治伦理的标准想象。吴律师姓氏的"吴"和法官姓名的"无"，也许已经暗示了其与影片中其他人物的不同性格：不徇私情。吴律师的工作方式与李公安和严局长完全不同，对秋菊自己的想法不闻不问，只是一句话就打发了事："我就是这案子的全权代理人，你就回去听消息，我还忙着，就不送了。"每当秋菊要他给个理由的时候，他强调的就是四个大字："法律程序。"而一审法院声势庄严地大念判决，二审法院莫名其妙地让庆来去拍X光片，也都和代理秋菊的吴律师与抓走村长的警车一样，冰冷无情。正是这些法律人代表法律给出的"说法"，最终制造了秋菊和村长共同的困惑，引来了法学家们的反思与批评。

在这一点上，友邦人士往往能够比我们自己更多体会到影片的现实寓意。只是他们的批判往往多于理解。回想耶鲁的那个"电影之夜"，即使抱着极大的友善，很多外国师友也会不自觉地把中国老百姓想象成秋菊一样，要对中国政府叫板，向"主持公道"的西方政府讨个说法。而且要从亿万中国民众中找出流泪控诉的秋菊或者忍气吞声的庆来，当作村长打人的铁证，也并不困难。以至于其中一些格外"入戏"的西方观众，还会把自己的观众席不知不觉换成法官的审判席，要给秋菊一个说法，为万家主持公道。有时候甚至等不及秋菊来讨说法，就已经下了判决。然而他们判决的时候，不仅正像苏力责备的影片中的无名法官，很少仔细倾听更别说听懂"秋菊的说法"，而且不给被告辩解的机会，把中国官员提出的"村长的说法"，全然当作诡辩和谎言不予采信，甚至对代表政府的"李公安"和"严局长"的"公家的说法"，也一并拒绝。仿佛他们只需要根据自己认可的规则和信奉的道理判决，至于留给秋菊的是痛苦还是喜悦，也许在他们心中早就有了现成的答案：那还用问吗？

许多接受了西方法治理念的中国学者，也会分享上述看法。这样的理解当然也是一种视角。只是太过偏听偏信——没有认真倾听，更没有认真听懂影片中每个人物在自己的说法和做法中反复强调的那些质朴的道理。

本文所做的努力，就是围绕着"村长的困惑"，努力看懂和听懂片中人物所代表的这些"做法"和"说法"，努力揭示这些做法和说法代表的中国一般民众、普通官员、上级政府和法律人士对于当代中国官员伦理和政府角色的不同理解。秋菊的说法摆明了中国老百姓对政府和官员的最低要求，村长的说法则道出了中国官员的自我辩护；而与李公安和严局长一样，中国政府无言的"做法"中也有自己的一套"说法"；这些做法和说法与作为改革目标的法律的做法和说法之间，蕴含着深层的制度和价值冲突。正是这些相互冲突又彼此纠结的"说法"，以及这些说法背后的"困惑"，带领我们把问题最终指向了对中国政治既有逻辑本身的追问，指向了一系列有关中国政治与法律的根本性问题。

影片结束了。但秋菊的说法依然没能得到，影片开头的官民冲突也并未解决。一方面，不论是会扼杀了"救人的村长"的法治，还是会姑息"打人的村长"的人治，都不是秋菊想要的政治。另一方面，传统的人治也好，现代的法治也好，都没能给受了欺负但又得了救的老百姓一个他们想要的说法，也没能给欺负了人但也救了人的官员们一个他们应得的处理。这多少意味着，无论是旧体制内的村长和李公安、还是新体制内的吴律师和法院的无名法官，不论是新旧体制之间的严局长、还是新旧体制之外的秋菊，都未能充分理解在"村长"身上纠结并且冲突着的新旧体制的运行逻辑，以及体制改革带来的更深层次的政治文化冲突。"村长的困惑"因此并未随着远去的警笛而被带走，反而是留在了秋菊的眼中。影片结尾的悲剧，不仅是法治改革的悲剧，也是人情政治的悲剧，是左右为难的中国政治和法治改革的悲剧。

翻山越岭走出山外的秋菊，和同样翻山越岭驶进村内的警车，没有汇合就已经远离了。究竟秋菊和法律的出路何在，究竟"村长的困惑"如何破解，影片并没有给出一个最终答案。一方面，听懂了村长和李公安、严局长的说法，再想想秋菊的困惑，就不会觉得天下的问题只是严刑峻法或者高薪养廉那么简单。另一方面，我们也不能弄懂了村长、李公安和严局长的说法做法之后，又偏听偏信，忘了秋菊的说法：公家得是个"说理的地方"，不能只顾"人情"，偏袒欺人太甚的公家人！"公家发的文件"虽然重要，"公家的说法"固然在理，"村长的面子"诚然要命，但终究架不住秋菊的一句满含辛酸的质问："我是老百姓，你们都是公家人。

谁知道你们是不是在底下都商量好了?!"

影片的结尾通向的是一条蜿蜒远去的道路。那多少意味着，中国的政治体制改革还有很长很长的路要走，有很多很大的山要翻。作为目标的西方法治理念与作为起点的中国政治实践之间的距离，并不亚于秋菊打官司走过的坎坷而遥远的距离。要走过这段距离，只有秋菊的执着还远远不够，只有法律的严厉更不够。那个刚刚刮了胡子却在警笛中体面尽失的村长，在带着他的困惑离去的同时，也给我们留下了更多的困惑。

困惑，也许就是我们面对当代中国政治和政治体制改革方向时的真实感受。从前被打的气闷感受还在，可是那坚定执着的改革劲头和明朗清晰的法治热望，却不再那么坚定和明朗。在经过了毛泽东和邓小平两个时代的制度实践之后，作为中国政治改革中心问题的行政体制究竟该如何运行，再没有一个现成的答案。此刻能够得出的唯一答案，就是不要轻易给出答案。轻易给出的答案，就像二审法院凭借一张X光片就做出的判决一样，只可能制造另一个新的悲剧。《秋菊打官司》预言了一个时代的悲剧，也预示了另一个时代的迷茫。对望影片结尾那双困惑的眼睛，看到的是我们自己心中的深深困惑。"秋菊的困惑"也好，"村长的困惑"也罢，都是我们自己的困惑，是中国政治的未解"困惑"。

教化权、官员伦理与秩序变迁

以《秋菊打官司》中的李公安为分析对象

徐 斌*

一、在文学作品中思考法律问题

文学、戏剧作品总是以戏剧化的形式展现出生活中的逻辑张力。从中,我们可以看到潜藏并支配着我们的生活逻辑。按照马克思的经典讲法,法律本就根植于人民的生活;按照法律人类学和历史法学派的说法,法律是一个民族生活方式的体现[1]。按照这些洞见,从文学作品中探索法律问题就成为可能。

从冯象撰写《政法笔记》,苏力发表《秋菊的困惑和山杠爷的悲剧》一文,中国法学界逐渐形成了"法律与文学"的学科和研究方法[2]。但是,我们在用这些文学作品来研究和讨论法律问题的时候,总是遇到一个问题,即文学作品的

---

* 徐斌,中国社科院法学所。本文原载强世功主编:《政治与法律评论》第3辑,法律出版社,2013年。
[1] 参见吉尔兹:《地方性知识:阐释人类学论文集》,王海龙、张家瑄译,中央编译出版社,2000年,第222—321页;萨维尼:《论立法与法学的当代使命》,许章润译,中国法制出版社,2001年,第2—16页。
[2] 中国"法律与文学"学科的形成依赖冯象、苏力、赵晓力、凌斌、刘星、刘忠、李晟等学者的努力。

开放性和解释性。正如苏力所说:"与传统的理性思辨分析方法不同,故事提供了一个人们从不同视角考察问题、自由进入对话的场域,故事的解释是无法,至少是难以垄断的,是一个更具包容力的空间。"[3]也就是说,对于"法律与文学",思辨性的研究和讨论可能总是难以形成主流的垄断性的解释理论。在"法律与文学"的研究方法中,对于文学作品的整全的理解还是研究的第二目的,归属于对文学研究和阐释理论的兴趣的研究领域。因而,在法律领域很好地处理和对待文学文本,进而发展"法律与文学"研究的第一着眼点,也许在于借助文学作品中展示的观察生活的独特视角,提出一些法律职业领域没能够察觉的问题与逻辑,进而指导和开展我们法律理论的探索与法律制度的变迁分析。

因而,本文作为这种"法律与文学"研究的尝试,即是首先努力从当下经典的"法律与文学"文本中提出新的法律理论问题。对于问题的系统分析和理论化回答则留待更为"法律化"的专业论文来开拓和处理。由此,本文第一部分首先系统梳理二十年来中国法学对于经典电影文本《秋菊打官司》的理论解读;在此基础上,本文第二部分认为"秋菊的纠纷"实质是一个家族纠纷;本文第三至六部分借助费孝通在《乡土中国》中提出的"教化权"概念来详细分析电影文本中的"李公安的转变"问题,并提炼为理论上的中国国家建设中的"基层治理"问题;最后,第七部分给予初步的

---

[3] 参见苏力:"附录:从文学艺术作品来研究法律与社会?",收入苏力:《法治及其本土资源(修订版)》,中国政法大学出版社,2004年,第37页。

理论解答，认为中国独特的基层治理在于如何安置三种秩序变迁中的基层官员伦理。

二、"秋菊的困惑"的研究综述：理论回答与缺陷

对于《秋菊打官司》的电影文本不再重述，假定读者都已知晓。

苏力在奠基性的文章《秋菊的困惑和山杠爷的悲哀》中首先着眼于电影最戏剧性的结尾"秋菊的困惑"，并将其构建为中国法理学经典问题的思考路径，即"当我们看到一种据说是更为现代、更加关注公民权利保障的法治开始影响中国农村时，给农民带来了什么，这种'现代的'法治在他们那儿能否运行，其代价是什么？"[4]

通过对于影片的阐释，不同的学者对于"秋菊的困惑"给出了不同的理论构建与回答：法律人类学的"普世与地方""中国与西方"问题，政治学的"精英与大众"、左翼法学的"斗争与支配"、哲学的"古典与现代"问题。

1. 普世与地方

在苏力看来，秋菊的困惑给予的首要冲击在于"这个正式的法律制度无法理解，也没有试图理解什么是秋菊要的'说法'"[5]。从而在苏文中，"国家"对应了"正式的法律制

---

[4] 参见苏力：《法治及其本土资源（修订版）》，中国政法大学，2004年，第26页。
[5] 同上注，第27页。

度","社会"对应"秋菊的说法"。同时,在法律移植的背景下,苏力提出其关心的第一个问题:此种西方的现代的法律制度是否是普世的?[6]换言之,所谓国家正在向乡村推行的正式的法律制度,是一套在西方乃至在全球被认为是普世性的、更加保护秋菊们的理性知识。而秋菊所拥有的只是前现代的、非理性的乡村习俗这样的地方性知识。国家与社会的理论框架在秋菊的故事中丰富为以下两串概念链:

第一:国家=正式的法律制度=西方=普世

第二:社会=秋菊的说法(礼法秩序)=中国(乡村)=地方性知识

因为现代的、普世的、理性的话语构建,在这个概念框架下,法律现代化学者的基本逻辑就是第一概念链在总体上优越于并且一定要"现代化"、征服第二概念链。在"现代"线性历史观下,秋菊的"伊甸园"和幸福就是要让自己被现代化,抛弃原来"封建"阶段的生活方式,从而进入更为美好的现代生活。

换言之,这是秋菊的宿命,也是全人类的历史宿命。"……如此这般起伏跌宕的社会发展或变迁已经展示了一个漫长的历史而不仅仅是一个政治时代。人类社会的发展的确存在着先行者,不管他们是有意识或是无意识的,是职业的或是业余的,因此,所谓秋菊的'困惑'实在是代表一种大众的困惑,一种潮流的困惑,秋菊只是无意中担当了宣扬具有现代意义的法治秩序的先驱……法治有什么理由割断自己

---

[6] 同本篇注[3]。

演绎的轨迹?如果历史的车轮任谁也不能阻挡,那么也不必担忧现代化法制及其倡导者们对本土资源的破坏了。"[7]

针对普世性的知识话语,苏力提出了吉尔兹的地方性知识学说。"地方性知识"是指"法学和民族志,一如航海术、园艺、政治和诗歌,都是具有地方性意义的技艺,因为它们的运作凭靠的乃是地方性知识"[8]。法律作为地方性知识不仅与地域、时代、阶级有关,还关系到背后的地方性想象,即地方文化,如凌斌所说:"(现代法治的)一系列的程序、制度及其背后的一整套价值、理念和信仰的组合。"[9]从而,任何的权利和权利保护观念都被界定为一种地方性知识,西方所谓的普世知识和秋菊所在的中国乡村的礼俗知识一样,都是地方性知识。无论是吉尔兹的巴厘岛研究,还是秋菊的乡村律法,都只是面对特定的社会环境中的问题,而且要仰赖当地的文化的支撑去理解和实践这些地方性知识。

2. 精英与大众

如果说,在《秋菊的困惑与山杠爷的悲哀》的前三节苏力站在了秋菊的立场来考察中国与西方的关系,那么在第四节,他重新回到了国家与社会的理论架构下。这里,苏力转而站在了立法者的立场上,为国家权力顺利进入社会空间提出了立法建议。也许苏力真正关心的不是什么秋菊的困惑,

---

[7] 参见江帆:"法治的本土化与现代化之间——也说秋菊的困惑",载《比较法研究》,1998年第2期。着重号为笔者所加。
[8] 参见吉尔兹:"地方性知识:事实与法律的比较透视",收入梁治平编:《法律的文化解释》,生活·读书·新知三联书店,1994年,第73页。
[9] 参见凌斌:"普法、法治和法盲",载《法制与社会发展》,2004年第2期。

而是国家政权的建设。法律作为一种制度，乃是精英提供给大众的一种产品。秋菊的困惑表现的是作为立法者的精英与大众的冲突，傲慢的精英与基层百姓生活的脱离。秋菊的困惑就在于"法盲们可以学习各种法律知识，可以聆听'大写真理'的教诲，但却还没有生活在这些知识和真理所传说的那个'法治'之中。就法盲而言，法治还是一种'别处'的生活"[10]。所谓要给出一定的"制度空间"正是要让"不在场"的秋菊们进入到立法者的事业中。

而凌斌在苏力和冯象的秋菊之困惑的母题下，将秋菊的困惑衍生为"法盲的困惑"，从而提出中国法治进程从"变法的时代"进入"法治的时代"后，如何面对秋菊这样的法盲的问题。这被凌斌抽象概括为"法盲的法理学"。即精英一定要关注、倾听，甚至动员广大的法盲大众的声音，即秋菊的说法。

沿着第四节的思路，凌斌的《普法、法治与法盲》集中提出了中国法治建设中精英与大众的冲突问题。如果国家对于乡村的义务在于提供一种能够进行功能替代的制度供给，那么法律就成了一种国家机器生产出来的产品，问题就在于这个产品由谁来生产？精英还是大众？这产品又是服务于谁？由此，凌斌提出一种全新的制度经济学意涵的法治概念："一条旨在让全中国人民加入法制建设、过上一种'法治'生活的生产线。'普法'不是别的，就是中国法治的实际运作方式，贯穿了法治这一商品在中国社会从设计、生产到

---

[10] 同本篇注[9]。

出售、消费的整个流程。"[11]

从制度经济学的角度来看待中国现时期作为精英产品的法治,它"严重地脱离了作为多数的人民群众,忽视了'最广大人民群众的根本利益'"[12]。而实践中的真理就是取决于多数的共识,[13]罔顾这种真理的一意孤行的生产,"走精英主义道路是注定要失败的"[14]。

换言之,现时期中国的立法理性要注意对于法盲需求的容纳,作为精英的立法者要注意对于大众的需求的满足。"普法这一法治运作方式最为重要的一点就在于,它重视这些磕碰吵闹,尊重法盲们的要求,认真对待秋菊的困惑。"[15]秋菊的困惑恰恰是一种大众百姓的主张,而其说法代表了民众对于制度产品的欲望与需求。

3. 斗争与支配

在冯象看来,现代法治得以形成的一个要素就是不断地产生秋菊,而不是解决他们的困惑。甚至,法治还要去教鱼游泳。秋菊永远不会消失,她的困惑不是地方习俗和民间规范的困惑,而是出于一个处在被支配地位的群体的永恒宿命。也就是说,在继往开来的法治事业中,无论是作为旧法治的地方习俗,还是新法治的普世理性规范,无论是中国的,还是西方的,无论是普世的还是地方的,永远都充斥着

---

[11] 同本篇注[9]。
[12] 同上注。
[13] 同上注。
[14] 同上注。
[15] 同上注。

支配与被支配的宿命。苏力所构建的两串对立的概念链其实并不存在。看清这一切的关键是要"区分法治作为一种话语和法治作为一种实践"[16]。

法治的理想总是动听,为的是让更多秋菊相信。换言之,尽管精英们采用了"法盲的法理学",但是这只是一种"话语的法理学",甚至只是一个"高贵的谎言"。法治的实践总是围绕着各个政治、经济和社会利益集团常新的斗争、联合。在旧法治中,秋菊的说法,作为一种地方习俗的"理"是被那个小乡村的所有人都承认的,就连村长自己也承认,提出了同态复仇的解决方式。乡村所有的人都承认秋菊的旧理。但是他们所不同意的是这个理的实践方式,即秋菊的讨法。礼的实践并不会像礼所称的那样"打人可以,不能打要命的地方"。尽管村长在话语层面是理亏的,但是在话语的实际运作中,礼是被村长所控制的。"法治的实践,包括形形色色'说法'的讨法,却主要是围绕着各个政治、经济和社会利益集团常新的斗争、联合,彼此间势力的消长而进行的。"[17]在实际运作中,所谓正义,总是被权势,例如村长,所把持着,一如《理想国》中格劳孔说的"正义是强者的利益"。新法治的实质正是在这一点上与旧法治一脉相传。

在话语层面,新法治宣称人人平等的意识形态,据说是一套更为平等、正义的法治秩序,其现代化囊括了文字化、

---

[16] 参见冯象:《木腿正义(增订版)》,北京大学出版社,2007年,第56页。
[17] 同上注。

科层化、职业化的意志、手段和说教。而在实践时，新法治是比原先的旧法治、礼俗更加脆弱、不可预期的，总是被金钱和权势所控制。在此，冯象的法治彻底与苏力的社会学与经济学的法治概念背离。法治并不一定要思考或者关注什么实际纠纷的解决，或者维持传统秩序的稳定和秋菊的社会学的"伊甸园"。毋宁说，所谓法治，正是从古到今，人类永恒的"支配与被支配"的斗争，是如马克思揭露出来的残酷的阶级斗争，是利益集团与秋菊，是村长与秋菊不断斗争的产物。秋菊的困惑恰恰是因为其还没有看清楚新旧法治的运行逻辑，她就如一个小孩，还没有认识到社会的残酷。也许，世界的本质就是鲁迅揭露出来的"人吃人的世界"。

正是在这个意义上，秋菊的困惑永远不能解决，永远会有新的秋菊和新的困惑产生。秋菊们的唯一自由和"伊甸园"只在于不断的革命与斗争。所以，法治不是一种静止的状态，而"只能是全体人民社会生活，包括他们的斗争、失败、压迫和解放的产物"[18]。法治本身就是一部阶级斗争的编年史。秋菊们的困惑恰恰是人民群众启蒙斗争的开始，是其通往"伊甸园"的钥匙。一场新的争取自由的斗争恰恰是从认识自己的"法盲"地位和身份开始。

而秋菊跨出乡村走向城市，面临的是新的权力秩序，一种全新的"织女星的文明"。如果法治本身就是权力的斗争，那么法治的现代化，新法治取代旧法治就是更大的权力格局的变化，是"村长-秋菊"这个局部的权力支配关系被更大

---

[18] 同本篇注[16]。

的"国家-村长-秋菊"的权力格局所取代。现代的兴起意味着一种全新的全球政治秩序的兴起。[19]之所以秋菊的地方性知识要被取代,恰恰是因为伴随着民族国家兴起的是一套全新的权力格局。在中国,就是新法治下的司法机关取代了乡村中的村长对村民进行直接的支配。在全球,就是以西方国家为中心对其他边缘性的民族国家的支配。

4. 古典与现代

如果说《秋菊的困惑与山杠爷的悲哀》是《送法下乡》的前奏,那么,恰恰是在冯象揭示出来的斗争与支配的全球秩序下,中国与西方的问题变成了重新争夺本民族的政治领导权的问题。正是在这一判断上,国家政权必须强而有力地建设在乡村。否则,在欧洲中世纪的战争历史重复在当代世界的历史时刻,中华民族只能沦为奴隶。也只有在这个背景下,我们才能重新理解秋菊的"伊甸园",重新理解苏力在第五节重新回归的国家立场。作为温和的种族中心论,所谓良法恰恰是民族的法。因为这样的法律"依据西方标准看来未必是'法律的';从今天中国的社会变迁来看,它也已经不很完善,甚至过时了,但它毕竟在中国人的生活中起过,并在一定程度上仍然在起着作用。它就是人们生活的一部分,保证着他们确立和实现预期,使他们的生活获得意义"[20]。此乃苏力第三种,也是最深的法治理解:法治是一个

---

[19] 参见强世功:《立法者的法理学》,生活·读书·新知三联书店,2007年,第1—14页。
[20] 同本篇注[4],第37页。着重号为笔者所加。

生活的意义世界。法律不仅仅是一套社会规制体系，不仅仅是一些法律教条。法治是一种完整的世界观。[21]

由此，苏力的潜在的民族国家与社会中，秋菊的"伊甸园"与自由恰恰在于自身民族的强大与复兴，恰恰是要社会听从民族意识的召唤，捍卫自我的生活方式。这生活的意义世界，这秋菊的"伊甸园"就是民族的独立自强、生生不息。苏力的"民族的法"面对的正是晚清以来的"救亡"主题。

但是在赵晓力的解释中，其实，并不是所有的人都知道秋菊想要什么，不是制度限制了这种地方性知识的空间，而是制度塑造了那些制度运作中的人，使得他们难以理解秋菊的说法，形成制度需要的职业伦理。职业伦理讲究的当然是程序技术。"面子""说法"这些旧礼制秩序是只有秋菊、村长、李公安才能理解和运用的。秋菊的乡村与县城之外的司法机关之间是"熟人社会"和"陌生人社会"、"礼法秩序"和"抽象的程序正义"、"睾丸"和"肋骨"、"古典"和"现代"之间的斗争。[22]

如果按照冯象所说，新法治、新社会的形成需要新的自我伦理和自我技术的不断实践，需要秋菊们的不断参加，法盲最终要通过普法和自我学习，从而形成新法治得以运行的个人；那么，现代化的法律驯服与构建的是一种经济人的假

---

[21] 参见刘晗、王旻初："法治，是一种完整的世界观"，载《21世纪经济报道》，2009年6月19日。
[22] 参见赵晓力："要命的地方：《秋菊打官司》再解读"，收入《北大法律评论》编委会编：《北大法律评论》第6卷第2辑，北京大学出版社，2005年，第385-396页。

设。这恰恰是帕森斯、涂尔干不断批评的工具理性化总体扩张的恶果。法律本身的理性化、技术化最终要把一整套对人的想象施加到人的灵魂上。即"（现代）法律有一套关于'人'和'身体'的意识形态，这就是'劳动力身体'的意识形态。现代经济学已经把人构建成劳动着的主体，在当代中国的语境中，农民尤其是这样的主体，或者只能是这样的主体"[23]。

5. 未解的问题

概言之，"秋菊的困惑"及其解答体现为中国与西方、地方与普世、斗争与支配、古典与现代、工具理性与伦理理性、精英与大众、国家与社会等众多范畴的对立与冲突，延续着晚清以来中华民族面临的"启蒙"与"救亡"的双重变奏。

但是，这种"地方性知识"到底是什么？为什么苏力要做一个"罗蒂式的种族中心论者"呢？苏力说的地方长期形成的习惯和移植来的法律的冲突根源是什么？为什么现代法律不能倾听秋菊的说法？凌斌说的法律知识背后的一整套文化、理念价值观又是什么呢？赵晓力认为因为现代法律的根本前提和秋菊的诉求相违背，一个是以人的劳动为主体，一个是生育为主体。但是在这种冲突中的每一个人又是如何去行动、去看待这种冲突的二元法律？运作制度的人又是如何在这些冲突中行动的呢？

凌斌的新近研究《村长的困惑》为《秋菊打官司》开拓

[23] 同本篇注[22]。

了一个新的视角。他认为"村长的困惑"在于村长的面子与国家权力和基层秩序的双重关联，使我们看到了村长身上的双重角色：村长一方面被政府和村民都视为国家权力的代理人，"大小是个干部"；另一方面，他也是这个地方秩序的维护者，是秋菊难产时庆来要找的人。但是问题仍然存在，村长作为地方秩序的维护者，维护的又是什么？

到此，上述研究对于《秋菊打官司》这个故事的问题构建集中在剧中的两个人物上，即秋菊和村长。特别是影片最后的悲剧性结尾，秋菊不仅困惑于现代法治为何如此运作，而且救了人的村长也困惑：作为"公家人"的他，怎么却被公家人拘留了呢？无疑这些问题的构建都始于影片最后这个出色的逆转性结局上。小说本身没有安排这样的结局。从文学创作来看，编剧刘恒对结尾的改编无疑是成功的。他谈到在创作这个结尾的时候，是贯彻了现代文学作品一贯的主题，通过悲剧形式来展现人类无法控制的命运："人在维护自身尊严的同时很有可能以损害对方为代价——上升为存在主义的命题：人类的自我折磨。影片最后的突转和最后一镜的定格。"[24]

而在"法律与文学"的范畴内，法学家对于最后的定格构建出的是在现代法治语境下的基层中国百姓面临的根本问题，即秋菊的困惑代表的力量问题乃是现代法律移植的运作逻辑，而村长的困惑代表的是现代体制改革背后的中国政治

---

[24] 参见罗雪莹："写人·叙事·内涵——《秋菊打官司》放谈录"，载《当代电影》，1992年第6期。

运作逻辑。

但是,如果我们把视野遍及影片和故事的整体过程中,而不是局限在文学创作中的极端性的结局,我们会看到秋菊和村长在六次纠纷解决中到底在争夺什么。秋菊和村长的困惑只是故事结尾的最强音,而不是整个故事中人物的常态。要知道,秋菊不断地上访和诉讼的动力在于她的坚信而不是困惑。在最后的困惑之前,推动故事不断前进的动力是什么呢?是村长和秋菊之间的争斗。那么他们争斗的是什么呢?案子为什么难办?秋菊和村长的纠纷到底是什么?秋菊为什么只要求村长道歉?为什么秋菊总得不到这个道歉?如果是影片一开始秋菊向村长索取的说法,这个说法在影片后来具体表现在村长的道歉,那么道歉为什么对于秋菊和村长如此重要?也就是说,对于基层生活的百姓,对于运作体制的人来说,道歉意味着什么?这个问题不仅是理解秋菊打官司这个故事的钥匙,也是我们理解在中国社会变迁的大背景下,基层治理的困境和其根源的钥匙。

进而,如果我们把焦点集中在"其他运作制度的人"身上,如李公安,而不是只集中在秋菊和村长身上,那么,我们就会更加理解上述研究揭示出来的诸多逻辑冲突,是如何在具体的人身上展现和发展的。

按照霍姆斯的现实主义法律观,法律不是什么移植而来的纸面上的金科玉律,而是现实中掌握公共权力的人的决定。概言之,对于秋菊,法律从来不是什么1987年施行的《治安管理处罚条例》和1990年施行的《行政诉讼法》。影片中从来没有出现任何的法律条文和普法标语,甚至作为法律人的李公安、县公安、严局长、吴律师和无名的法官都没有向秋菊等人"普"过一条法律。秋菊他们面对的就只有法律的结果，如李公安的调解，他对村长红头文件的肯定，县公安的行政调解书，市公安的行政复议裁决书以及市法院的判决书。也就是说，秋菊面对的是法律运作的直接结果，是硬生生施加于自己身上的权力。而这些权力的运作主体，或者说这些法律运作的主体才有可能体现出中国法治进程中的真正逻辑。

因而，本文把视角从秋菊转移到李公安身上，提出"李公安的转变"问题。李公安这个人物贯穿了整个故事，参与了秋菊纠纷的多次解决。相应地，李公安也给出了三种解决方案，分别依据截然不同的理由。从中，本文分析"正式的法律制度中的运作者"又是如何具体地理解秋菊的"说法"，如何给出自己的答复和理据。由此，我们会看到中国法治进程中诸多传统的冲突与融合。正如电影在县城中给出的场景：闹市中，传统的年画、毛主席的画像和港台地区及西方的海报交织在一起，组成一幅光怪陆离的画面。中国基层社会的转型和权力秩序的重新安排的关键，也许在于重新安置秩序变迁夹缝中广大基层党政干部的伦理。

三、秋菊方案：教化权问题与自然团体中的礼治秩序

1. 从称谓到亲属秩序

在构建秋菊的困惑和村长的困惑这一理论的时候，以往的研究虽然注意到了秋菊和村长所在的西沟子村是一个礼

治社会,[25]是一个社会学上的伊甸园,由此,村民之间的关系不是城市中的陌生个体,而是熟人社会中的互助个体;但是,秋菊和村长不过是熟人吗?他们的关系是什么?或者说,秋菊状告的村长就只是一村之长吗?换句话说,这是一个"民告官"的官司吗?

既然是礼治秩序的村庄,我们必须清楚是什么礼治、什么秩序。编剧刘恒在创作这个影片的时候,"给每个人物都拉了一个家族谱"[26],那么,我们也许可以通过仔细地阅读影片中人物的称谓,从中发现各家的谱系。[27]

影片一开始就交代了西沟子村的地理位置——"山里的"。由此,可以大致推断西沟子村基本是一个自然村。这种自然村基本可以维持费孝通所说的血缘和地缘的重合,[28]并且相互之间都有着自然亲属连带关系。在秋菊第一次去村长家讨说法的时候,影片第一次交代万家和王家的身份关系。一进门,村长的四个女儿就马上叫秋菊为"姨"。如果考虑到影片构建的社会环境是陕西某村,那么在陕西的习俗中,"姨"这个称谓未必指的是长辈,也可以指向同辈中的年长者。这是世代和年龄的混称。不过,从这个混称可以看出,秋菊和村长家很可能是亲属关系。

把镜头拉到影片的结尾,秋菊为了答谢村长的救命之

---

[25] 参见凌斌:"村长的困惑:《秋菊打官司》再思考",收入强世功主编:《政治与法律评论》2010年卷,北京大学出版社,2010年,第184-210页。
[26] 同本篇注[24]。
[27] 关于称谓折射的伦理秩序安排,可参见苏力:"纲常、礼仪、称呼与秩序建构——追求对儒家的制度性理解",载《中国法学》,2007年第5期。
[28] 参见费孝通:"血缘和地缘",收入费孝通:《乡土中国》,上海人民出版社,2007年,第100-109页。

恩，亲自来到村长的家中恭请村长一家前往出席隔日的满月酒。在这一幕戏中，导演才清晰地给出了两家人的关系谱系：

> **秋菊**：明天娃过满月，村长你一定得去。
> **村长**：让你三婶带着娃去，我就不去了。
> **秋菊**：都去，一块儿去嘛。（对村长的母亲）婆婆你也去哦。村长，我婆婆都让你去了，你还是去吧。
> **村长**：再说，再说。

由此，我们了解到，村长的妻子是秋菊的"三婶"，村长的母亲是秋菊的"婆婆"。那么我们似可推测村长是秋菊的"三叔"。换句话说，王善堂除了拥有村长这一准行政身份之外，他和秋菊还可能有上下辈的亲属关系。村长不仅和万庆来的父亲老万同辈分，而且村长的母亲在影片目前出现的人物关系中还是中国礼治秩序的最高长者。

根据上述由称谓推测出来的亲属关系，秋菊打的官司就不只是两个村民之间的平等主体的纠纷，也不是作为公家人的村长和作为私家人的村民之间的单纯的"民告官"纠纷，而可能是从他们出生就已经寓居于其中的血缘亲属的纠纷。理解秋菊与王善堂之间的斗争以及秋菊说法的一个关键要素，是要意识到，秋菊和王善堂可能的亲属关系以及他们由此在纠纷中呈现的伦理属性，即家族纠纷。正是基于纠纷的三种属性的考察，我们才能够看到基层社会的礼治秩序、共产党建立的政法秩序和改革开放以来的法治秩序是如何运作、交锋,交织在三种秩序中的人又是如何挣扎的。

2. 村长的多重身份

事实上,秋菊一开始也是诉诸王善堂的伦理属性来解决这个家族纠纷。作为电影,不同于文学故事的地方在于它通过影像展示了许多文字难以表达的信息。如果我们专注于场景的设置,我们马上就会发现秋菊每次努力与王善堂化解矛盾的地点都是在王善堂的家中,而不是在公共的官方场所。也就是说,秋菊不首先认同王善堂作为村长的行政身份,而是认同他作为三叔的身份。秋菊和庆来从镇里取来了医院证明,来到了王善堂的家中,努力解决纠纷:

秋菊:村长,庆来有没有伤,咱说了也不算,这是医院大夫开的证明,你看一下,咋办?

村长:该咋办咋办。(从里屋走到了外堂)

秋菊:人是你踢的,你说咋办?

村长:要我说,问你男人去,我为啥踢他。

秋菊:你是村长嘛,再咋说也不能往要命的地方踢。

村长:踢了就踢了,你说咋办。

秋菊:总得给个说法吧。

村长:我给你个说法,你甭嫌不好听,我叉开腿,在当院里站着,让你男人还我一脚,咋样?

秋菊:要是这,就啥也不说了。

村长:那就啥也甭说了。

秋菊：我就不信没有个说理的地方。

这个纠纷的特殊之处在于，被告和仲裁者是同一人。村长的三个属性在这里相互冲突。如果是普通村民和庆来发生纠纷，村长作为族长和行政代理人是理所当然的仲裁者。可是，在这里，村长身上乡村习俗的维护者角色与普通村民的角色发生了冲突。在秋菊看来，之所以没有直接去找更上一级的行政单位，甚至是直接诉诸法院，而是首先来找作为被告的村长，是因为她仍然相信村长作为乡村习俗维护者的族长角色。这是一种基于传统的统治，这是礼治秩序的习惯。村长的族长属性最为重要的职能是对于传统礼制的守护。这种伦理要求必定会让村长给予她一个合理的说法。但是面对秋菊的第一个询问，村长放弃仲裁并提出"该咋办咋办"。本应该作为族长给纠纷拿出一个"咋办"的方案的王善堂，却放弃了提出这一解决方案。

该咋办呢？秋菊和王善堂首先要争论的就是，这个纠纷解决依据的理是什么，即依着什么秩序原理来办。但是村长和秋菊在这个理上，这个"咋办"上没法达成共识。

秋菊只得进行第二次询问，直接诉求一种普通村民之间的纠纷，指责对方是侵害者。作为普通村民，王善堂提出了自己的抗辩，这个纠纷并不是没有缘由的，即依据一种乡土社会中的权利义务体系，骂人是一种侵害，打人是对于侵害的回应，甚至是防御。[29] 这是一个相互都有错的纠纷。俗

---

[29] 同本篇注[22]。

话说，"一个巴掌拍不响"，是庆来先进行了辱骂，挑起了事端。由此也引来李公安首先教育庆来民事侵权的现代民法逻辑。

得到这种抗辩的秋菊，重新诉求王善堂的族长身份，以新的解决依据进行回应。这就是乡里长老的伦理责任连带着权力。在影片中，秋菊反复提及："你是村长嘛，再咋说也不能往要命的地方踢。"那么打"其他"地方就可以吗？原著中这样叙述："你打他，踢他胸口，倒罢了。你还踢他下身，这是要人命，不该有个说法？"[30]

这正是苏力敏锐地观察到的乡村习惯。而这种习惯，其实是中国古典社会运作了上千年的基层乡村治理结构，即一种庇护与权力关系。这一点在《万家诉讼》的原著小说中体现得更为直接："村长管一村人，就像一大家子，当家的管下人，打、骂，都可以的。可他要人的命，就不合体统了。这又罢了，我登门问，他连个说法都没有。"在一个家族政治的理解模式中，王善堂作为长辈，可以打庆来。肋骨可以断，但是睾丸不允许碰，这是一个家族的命根子，而命根涉及家族的绵续，而绵续不正是族长的最高职责要求吗？

当秋菊向王善堂请求处理打人的行为时，王善堂反问了秋菊，庆来对我做了什么。但是秋菊没有为庆来的行为辩解，她承认庆来"断子绝孙"的骂法是不对的。这里，我们已经可以看出秋菊此后将要说出的，为现代法治所不能理解的权利义务关系："他是村长，打两下也没事。"

---

[30] 参见陈源斌：《万家诉讼》，中国青年出版社，1992年，第1页。

3. 越界的"教化权"

为什么秋菊多次宣示"打两下"没事呢？打两下的正当性基础是什么呢？回答清楚这个问题，我们才能理解秋菊的话语与行动。而理解这个逻辑的关键在于理解礼治秩序的根基。

费孝通在《乡土中国》的"无讼""无为政治""长老统治"三章中从制度层面来阐述礼治秩序的支撑原理，系统阐述"教化权"的概念和理论模型。就其实质来说，乡村礼治秩序得以运行的关键是"克己复礼"，通过克己、知礼，来复礼。[31] 不同于西方的社会契约的秩序模式，费孝通提出了横暴权力、同意权力之外的"教化权"。中国传统中的教化权就是文化对于社会的新分子的强制权利，其本质是一种教化过程，从而有了长幼秩序，有了"长老统治"，而达成"无讼"。

王善堂拥有的奇怪的惩罚权的正当性基础就在于这种长辈对于晚辈的"教化权"。也就是说，庆来作为晚辈，断子绝孙的话语乃大逆不道，失了礼的庆来当然需要长辈再次施以教化权。王善堂有限的惩罚权就来自礼治秩序下赋予长辈的教化权。但是王善堂的教化却越过了礼治秩序赋予教化权的目的。他直接踢了庆来要命的地方，打破了礼的底线和惩罚权的界限。由此，秋菊才认为，王善堂你作为长辈，"再

---

[31] 参见费孝通："无讼"，收入费孝通：《乡土中国》，上海人民出版社，2007年，第77-84页。

咋说也不能往要命的地方踢"。

如果承认西沟子村仍然顽强地运作着一套传统的礼治秩序,[32]那么王善堂的一脚,比起其他村民的普通一脚,更加破坏了礼治秩序的根本。因为这一脚不仅是对身体的损害,而且其目的是要对自己的晚辈实施断子绝孙的惩罚。这一点已经超越了长辈的权力,甚至超越了礼治秩序本身服务的目的:社会继替。[33]但是,毕竟人有破坏秩序的冲突。对此,礼治秩序的维系就在于作为每个差序格局的中心的自己。"克己复礼"的道理就在于自己才是礼治秩序得以保障的根本。并且,村长作为族长,正是掌握着保障礼治秩序运行的教化权。

由此,我们能够理解秋菊的说法。秋菊多次来到王善堂的面前,实践的正是礼治秩序的解决方案:在丧失教化权运行的可能条件下,希望王善堂能够对自己作为长辈的伦理进行克制,从而恢复西沟子村乃至老祖宗传统都认可的礼。

道歉,对于秋菊来说,意味着王善堂接受了秋菊的礼治的解决方案,做到克己,那么秋菊和王善堂之间的家族纠纷就告一段落。毕竟,西沟子村的礼重新恢复了。但是礼治秩序得以运作的前提是定型化社会生活中人们的生活共识。它体现在传统和共同的经验中,因而,礼治秩序的局限就在稳定的"熟悉"的社会环境中。一旦这个共识破裂,那么礼治秩序及其解决方案就难以运作。王善堂回应"该咋办就咋

---

[32] 同本篇注[31]。
[33] 参见费孝通:"社会继替",收入费孝通:《生育制度》,商务印书馆,2008年,第133-144页。

办"本身就已经宣示他对于礼治共识的蔑视。一贯的逻辑之下，王善堂没有克己，反而提出了同态复仇的解决方案。所谓同态复仇，根本的逻辑就是放弃自己与庆来之间的长幼秩序，以平等主体来看待自己和庆来。甚至，这个平等主体在同态复仇的解决方案中变成了敌我矛盾，是最为血腥和残酷的以眼还眼，以牙还牙。说到底，在踢出那要命的一脚的同时，王善堂已经放弃了长辈身份，甚至放弃了秋菊力图恢复的礼。当然在影片最后，村长深夜无私地帮助了秋菊母子俩渡过难关。这一行动本身代表了王善堂身上长老伦理的恢复。"解铃还须系铃人"这句俗话本身就是对应了礼治秩序的解决方案。

理解秋菊的说法和西沟子村的秩序，并认同传统解决方案的还有乡派出所的李公安。

四、作为拟制家长的李公安

1. 秋菊方案二

秋菊回到家中，叙述了在村长家中的经历，以探求新的解决方式：

> **庆来**：到底咋说？
> **秋菊**：他说他不管。
> **老万**：他不管，他欺负人呢。他是政府的人，他不管。
> **秋菊**：我明天到乡里去。
> **庆来**：对着呢，他不管，有管他的地方。

在王善堂放弃了长辈拥有的教化权,以及克己的伦理责任,进而放弃了秋菊的礼之后,万家十分气愤,正式提出向政府求援。此时,秋菊和万家思考的不是诉诸抽象的行政和官司的现代法治解决方案,仍然是求诸礼治解决方案中的教化权。但这个古典教化权的持有者和教化的内容却有着新的主体和内容。

这时,万家所有人都非常支持秋菊去讨说法。庆来父亲老万首先说"他(村长)是政府的人",其想象的政府并不是一个依赖抽象法律规则和程序运作的官僚机构。这个政府不是整个乡公安机构,而是具体的人——李公安。在万家看来,"公家"首先也是一个"家",是一种类似的熟悉的亲属关系。他们认为,村长作为长老,是受到更大、更上级的长老所管辖的。而这个管辖的群体就成为"公家人"(或政府),政府、公家人在秋菊看来,只不过是西沟子村这个小家庭之外的更大的家庭,一个更大的家长。

王善堂是公家人,他就"姓公",而这个公家不是一个抽象的程序,或者一个模糊的行政单位,而是一个具体的人,这个人就是秋菊一进乡公安机关直接点名要找的李公安,后者代表着管王善堂的地方——乡政府。所谓的"他不管他自己,自有人管他",因为他是政府的人。那么政府和村里族长之间是如何联系在一起的?属于政府的人并不一定就是村里的族长,而族长也不一定就是政府的人。政府的一套抽象治理逻辑何以管理村里的家长事务呢?这里,公家人的想象从古典"父母官"的思维中发酵,典型化为李公安。且看李公安的处事方式:

乡公安工作人员：找谁？

秋菊：李公安。

秋菊毫不费力地找到了乡政府，因为这正是当初与庆来进行结婚登记的地方。这也是老万熟知的李公安的办公场所。与此后在县里和市里的表现完全不同，在乡里，秋菊仍然没有走出一个熟人社会。决定她命运的关键人物都与她有着千丝万缕的生活联系。

2. 拟制的家长

李公安也非常熟悉西沟子村的事情，他不仅是庆来和秋菊的证婚人，也知道村长王善堂是一个犟人。他、万家和王家之间的共同体就是现代国家建立过程中，共产党动员基层群众，并且掌握部分基层事务之后建立起来的社会共同体，一种基于国家权力和社会权力而拟制的更大的"家族"。在乡县之外的，只是一种抽象的政治共同体，他们已经不分享共同的道德伦理，相互不再信任，而是依赖抽象的，信赖程序而相互生活在一起。这两种共同体与秋菊和村长的自然共同体相对应。村长自身就处在几种共同体的环节中，自己也无法辨析出自己的角色。

从影片一个很小的回转镜头看，秋菊和庆来的房间里仍然有着结婚的大喜字，由此可以推断他们结婚应该不超过一年。一年前，秋菊和庆来喜结连理，如同影片插曲中其他的新人，同样是到乡里的公安局进行婚姻登记，同样经过了影片中的一番实质审查：询问双方认识的经过以及感情的发展。

这里，我们基本可以判断一年前李公安也是当时公家的证婚人。李公安不仅受到邀请参加庆来的婚礼，而且直接和西沟子村挂钩；和老万也非常熟悉，到老万一家做客吃东西时相互寒暄。由此，政府在老万的头脑中就是具体化的李公安。正如原著里县公安对于李公安说的话："是你地皮上的事呀。"

可以说，李公安的身份和西沟子村紧密联系，甚至就是国家权力在西沟子村"拟制的家长"。这种拟制传统来源于共产党在革命根据地时期的实践。党的队伍、人民的队伍不仅承揽了经济政治事务，而且承担了伦理和宗教事务。其中的婚姻、生死、殡葬等事务，乃至恋爱的感情生活也纳入到了基层的工作中。甚至，这种建立在古典的家族亲属秩序之上的公共生活，在新中国成立初期转变为一种大民主的人民公社体制。每一个人民公社就是一个西方的古典城邦。在这种东方城邦的治理方式中，国家权力插入基层的方式不是像现代西方模式，严格界定公私，力图塑造出团体格局中才有的抽象的团体，反而是深入到原有的礼治秩序中，与其接洽，成为西沟子村差序格局中的一伦。毕竟，婚姻等事务就是亲属关系扩展最为重要的环节。由此，李公安因为承担着西沟子村的婚姻、生死、殡葬等事务，成为了国家权力拟制下的西沟子村的大家长。这种拟制的秩序结构，我暂时称之为"政法秩序"。

政法秩序中基层的党员干部意味着什么？新中国成立以来的基层秩序中，人民的干部队伍从来不是西方法治理解中的官僚机器，他们不仅承揽经济政治事务，而且承担伦理和宗教事务。基层干部的治理是全方位的整体治理，基层干部要管恋爱、婚姻，甚至生死。李公安就是新中国政法秩序下典型的基层干部。

李公安的角色类似中国古典的地方士绅。他与土地、自然村的关系乃是一对一的关系。一个村子的事情，虽然乡公安局里有其他公安，但是秋菊、万家以及王家能找的，只能是李公安。这是一种非常人身化的治理，治理的成功与否，以及村子的安宁，直接由李公安一人的治理能力决定。一方面他要维护拟制其身份的国家权力的运作，另一方面又要能够尊重而不是破坏西沟子村的礼治传统。因此，李公安在第一次调解秋菊的纠纷时，直接诉诸的也是秋菊坚持的礼治解决方案。

3. 政法的解决方案

在家族的处理方式中，确定关系是最为重要的。因为礼治秩序中的道德和法律随着对象的不同而进行收缩。当秋菊将医院证明递交给李公安后，李公安没有直接询问案情，而是关心起秋菊和庆来妹妹的身份。这样看来，万家、王家和李公安三者之间是一个紧密的熟人社会。

第一次，李公安在乡政府里是从规则治理的角度给出了说法：为什么打人不对呢？这个问题的答案在李公安见到村长时说了出来，虽然都认为不对，但是他和秋菊的理由不一样，对村长的要求也不一样。

> **秋菊**：他是村长，不能随便往要命的地方踢。我去找他要个说法，他说他不管，说踢了就踢了。你踢人了，你不管谁管？你是村长，还打人，你就是不对嘛！
>
> **李公安**：就这事是吗？我跟你说，他打人肯定不对的。
>
> **秋菊**：他就是不对，还往人要命的地方踢，人踢坏了，他……
>
> **李公安**：我刚才不是跟你说了，他肯定不对嘛。

在李公安看来，秋菊叙述的辣子地的纠纷背景并不重要，这是因为，村长在此事件中认真执行了政府的文件，履行了代理人的职责。村长的错误在于他动手打了村民。当李公安了解到王善堂作为村长打人了的信息，他就打断了秋菊的论述，得出肯定的判断：他打人肯定不对的。这个判断和秋菊的理解并不相同。秋菊再次重复了她的家长观，认为往要命的地方踢才是不对。

基于此，李公安又是如何理解这个纠纷的呢？"庆来这么老实，怎么会和人打架呢？"这里，庆来的人格判断马上进入到了李公安的处理程序中。但是，李公安很快没有再关心下身的问题，而是提出了公家的法治秩序中要求的"打人就不对"的是非判断标准，这个规则处理比秋菊和村长共享的一套乡村礼制秩序简单得多，甚至无须进入纠纷前后漫长的事实考察，没有权利和义务的考量，只是打人就已经不对。但是这个处理原则背后的伦理观点却是秋菊所不能认同的，也和秋菊所谓的教化权与惩罚权相违背。这当然一方面是因为乡里的事务繁多；另一方面，这正是共产党长期以来对于共产党员和干部的严格的伦理要求。这一思考模式,一直贯穿在李公安对于秋菊纠纷的解决中。

五、李公安的三个方案与转变

1. 李公安方案一:礼治秩序

随后两天,李公安就到西沟子村进行了调解。这里我们不妨先看一看费孝通在《乡土中国》中记录的礼治秩序中的解决方法。"某甲已上了年纪,抽大烟。长子为了全家的经济,很反对他父亲有这嗜好,但也不便干涉。次子不务正业,偷偷抽大烟,时常怂恿老父亲抽大烟,他可以分润一些。有一次给长子看见了,就痛打他的弟弟,这弟弟赖在老父身上。长子一时火起,骂了父亲。家里大闹起来,被人拉到乡公所来评理。那位乡绅,先照例认为这是件全村的丑事。接着动用了整个伦理原则,小儿子是败类,看上去就不是好东西,最不好,应当赶出村子。大儿子骂了父亲,该罚。老父亲不知道管教儿子,还要抽大烟,受了一顿教训。这样,大家认了罚回家。那位乡绅回头和我发了一阵牢骚。一代不如一代,真是世风日下。子曰:'听讼,吾犹人也,必也使无讼乎。'——当时体会到了孔子说这话时的神气了。"〔34〕

在费孝通看来,诉讼在礼治社会中被看作不知礼的人才诉诸的手段,这种人在社会看来是没有教化好的,因而好

---

〔34〕同本篇注〔31〕。

的父母官维持礼治秩序的手段是教化而不是折狱。礼治秩序的实施核心是克己与教化，因而打官司代表了父亲甚至是老师的教化失败。因而现在乡里的调解就是一种教育过程。负有调解责任的是乡里的长老，而行政单位上的保长是不说话的，之所以有权威是因为你是一个特别懂礼的人。现在的法治秩序中，法官不考虑道德和伦理，因而他无须教化，只是界定权利而已。现在礼治秩序上强行建立法治秩序得到的两个坏结果是：第一，两者背后的伦理观念相差很大，实体内容不理解，司法程序更是不知道如何运用了；第二，破坏礼治的人反而得到了法治的保护。

与上文费孝通记录的纠纷相同，秋菊的故事不过是由乡公所里的李公安替换了处理纠纷的族长。但如果把李公安历次处理纠纷的依据对比来看，我们可以看出李公安自身的变化。如果与后一次纠纷调解联系起来，我们会马上注意到，除了第一次探查庆来的伤势，首先进行批评教育外，李公安都是首先从村长一方入手调解。并且在两次调解过程中，并没有严苛地、重复地指责庆来骂人的不是，而是指责了村长的不是，尽管两次理由都不相同。

李公安下村来直接处理纠纷：

李公安：老王，医院的证明还有庆来的伤，我都看了。他骂你不对，我也把他给批评了。不管怎么说，你是个长辈，还是个村长，打人总是不对的。

秋菊：你是村长嘛，打两下也没啥，不能随便往人要命的地方踢。

这里，李公安明确阐述了他认为的王善堂"打人为何不对"的理由："不管怎么说，你是个长辈，还是个村长，打人总是不对的。"这是对下的伦理指责，作为长辈和村长，而且首先是长辈，你就不应该打人。这首先诉诸了王善堂的自然伦理属性（长辈），正是李公安对于秋菊提出的礼制问题的回应和肯定。王善堂自己放弃了教化和克己的责任，这个礼治秩序的教化权问题就落到了拟制家长李公安的身上了。

2. 李公安方案二：政法秩序

秋菊不满村长的蛮横态度，再次找到了李公安，只是李公安恰好去县里开会。所以秋菊直接跑到了县公安请求处理。这里，秋菊才逐步开始了她的法治之旅。市里的行政裁决书下来了，仍然要求乡公安先做调解。第二次裁决后，李公安同样首先找到了村长：

>**村长**：秋菊跑了趟县城就弄了个这？俺以为县里要把我枪毙了呢！
>
>**李公安**：我跟你说，这回你听我的，回去给秋菊两口子说些面子话，这事就了了啊！
>
>**村长**：面子话，面子话怎么说？
>
>**李公安**：刚才县上裁决你又不是没有看过，你不丢面子嘛！
>
>**村长**：李公安，你说，有啥子事情乡里解决不了，凭啥到县里去臭我的名声？再说，我大小是个干部嘛，以后在村里我没法工作嘛！

自然的家族和拟制的"家族"有着不同的事业。相比于自然的家族，拟制的家族不是为了种族绵续，而是为了革命的事业，为了社会主义事业。在第二次调解中，李公安同样提出了一个伦理的要求，而不是县公安依据的《治安管理处罚条例》的规则之治。但是他没有再诉诸王善堂在自然共同体内的伦理责任，而是诉诸党的事业要求王善堂具备的基层干部的伦理属性，即王善堂首先是村长，而不是长辈。作为村长，而非李公安的下级官僚，李公安要求王善堂自己多做"批评与自我批评"。作为先锋队的党员干部更是应该起到带头领导作用，但是王善堂放弃先锋队的伦理，这才是最丢面子的。在李公安看来，王善堂的面子不在村里的行政工作，而在于抽象的党，抽象的县对于基层干部的肯定。事情闹到县里，就证明了王善堂已经无法承担先锋队的作用和伦理责任。

但是，第二次的伦理解决方案仍然失败。王善堂诉诸了更为"现代化""法治化"的逻辑回应李公安的面子质疑。王善堂根本就不承认社会主义宪法秩序中，百姓拥有的言论自由权。甚至，社会主义制度下人民可以批评官员、官员应做自我伦理要求的宪法安排变成了资本主义宪法秩序中的民法上的名誉权问题[35]：秋菊"凭啥到县里去臭我的名声"？由此，道歉对于王善堂的意义变成了平等主体之间的诽谤与精神损害赔偿。应该道歉的也许不是王善堂，而是万庆来和

---

[35] 参见冯象："县委书记的名誉权"，收入冯象：《政法笔记》，江苏人民出版社，2004年，第174-184页。

"到处臭他名声"的秋菊。

从乡的社会共同体的纠纷处理过程中看,李公安两次都没有说服村长,也就是说,本来以社会主义的意识形态链接起来的共同体中,这样的一套意识形态的伦理说教已经没有用了。王善堂对于公家的理解已经是完全的现代官僚式的想法:相互的利用。"你以为我软了,我是给李公安一个面子。"李公安对于王善堂不是一个大家长,而是一个上级官僚领导。村长甚至说:"我不怕你们告,我是公家人,一年到头辛辛苦苦,上面都知道,他不给我撑腰,给谁撑腰?"在原著中,村长直接对秋菊道出了村长与政府之间相互利用的关系:"我是村长,政府不帮我,下次听谁吆喝这村的事?"在王善堂看来,面子不过是其与国家进行交易的筹码,而无关其干部的伦理责任。

3. 李公安的失败

虽然,乡里和县里的处理结果对于秋菊和村长来说是一样的,即都没有得到一个伦理的解决方式,而只是经济上的补偿,但是两次纠纷的处理方式和理据已经发生了重大变化,因为乡以外的世界,对于秋菊和村长来说已经成为一个陌生的共同体。在李公安的两次纠纷解决中,直接形成对照的,就是县公安和乡公安的两套运作模式以及运作模式背后的不同逻辑。按照村长的话说,就是"有啥子事情乡里解决不了",非要用一套陌生的模式来处理。两者的不同如下:

受案方式	乡公安	县公安
询问当事人	确定诸多人物关系	确定程序关系
诉求方式	口述交流	诉状程序
人物关系	密切	陌生
办案人员	李公安一人	两人
语言	模糊的语言	法言法语
工作范围	全方位	计划生育的控诉不属于受案范围

总而言之，乡村共同体的处理方式体现在李公安身上，是一种整全的处理。李公安自身深深地嵌在这个共同体中，"到群众中去"，每一个纠纷的双方，在李公安看来都是具体的人。而到了县公安那里，他们的处理程序都是专业抽象，分工明确。纠纷以及纠纷中的人，在他们看来，不过是《治安管理处罚条例》中一个个不断重复的纠纷类型与法律主体。

李公安这个人物处处充满了社会主义基层干部的作风。在秋菊家吃饭，要求对他收饭钱。与村里的人都非常熟悉，并且还亲自找回村民走失的牛。县里下了裁决重复肯定了乡调解员的处理方式，本来，李公安可以直接送达文书，但是他还是不厌其烦地下乡调解，并且在后来的剧情中还牵着牛，处理人民的小事。这是一个典型的社会主义基层工作者。为什么李公安还要努力在县公安的裁定之外去努力调和这个纠纷，去吃力不讨好地自己买点心解决这个纠纷呢？

他一方面接受了来自县以上的一套法治规则治理的逻辑；另一方面，却又扎根在乡村的熟人社会，面对这一困境，李公安无法选择法治的严格方式来处理，不然，他根本无须再次下乡，并购买点心小心翼翼地摆平这个纠纷。作为现代官僚，认真执行县里的裁定，要求有过错的一方支付经济赔偿即可，无须自己掏钱处理此事。而正是社会主义时期"从群众中来，到群众中去"的干部伦理要求李公安再次亲力亲为地处理。

正是面临上述两套处理逻辑，即现代法治逻辑和西沟子村的礼，他只能选择下乡调解，强调"双方多做批评和自我批评"，这是一种诉诸伦理，而非规则的解决方式。在宣读完县里的行政裁决书后，[36] 李公安却凭借个人智慧，想通过买点心来摆平这件事情，而不再提及具有法律效力的行政裁决书中的经济赔偿。

但是，裁决书中的"以维护安定团结为主"却被法治给忘了。因为法治无法回答，为什么要安定团结呢？安定团结本身就是诉诸纠纷双方的自我伦理要求，其本身就是古典的礼制秩序和新中国政法秩序中的两种教化权在法律中留下的烙印。但是当拟制大家庭失去了伦理内容，空留形式的法律无法解决这种困境。

可以说，乡的社会共同体弥漫着一种类似西方古典城邦的同意权。在少数需要合作的事情上，人民给予政策承认，由此秋菊同意了李公安说的辣子地文件的理。但是在城市的政治共同体中，我们面临的就是一种直接诉诸法律的政治解

---

[36] 如果和县公安受理秋菊纠纷时的法言法语相比较，有理由认为，李公安截取了行政裁决书中的一部分，去除了法条依据。

决的强力。

六、秋菊与李公安的共同选择：法治

1. 秋菊方案三：危险的城市与可靠的法治

秋菊再一次拉上辣子，换了本钱来到了城市。和此前的乡、县形成对比，通往城市的道路漫长曲折，交通工具不断升级，房屋、道路、广告等现代化的标识物都出现在了镜头里，出现在了秋菊的眼中。大段的镜头没有展示城市的繁华和高楼大厦，而是给予了路上匆匆忙忙的行人。这些镜头给予观众，也给予秋菊一个直接的印象：城市不同于乡村和县城，道路上如此多的人，穿着不同的衣服，干着不同的事情，每个人都心怀私事。但是，他们有一个共同的特点——陌生人。是的，城市的道路已经完全不同于西沟子村的道路。在后者，你可以到处遇到熟人寒暄，也不像乡里能遇到李公安。在城市里，只有秋菊一个人，无所凭靠。

不同于此前秋菊进乡、进县直接到乡政府和公安局处理纠纷。秋菊在大城市中受到三轮车夫、看车老太、旅店老板的多次规训。正是基于上述城市规训，秋菊懂得了城市充满了危险。这里，团体格局逐渐凸显出来，并且在这个团体中生活的每一个人，对于团体都是平等的。秋菊学会了在大城市这个陌生的共同体中，人是不可靠的，反而是抽象的制度和抽象的金钱才是一个人可以凭靠的。由此，不同于找李公安办事，找局长办事是要买见面礼的。

在影片中，秋菊两次找严局长。两次找严局长的不同场景形成了鲜明的对比：家庭和办公室。这正暗示了严局长的公私伦理的区分与融合。不同于县公安局严格的受理程序，严局长第一次直接在家中会见了秋菊，无须任何的书面处理文档和程序，反而没有城市中现代法治的程序理性。但是不同于乡里的李公安，严局长和县公安甚至没有见过庆来和村长两个当事人。对于他们来说，这些原告和被告都是一些抽象的符号——当事人！反而是秋菊怀孕的事实，让秋菊从旅店老板口中说的众多抽象的打官司的人中凸显出来。而正是这个具体的特征，引发了严局长的关注。总而言之，严局长在家中的欢迎，正暗示了他因为私人的伦理启动了公共权力，来处理秋菊的纠纷。

严局长通过私人伦理启动的法治程序，把秋菊的纠纷看作一个公平问题，并且这个公平问题是可以通过金钱来衡量的。最终给予的只是多加了50元的金钱补偿。由此，秋菊再次找到了严局长，基于城市规训而得的经验，表达了她的担心：“我是老百姓，你们都是公家人。谁知道你们是不是在底下都商量好了。”

商量好什么？在秋菊看来，原来构想的爱民的、值得信任的公家人，也可能是相互包庇的公家人，是与百姓有着隔阂的公家人。到此，秋菊第一次把自己老百姓的身份确认出来，与公家人对立。严局长听了这话，才放弃了对秋菊纠纷的处理，转而把这个问题抛向了复杂的、老百姓难以懂得的法律诉讼程序，并介绍了吴律师进入。而吴律师在整个电影中是最少伦理属性的一个人，他最大的伦理就在于要为代理人服务。

秋菊：那我不管，你就给我办？……你就是天天收人家钱，天天给人家一个说法？

从吴律师那，秋菊明白了，在这个抽象的世界中，连具体的公正都是可以通过金钱来购买的。这是秋菊在城市规训中获得的最深刻的道理。在针对市公安局的行政复议书的诉讼中，秋菊犹豫了，她发觉，在新法治中的好人也要面临官司的审判、受罚。这和其好坏的伦理判断完全不符合。这时，吴律师解释到：好人也是可以打官司的，而且官司打赢了，村长就要重新受罚。到此，秋菊才理解了这个行政诉讼和她之前的诉求有着联系，但是她不知道，这个诉讼到最后都不会理会她的伦理解决方案。

2. 李公安方案三：放弃伦理

在上述分析中，秋菊的转变，村长的转变，李公安的转变以及严局长的转变过程中，大家都不断抛弃自己原有的生活伦理，接受了新法治带来的一套新的伦理生活。简单来说就是要割裂原先残存的自然共同体和社会共同体中的伦理纽带，成为新法治传统需要的抽象的、理性的人。

秋菊打官司，一次次坚持不懈地启程，正是把纠纷不断带出原始发酵的土壤，从西沟子村的自然共同体，到乡村的社会共同体，再到城市的政治共同体。整个过程也展现着中国历史文明从古典到现代的三种传统及它们的前后相续。

在三种传统的不断冲击中，村长放弃了儒家传统给予的家长角色，转向依赖新法治的逻辑，甚至无视社会主义传统下的干部道德伦理要求。由此，村长才会说出："别人的钱不是这么好拿的。"李公安挣扎在西沟子村的儒家伦理和上级领导施压下的新法治规制要求中，给出了一个社会主义干部伦理的统合方式，一方面接受上级的规则治理；另一方面，关心群众的伦理要求他运用个人的智慧去解决纠纷，用干部伦理来要求纠纷的双方。但是最后，秋菊的执拗使得李公安也放弃自己的干部伦理，陷入遵奉上级的责任伦理内。在影片最后的满月酒席上，他既没有被邀请参加，也无意参加，只是作为一个上级官僚体系的信息传递工具，丢下了一句话："我来是给你一个说法。"他已经不在乎什么说法了，而是传递一个法律的说法。"人嘛，刚刚抓走，我就是来跟你说一声。"

3. 中国的基层官员伦理

百姓对官员伦理有要求，而法治的建设恰恰越过了官员的伦理建设。法治建设的困境在于，在法治建设过程中迷信制度放弃了伦理。如果按照凌斌提出的"法盲的法理学"，立法要走百姓的群众路线，那么，更为关键的是要有能够懂得百姓内心的基层工作者，而不是尽管不断完善却完善不完的制度设计。

因为，在这里，百姓心中的法律从来不是白纸黑字，而是托克维尔所明示的法官、法律人的言传身教和政治教育。[37] 这一点，旅店老板对于秋菊官司的评价最突出地体

---

[37] 托克维尔："美国的法学家精神及其如何成为平衡民主的力量"，收入托克维尔：《论美国的民主》上卷，董果良译，商务印书馆，1988年，第302-310页。

现了：

> **旅店老板**：吴律师，法律上的事情你比我清楚得多，可是有些事情，我比你清楚。《行政诉讼法》刚颁布不久，总得找一个民告官的例子，就把这个法给普及了。这肯定是人家上边的意思。要是秋菊输了，那以后谁还相信这法。
>
> **吴律师**：你说的有道理。
>
> **旅店老板**：肯定是这样的。

这套法言法语，直到最后的宣判，秋菊还是无法理解。

秋菊要的不是任何现代的法律赔偿，不是社会主义法律的调解结案，而是要恢复村长的伦理。最后，村长又是在人命一事上重新构建了村长的伦理。并且她坚信，外在的公家人，有更好的人来规训，而不是同流合污。所谓好的伦理，恰恰是尊重本地风俗的为公之人。虽然经历了城市里的教训，但是到最后，秋菊仍然没有放弃对公家人的大家庭想象。在法院来人调查庆来的伤势时，秋菊又想：领导重视，这次总该有个说法了吧？抽象的法律程序和法律机关在秋菊看来不过是一个具体的大家长，是充满血肉的李公安、严局长和法院领导。

法的这个新利刃就是要割破所有旧的脐带，让所有人，让西沟子村的村民们随着影片最后呼啸而去的警笛声获得一次新生！在我看来，秋菊的困惑恰恰在于现代法治的建设驱逐了官员基于共同体的信念伦理。秋菊的困惑不仅属于秋菊，甚至属于村长、李公安和严局长，属于制度运作中的每一个人。如果说"道路通向城市"，那么这个过程中，每个人都将经历三种传统和伦理的纠缠与挣扎，最后的生活在于你是否能够最终失望地放下"回乡的道路"，成为一个真正的"城市人"。

秋菊诉诸的是伦理的解决方案，本就不被现代法治所理解。李公安以共产党员的干部伦理的方案来解决，最终因为村长的官僚化而告失败。严局长因为私人伦理情感而启动的现代法治也根本无力理解秋菊的说法。因为，现代法治就是要抛弃官员的责任伦理，这一问题就是韦伯担心的德国一战之后的伦理困境问题：整个政治家群体逐渐用责任伦理来替代信念伦理。相比而言，中国古典的官员伦理恰恰是一种公私融合的伦理，即所谓"修身齐家治国平天下"，《论语》里"其为人也孝弟，而好犯上者，鲜矣；不好犯上而好作乱者，未之有也"。孔子提出了一个私人伦理和公共伦理的融通问题，也就是说，公共政治秩序中的"犯上作乱"，其根基在于私人家庭，在于这个家庭中形成一种孝悌的君子伦理，这才能维持稳定的公共政治秩序。政治社会中的正常政治秩序的基础正是要每一个政治人能够在家庭这个自然共同体中得到伦理训练。而西方的法治恰恰是建立在公私伦理分离的基础上，所谓职业伦理的兴起就源于西方。

七、结语：变迁社会中的权力结构紊乱

费孝通在《乡土中国》的最后一章提出了该书的核心问

题意识：礼治秩序如何向法治秩序变迁？他的问题意识并非是要恢复传统的教化权，而是考察教化权在内的三种权力背后的秩序变化，即在社会继替[38]中出现的权力是教化权。这种权力的使命就是使得新的社会成员能够经受文化的教化而进入到社会中，完成社会继替。但是，中国目前面临的社会变迁与继替甚至摧毁了教化权本身。那么，我们面临的问题是，为什么教化权连同官员伦理被摧毁了？在这种情形下的中国社会变迁又如何完成呢？这里，我们应该回到故事的起源，那个被所有人遗忘的红头文件，它才是这起悲剧的罪魁祸首。

1.市场经济与权威挑战

在市场经济浪潮中，如果村长不是先富起来的人，他的权威如何处理？可以看出，当时的西北地区市场经济逐渐成形，影片不断给予市场化的镜头：市场与交易，西方的大众文化与毛主席的头像并存。王善堂和万庆来两家的经济情况也出现了差距：

一是作物种植情况：因为王家种的是玉米，而庆来家种的是经济作物辣椒。一斤辣椒，不好的价格也可高达4元。而两斤猪肉的价格也只是5元。

二是劳动力状况：万家遇到了辣子丰收，家里的人丁有4个。而王家只有村长一人是劳动力，只能种植无须过多密集劳动的玉米作物。所以，秋菊可以有底气地说，这就不是

---

[38] 同本篇注[33]。

一个钱的问题。200元钱,在秋菊家看来,不是一个大数目。

三是经济储备情况:村长的生活仍然可以维持,并且可以说过得不错。他仍然有能力买肉,可以不用扛着一大堆玉米去集市上卖以支付秋菊钱。这就说明,支撑村长家生活的支柱不是经济收获,而是政治地位,即公家给予的酬劳。

可以说,村长之所以要极力争取面子,就是在于巩固市场经济浪潮中岌岌可危的家庭生活,而庆来家已经作为即将先富起来的家庭威胁着村长的地位。最早的冲突就体现在辣子地问题上。

2. 辣子地与红头文件

正是在上述具体的情景中,村长和万家爆发了冲突。万家劳动力富足,又遇到辣子大丰收,必须要在自己的宅基地上建造辣子棚,但是村长不同意。这里的不同意显然是面对一个村里即将崛起的富人所具有的矛盾心理。影片没有交代这次村长不同意给出的理由,这也许是属于村长职权范围内的自由裁量。最后万家只能在自己的辣子地里建造辣子棚,但是村长还是不同意,这就直接导致了村长和万家的纠纷。

村长说他有红头文件,而秋菊,作为一个村民,第一次质疑了村长的权威。"你有红头文件,那你拿给我看看啊!"村长的权威本就遭到了新型富人家庭的威胁,此刻对他的信任更是直接遭遇挑战。信息公开的另一面是对政府的不信任。

3. "断子绝孙"与踢下半身

到此,庆来才骂出了"断子绝孙"的话,但是这场纠纷却是因为秋菊的质疑而起。那么,万家的血脉能否延续,最大的罪人就只有两个可能:秋菊和村长。与秋菊形成鲜明对照的是毫无地位的王家三婶,村长对她的数落贯穿了整部影片。

而在万家,秋菊因为人长得漂亮而且文化程度高,自然得到了全家人的支持。甚至连公公老万也非常支持自己的儿媳妇,因为他知道自己儿子的窝囊。那么,如果破坏生育是最大的罪,秋菊是万万不可承担这个罪责,这关系到她未来所有的家庭幸福。其中,生儿子就是她幸福生活的密钥,因此,秋菊一定要坚持村长来承担这个罪责。

但是村长也无法承担这个罪责。因为1990年已经是村民自治全面试行的时代,村民自治是伴随改革开放而出生和成长的。1988年,《村民委员会组织法(试行)》正式实施,从而拉开了村民自治生长的序幕。如果村长违反了这个乡村习俗里最大的罪,那么他也无法再担任村长了。若此,以他目前的经济生活也根本无法维系下去。

4. 小结

这就是双方会如此倔强,却又因为儿子而化解一切的原因所在。因为村长的救护行动不仅再次证明了自己的合法性所在,而且救护行动下出生的儿子给了秋菊幸福生活的保障。

但是，这个原初的家族纠纷经历的三次处理中，每个人的心中却都有着不同的理解和解决方案，其本身就代表西沟子村在改革开放后面临的秩序重建。自然共同体的礼治秩序，乡村共同体中的政法秩序，以及更大的政治共同体中构建的法治秩序，三种秩序不断冲撞，也不断塑造着西沟子村的村民、基层工作者。王善堂作为最现代化的人，和法治秩序一样，希望抛弃自己的伦理责任，而法治秩序本身也驱逐了传统的基层政权运作中李公安的伦理责任。但是法治秩序难以触及秋菊最为关注的角色：家长。而秋菊在这次的悲剧事件中，却成了万家的家长。庆来、老万和小姑仍然会一如既往地支持秋菊不断走向通往城市的道路。这也许是悲剧中的喜剧。

秋菊二十年

反思"法律与文学"

陈 颀*

1996年,苏力发表《秋菊的困惑和山杠爷的悲剧》,奠定了从文艺作品讨论法律与社会问题的"法律与文学"学术范式。从现代学术工业的评价标准来看,"秋菊的困惑"是过去二十年最有生命力的中国法学理论命题之一,从这个命题衍生的诸多学术论文就是明证,无论其态度是支持、推进,还是质疑、反对。一个命题遭遇批评不代表命题本身有问题,可能恰恰是它有一些刺激读者的新东西。用苏力自己的话来讲,是"批你也算是看得起你"。

不过,遗憾的是,过去二十年对《秋菊打官司》(以下简称《秋菊》)的方法论反思并不充分,以至于许多争论不过是学者们在不同的频道上"自说自话"。学者们往往基于不同的法律观念和立场,讨论和使用"秋菊形象"。而且,《秋菊》的文学理论研究的方法和立场也存在着多样的歧异。在这个意义上,不论是否支持"秋菊的困惑",研究者需要追问一个"法律与文学"的方法论问题:我们在讨论秋菊时是

---

* 本文原载《读书》2016年第9期。

以什么态度和方式进行的？

秋菊的困惑：法盲与法治

"我就是要个说法，我就没让他抓人，怎么把人给抓走了？"从《秋菊》的戏剧性结尾入手，苏力建构了"秋菊的困惑"的基本命题：根据（西方）"普适权利"构建的当代中国的正式法律制度无法容纳和回应秋菊的"讨说法"，反而损害了乡土社会中长期存在的社会互惠关系，造成悲剧性结局。

"秋菊的困惑"挑战了当代中国的主流法治理论。这种理论主张每个中国公民都应该敢于"为权利而斗争"，强调政府官员必须依法行政，不得侵犯秋菊们的个人权利。于是，要实现这个大写的"法治"，需要普通公民和政府官员都具备"法治意识"——法治的前提是民众"理解"乃至"信仰法律"。"秋菊的困惑"则提出了一套与主流法治不同的叙事模式：秋菊"讨说法"的目的并不是通过法律实现个人权利（无论是民事赔偿还是刑事惩罚），她要的是村长道歉，并继续为西沟子村人服务。从乡公安到市人民法院的法律程序并没有给秋菊一个"说法"，但是村长救助难产的秋菊和秋菊的顺利生产，已经让西沟子村一度紧张的官民冲突得以"自然弥合"。然而在影片结尾，国家法律的介入带走了村长，反而破坏了乡土社会的互惠秩序。

在主流法治叙事看来，秋菊不过是个"法盲"。在苏力看来，"秋菊的困惑"意味着中国法治需要摆脱基于普适主义的"法律移植"的诱惑，认真理解和对待"秋菊的困惑"。

理解的第一步是听懂秋菊充满乡土气息的"说法"。由此出发,有论者深入分析了"说法"背后的"本土资源":中国农民传宗接代的生活信仰,乡土社会中"气"和"面子"的生活逻辑。也有论者强调现代法律体系必须理解中国民族的"生育本能",因为这是维持秋菊一家与西沟子村的安定团结的根本原因。作为"生育制度"基本单位的家庭及其价值,也理应成为理解中国法律与社会关系的基本立足点。更有论者从"秋菊的困惑"转向"村长的困惑"和"李公安的困惑",讨论电影反映的改革开放以来的官民关系变迁、基层治理困境及其根源等"中国政治与法律的根本性问题"。

当然,也有不少论者质疑苏力的基本命题。"秋菊的困惑"在什么意义上构成真实世界"法律与社会"的冲突,抑或只是苏力建构的一种巧妙的修辞?——现实法律实践中很少出现这种二元对立的矛盾冲突。于是,秋菊不依不饶地要求村长道歉本身是不是就是一种不合理的请求?现代法律制度,无论是民法的"赔礼道歉",行政法的"依法行政",还是刑法的"依法审判",对"秋菊的说法"可能是不完美但是后果更好的替代解决方案。更进一步来说,如果说在改革开放早期"秋菊的困惑"尚属寻常事件,那么到了"中国特色社会主义法律体系已经基本形成"的今天,"秋菊的困惑"是不是早已被现实解决,或者成为理应进入"历史的垃圾箱"的过时命题?

秋菊的逻辑：法律与社会

其实，第一个自觉反思"秋菊的困惑"的学者正是苏力本人。在《从文学艺术作品来研究法律与社会？》（1996）一文中，他讨论"法律与文学"得以成立的四个理由：第一，《秋菊》是"现实主义流派"电影；第二，"秋菊的困惑"的真实性在于生活的逻辑建构及其背后的普遍意义；第三，已有许多以文艺作品为素材来研究法律的成功范例；第四，文学故事解释相对于法律解释更具开放性，可以提供区别于主流法学理论的多元视角。

苏力式的"法律与文学"，研究素材是文艺作品，研究方法是文学（故事）的生活逻辑建构及其开放性，研究对象是法律与社会。二十年来，从"秋菊的困惑"命题出发，学者们讨论了当代中国的"国家与社会""权利与情理""现代与传统""法治与法盲"等二元对立的法律冲突与矛盾，主张中国法治应当建立在尊重以"秋菊"为代表的普通中国人的生活方式及其法律需求的基础之上。因此，以"秋菊的困惑"为代表的中国"法律与文学"研究，与苏力提倡的法社会学、社科法学分享着共同的方法论基础：将"中国（社会）经验/价值"带回中国法学研究。在这个意义上，"秋菊的困惑"是一个立足于中国语境的学术创造，而非西方"法律与文学"既有理论的简单套用。毋庸置疑，这是苏力对中国法学研究的独特贡献。

沟通中国"法律与文学"的是"中国社会"，或者说立足于解释中国社会特定经验的法社会学理论。因此,"秋菊的困惑"对《秋菊》电影的使用当然是素材意义的。这种法社会学的文学素材使用与文学解释存在区别。文学解释并不必然受社会科学限制,一个成功的文学解释并不必然依赖于外部社会解释。如果仅仅把文学故事当作法社会学的素材,那么这样的解释对于文本而言就是外在的。在我看来,"秋菊的困惑"命题面临的真正挑战是:如何超越"法社会学"等"外在理论"对文艺作品的内在形式和整体结构的"素材化/对象化"束缚,从而超越"法律与社会"等法社会学命题的二元对立的矛盾冲突,进而思考更具建设性的新的法律思想和实践的可能。前者意味着需要重思文学故事建构法律命题的方法论,后者决定着"秋菊的困惑"仅仅是一个"批判法学"的特殊性命题,还是更具建设性的开放性的法学理论问题。

反思和推进"秋菊的困惑",首先需要超越对文艺作品的"素材"式(因而是法社会学理论先行的)方法论预设。换言之,不是用一种外在的"法律与社会"理论裁剪《秋菊》,而是力求文学的叙述形式与社会语境的统一。在《秋菊》的电影形式中寻求语境化的理解和解释,在此基础上连接更为广阔的"理论问题"。相比起纠结于秋菊故事的真实性或代表性等实证主义问题,不如直接把《秋菊》视为一部虚构作品,从秋菊故事的隐喻中寻求不同主体对于当代中国法律和政治的不同想象。因此,秋菊故事的意义首先在于论者的叙事建构,尽管其"可信性"依赖于更为广阔的社会语境。在这个意义上,有理由认为,讨论"村长的困惑"和

"李公安的困惑"等命题的学者推进了《秋菊》的文本与语境的研究。

秋菊的隐喻:超越"法社会学"

从"秋菊的困惑"视角出发,国家法律的"入侵"必然导致秋菊和村长(也就是乡土社会)的双重悲剧。"秋菊的困惑"之所以是悲剧性的,是因为背后的(西方)社会学理论本身蕴含国家与社会、法律与伦理、现代与传统的二元对立。"所有的道路都通向城市",面对以普适话语出现的现代国家法律,代表着传统社会伦理的秋菊必然遭遇悲剧,而且秋菊们的个体命运无法逃脱国家现代化转型的普遍逻辑。

"秋菊的困惑"受困于"二元对立"之处,正是"法律与文学"的开放性和可能性能够推进的地方。尽管遭遇了现代法律带来的戏剧性结局,但是《秋菊》的结尾并非秋菊故事的必然结局。

回到《秋菊》,在讨论"秋菊的困惑"的"欧·亨利式"结尾之前,需要回到电影的核心情节:秋菊为什么百折不挠地"讨说法"?在讨说法的过程中,除了坚持和挫折,新的经验(特别是城市经验)带给秋菊怎样的超越"传统农民"的动力和主体意识的可能?追问和推演秋菊的"生活逻辑"需要解释和重构秋菊的"生活世界"。在我看来,秋菊之所以走出乡土社会进入镇里、县上和城市讨说法,其动力不仅是生儿育女的乡土伦理,而且包含着平等的尊严和要求村长"为人民服务"的社会主义政法伦理,以及家庭联产承包后通过种辣椒-市场交易而获得的财产-经济权利。换言之，这三种因素都是秋菊讨说法的动力。在这个过程中，秋菊多次（在多个瞬间）以为"社会主义政法伦理"（李公安-严局长）和"市场经济-法治"（法院）能够帮助她讨个说法，让村长道歉。

在讨说法的路上，秋菊已经成长为一个真正的"主体"。传统伦理、政法传统和市场法治这三种"社会逻辑"共同塑造了秋菊，使她超越了传统农村妇女的生活局限，成为万家新的家长、西沟子村人重视的"能人"。从秋菊的主体性出发，她与村长之间的矛盾未必不会以和解告终，尽管她可能遭遇新的挫折。秋菊的主体性意味着一种新的历史和法律的理论可能。

透过秋菊的隐喻，我们可以发现当代中国"法律与社会"的复杂性：纠缠在乡土伦理、政法传统和市场法治等多种"社会逻辑"之中，蕴含着悲喜剧的种种可能。反之，这也意味着某种单一的"社会科学"不可能建构一个完美的"法律与社会"秩序。今天我们之所以没有跟秋菊说再见，是因为我们在现实生活中常常"再见秋菊"。只要随便百度一下，秋菊已经不再是传统农村妇女的法盲形象，而成为向政府/法院讨说法的代言人，甚至成为当代的"法治英雄"，普法宣传的正面典型。法律实践中的"讨说法"常常意味着老百姓与政府打官司，但与秋菊一样，现实社会中司法判决本身往往不能让"秋菊们"心服口服，因为他们"讨说法"的目的并不局限于法治教科书所提倡的"为权利而斗争"。如果判决结果在根本上不符合"秋菊们"的"理"，判决的权威和执行力就会大打折扣。在这个意义上,理解秋菊就是理解秋菊讨说法的叙述形式背后的社会"道理"。进而言之,虽然不是所有"理"都应当被国家法律认可,但是一个忽视社会共识的法律体系注定外在于民众的真实生活。

《秋菊》的故事必将继续。续写秋菊的故事,需要我们勾连文本形式和更广阔的社会语境,思索秋菊的未来。秋菊们的未来,可能不在西沟子村,而在城市。因为20世纪90年代初种辣子能让秋菊一家奔小康,但家庭土地和小农生产的局限让秋菊们不大可能通过种植经济作物实现真正的富裕。因此,秋菊的未来似乎不可避免地卷入了国家现代化和城市化的社会转型的大潮中。假设秋菊来到城市打工,当她再次遭遇法律纠纷的时候,她还愿意信任国家法律和政府官员吗?如果答案是否定的,她会用什么办法来讨回自己的公道呢?

秋菊之后:推进"文学与法律"

从"秋菊问题"出发,"法律、文学与社会"三者共同构成了中国"法律与文学"运动的核心要素。因此,讨论秋菊的意义至少有三重:首先,建构"秋菊的困惑",挑战主流法治的"皇帝新衣";其次,追溯秋菊讨说法的动力及其社会历史传统;最后,反思秋菊的隐喻如何从"法盲"到"法治英雄"。

诚如冯象教授所言,改革开放"新法治"或法律自主,意味着社会生活中法律占据中心,而文学自甘边缘。处于社会中心的"法治"既需要文学（艺术）为法治话语的大众普及服务，也需要社会实践服从"法治"的权威。在人文和社会科学日益"西化"和专业化的时代，"法律、文学与社会"既批判基于"西方移植"的现代化法律体系，也反思"去社会语境化"的文学-审美标准，还试图超越社会-国家、传统与现代等"二元对立"的社科理论模型。

就此而言，要想真正推进"法律与文学"，需要在"法律、文学和社会"三方面分别超越各自的学科限制。对（中国）法学而言，文学-社会既是反思和批判现代法治合理性和有效性，也是构建不同于"主流法学"的多元法律图景的中国语境的工具和方法。对（中国）文学而言，法律-社会既是文学阐释的语境和思路，也是评价文学价值的参考标准。对（中国）社会而言，法律-文学既在社会语境中实现各自的权威和功能，也是重新激活对中国社会的多元性和可能性阐释的必要中介。

从中国"法律、文学和社会"的复杂关系和多元传统出发，有两类文艺作品值得进一步做"法律与文学"研究。

第一类是"新法治"建立后被放逐或遗忘的法律经验和法律传统，特别是两种"文学经典"的再阐释。在"新法治"建立之前，法律与伦理并不分离，通过法律伦理化和伦理司法化紧密联系。首先是以儒家礼法为代表的中国法律传统兴起和衰落的得失教益，包括经史中"刑罚""复仇""婚丧""清官""循/酷吏"等"法律故事"的礼法意涵，以及唐传奇、元杂剧、明清戏曲和小说等"通俗文学"所反映的礼法原则与社会实践之间的冲突与调适。其次是中国近代革命的兴起和社会主义政法传统的"再发现",包括鲁迅等现代经典作家的小说,从延安时期到土改阶段的文艺作品(如赵树理小说和《白毛女》等戏剧),以及新中国成立后以样板戏为代表的革命-政法文艺作品。

第二类是"新法治"建立过程中被压抑或忽视的法律斗争和法律想象,特别是"主流文学"之外的"大众文化"。"新法治"建立,意味着"诗人"被剥夺了教化者的权利,正如奥登在《悼念叶芝》(1939)中所叹:"诗歌不能让任何事发生。""新法治"的统治地位,或许可以排除非"法律人"参与法律讨论的合法权利,但是不可能排除大众文化中的各种"法律想象"。如何发现那些被压抑的主体的法律故事?可以阅读"底层小说",尽管我们已被再三警告:"底层"之名并不等于"底层"之实,因为代言"底层"的创作者是知识分子。又如,中国电视剧一向擅长"伦理与社会纠纷"题材,在剧中"法治"多半服务于伦理主导的社会生活。近几年,当代商业电影越来越常涉及法律题材,其中"非法"的社会犯罪(如宁浩导演作品)和法庭剧的兴起(如《全民目击》)都展现了新生代导演和城市观众的"市民社会的法律想象"。当然,还有想象未来社会可能图景的科幻小说:刘慈欣的《三体》系列描绘了地球与三体的"文明冲突",反思了现代社会及其政法制度赖以成立的基本道德观和法律观的脆弱性。此外,一个更"大众化"的法律想象来自网络小说特别是"历史穿越"小说:几乎每一部主流历史穿越小说都关涉穿越者对政治和法律的评判和重构。在点击率超过一千万的《新宋》和《宰执天下》两部穿越小说中,作者分别设计了"封建南海"和"大议会"等宋代文明基本宪制，对当下中国宪制也不无启迪。

上述两类文艺作品的"再阐释"和"再发现"，意味着在中国讨论"法律与文学"的广阔前景，也预示着中国法治的新的可能性。最后，带着"法律、文学与社会"的新思路，让我们思考一个秋菊的"版本学"问题。在《秋菊》上映后的十多年间，原著小说《万家诉讼》的作者陈源斌陆续创作了《秋菊杀人》《秋菊打假》和《秋菊开会》等"秋菊系列"小说，然而反响平平。在这些故事中，"懂法"的秋菊打完官司又打假，而且成了人大代表，甚至"让高官人头落地"。作者陈源斌也从一个默默无闻的普通作者成为某省文学院院长，甚至担任过某市市委副书记。或许秋菊的"开会"和"打假"的"法律实践"，与作者成名之后的经历有关吧。不管怎样，这些以"张艺谋""巩俐"大名自抬身价的"秋菊系列"不属于西沟子村，也不属于文学史或法律史。而坚持要"讨个说法"的秋菊，会与中国的"法律、文学与社会"一直在路上。

从秋菊到WTO

国际体系与超前立法

章永乐 *

我们生活在历史急速前行的洪流之中。1996年10月,一本题为《法治及其本土资源》的专著问世,那个向各级领导要"说法"的秋菊的形象从此在中国学术史上留下了深刻的烙印,法治建设应当如何回应中国基层乡土社会的需求,成为一个重要的学术议题。当月,中美两国元首会晤,同意加快中国加入WTO的谈判;当年中国的GDP排名世界第七,几乎是美国的十分之一,不到英国的三分之二。2016年,《法治及其本土资源》迎来出版二十周年,已经有青年学者总结《法治及其本土资源》所激发的对《秋菊打官司》的后续研究,其文献规模与理论深度均颇为可观;[1]此时中国的GDP已经排名世界第二,接近美国的三分之二,是英国的四倍。面对中国这个第一贸易大国的攻势,欧美各国政客发出一片贸易保护主义的呼声,而美国已经试图抛开WTO,另

---

* 章永乐,北京大学法学院。本文原载《武汉大学学报(哲学社会科学版)》,2017年第1期,收入本书时略做修订。

[1] 陈颀:"秋菊二十年:反思'法律与文学'",载《读书》,2016年第9期,第160-168页。

起炉灶,设计TPP(跨太平洋伙伴关系协定)与TTIP(跨大西洋贸易与投资伙伴协议)这样的新的贸易框架。

二十年之后,《法治及其本土资源》的作者苏力推出了一系列对"大国宪制"的研究,从三个层面探讨古代中国如何通过一系列基本制度将许多松散的农耕小共同体整合成为一个大国,他将小共同体内部的秩序安排与"齐家"相对应,将国家层面把众多横向联系的松散小共同体整合在一起的制度安排与"治国"相对应,将国家回应游牧文明与农耕文明之间的对立与冲突的努力与"平天下"相对应。[2]在这个新的分析框架里,《法治及其本土资源》无疑聚焦在"齐家"与"治国"两个层面,尤其强调国家正式法律制度的建构需要回应小共同体生活的内在需要,并指出"法律移植"与这种内在需要存在着脱节,因而需要反思。但从苏力提出的这个新的分析框架来看,《法治及其本土资源》与"平天下"这个层面的关联是比较薄弱的,尤其是未能充分展现出其所批评的"法律移植"在国际秩序层面的动力来源。

本文试图接着苏力对"齐家""治国""平天下"三个层面的区分,进一步讨论法律制度演变的国际动力来源。地缘政治与国际秩序的演变推动国内制度建构的演变其实并不是什么新的命题。英国地理学家哈尔福德·麦金德(Halford J. Mackinder)认为国家的观念通常是在"共同苦难的压力和抵抗外来力量的共同需要下才被接受的"[3]。德国历史学

---

[2] 参见苏力:《大国宪制》,北京大学出版社,2018年,第23-30页。
[3] [英]哈·麦金德:《历史的地理枢纽》,林尔蔚、陈江译,商务印书馆,1985年,第51页。

家奥托·欣茨（Otto Hintze）甚至认为国家之间的冲突比马克思讲的阶级斗争对国家内部结构的影响更具决定性。[4] 佩里·安德森（Perry Anderson）、[5]查尔斯·蒂利（Charles Tilly）、[6]西达·斯考切波（Theda Skocpol）、[7]迈克尔·曼（Michael Mann）、[8]托马斯·埃特曼（Thomas Ertman）[9]等历史社会学家都在不同程度上强调了地缘政治与国际秩序演变对于国内秩序的影响，并且也影响到了许田波、赵鼎新等学者对于中国国家建构历史进程的研究。[10]本文无意重述既有的理论传统，而是试图在此背景之下，思考19世纪以来中国的国际战略选择对于国内法律制度的影响，并重新探讨"法律移植"这一苏力曾给予很大关注的问题。

本文仍将借用苏力常用的秋菊形象展开论述，并试图将其与世纪之交时国际秩序的代表WTO关联在一起。这种并列多少会让人感到突兀：一个是遥远山村的农妇，处在基层的基层；另外一个，属于世界贸易的"顶层设计"，与国际

---

[4] Otto Hintze, *The Historical Essays of Otto Hintze*, Oxford: Oxford University Press, 1975, pp. 178−215.
[5] [英] 佩里·安德森：《从古代到封建主义的过渡》，郭方、刘健译，上海人民出版社，2000年；《绝对主义国家的系谱》，刘北成、龚晓庄译，上海人民出版社，2000年。
[6] [美] 查尔斯·蒂利：《强制、资本和欧洲国家（公元990—1992年）》，魏洪钟译，上海人民出版社，2007年。
[7] [美] 西达·斯考切波：《国家与社会革命：对法国、俄国和中国的比较分析》，上海人民出版社，2007年。
[8] [美] 迈克尔·曼：《社会权力的来源》，刘北成、李少军译，上海人民出版社，2015年。
[9] [美] 托马斯·埃特曼：《利维坦的诞生：中世纪及现代早期欧洲的国家与政权建权》，郭台辉译，上海人民出版社，2010年。
[10] 赵鼎新：《东周战争与儒法国家的诞生》，夏江旗译，华东师范大学出版社，2011年；许田波：《战争与国家形成：春秋战国与近代早期欧洲之比较》，徐进译，上海人民出版社，2009年。

货币基金组织（IMF）、世界银行（WB）一起被称为世界经济发展的三大支柱。但二者都构成国内法律秩序需要回应的力量。秋菊及其所生活的小共同体，是中国当下的政治-法律秩序的基础，六十年前，一场轰轰烈烈的基层社会革命奠定了这个基础，而三十多年前的基层改革，则将秋菊们推入了商品经济时代。"基础不牢，地动山摇"，多年以来，决策者在农村改革上十分谨慎，尽可能避免触及基本制度。而在冷战结束之后，WTO成为获胜的全球资本主义的基本贸易框架，中国如果将自身置于这个霸权体系之外，经济就很难有飞跃式的发展。但是，要加入WTO并不是容易的事情，列强坐地起价，提出种种要求，其中一项就是要求中国对自己的法律体系进行大幅修改，使之与欧美的制度更为接近。

在加入WTO的压力之下，中国开始大幅修改旧有的法律与政策，并制定一系列符合WTO要求的新法律和新政策。这种"变法"，直接目的是为了获得美国霸权支配的国际贸易秩序的入场券，而不是回应本土社会提出的迫切诉求，所以可以说是典型的"法律移植"，一个更为温和一些的说法，叫作"超前立法"。但这种"超前立法"，实际上是20世纪中国的常态而非例外，源于一个古老国家在新的列国时代寻求国家地位的努力。本文试图指出的是，从20世纪历史来看，"超前立法"完全可能是源于不同类型的国际行动的策略选择。第一种动力源于适应列强主导的国际霸权秩序的战略选择，第二种动力源于与列强主导的旧国际秩序决裂，并试图创新国际秩序的革命运动。两种战略选择的交织，在很大程度上塑造了当代中国的法律发展路径和基本面貌。

一、适应型策略与"超前立法"

自从鸦片战争打开国门,中国接触到的第一个欧洲国际体系,就是1815年维也纳会议奠定的"维也纳体系",英国、俄国、奥地利、普鲁士、法国是这个体系的五大强权。这些国家的世袭统治者们为了防止再次发生法国大革命,建立了一个相互协调的机制,避免相互之间发生冲突,将精力转向海外殖民扩张。在扩张之中,列强将欧洲文明设定为普遍的"文明标准"(standard of civilization),据此对非欧洲国家的性质做出区分。梁启超曾于1899年在《文野三界之别》中重述福泽谕吉引入日本的文明等级论:"泰西学者,分世界人类为三级:一曰蛮野之人,二曰半开之人,三曰文明之人。"[11] 据此,中国处于一个"半开化"的等级,列强可以在获得领事裁判权的前提下,与中国签订不平等条约。"维也纳体系"维持了欧洲内部的长久和平。但随着德国统一并迅速崛起,列强之间的冲突增大,协调体系失效,最终导向第一次世界大战。一战之后的巴黎和会试图重建国际体系,但未能恢复"维也纳体系"中的大国协调机制,列强之间的冲突持续并不断升级,最终导致二战的爆发。在二战结束之后,人类迎来的是两大阵营对立的冷战秩序,这一秩序持续

---

[11] 张品兴主编:《梁启超全集》,北京出版社,1999年,第340页。

到20世纪90年代初，随后进入美国一超独霸的时代。[12]

在这个背景之下，我们就可以理解清末修律和民国南京国民政府大规模立法背后的适应列强霸权秩序的动力来源。近代东西方列强在中国建立领事裁判权，其理论基础正是"文明标准"的论述：中国的法律不符合文明标准，因此让列强的侨民接受中国法庭的审判，是不人道的。清政府和民国南京国民政府[13]为了收回领事裁判权，一方面是与列强博弈，另一方面也进行了以"改同西例"为导向的法律改革。"文明的标准"背后隐藏着的是列强强大的组织化暴力，但是，它之所以能通行世界各地，跟被殖民者自愿或非自愿的接受，是分不开的。不少人也主动接受了列强的文明优越论，将"改同西例"变成一个自愿的、充满热切期望的过程。民国时代的法律人王伯琦在一篇题为《超前立法的出路》的文章中道出了他心目中"超前立法"的意义：

> ……我们的行为规范，虽不是立法者可以制造的，但立法者制成的法律，对于社会大众的意识，确有莫大的启示作用，从而足以加速促成其意识之成熟……早熟的立法，在其一时的效力方面，或许要打些折扣，但在启迪人民意识方面，却有极大的作用。我们不妨称之为

---

[12] 以上对19世纪以来国际秩序演变的概括，得益于2016年秋季学期笔者的博士论文导师之一佩里·安德森教授在北京大学所发表的一系列演讲，参见佩里·安德森：《大国协调及其反抗者：佩里·安德森访华讲演录》，章永乐、魏磊杰主编，北京大学出版社，2018年。

[13] 国民党在第一次国共合作时期坚持"反帝"。在1927年国共合作最终破裂之后，国民党仍然坚持修改不平等条约、收回租界等，但在对外交往中表现出越来越强的妥协性。因此本文将南京国民政府的国际战略主要归为适应型战略。

"*法教*"。尤其在一个社会需要有重大的变革之时，此种立法上的手段，更为重要。[14]

超前的立法有什么意义？王伯琦说，它可以"启迪人民意识"，因此可以称为一种"法教"。他将这种"法教"放在代议制的背景下来考察，超前的立法者们既是民众的代表者，又是民众的教育者。

那么，究竟教什么呢？当然是引入当下西方的法律发展成果。在第一次世界大战结束之前，当西方法律仍保留着浓厚的古典自由主义色彩时，中国学习古典自由主义的声音也较高。而在第一次世界大战结束后，西方法律日益趋向于"社会本位"，"学习西方"也就日益变成了学习"社会本位"的最新立法。围绕着西方两个阶段的精神差异，民国的政治与法律精英中还爆发了究竟应学习"社会本位"还是"个人本位"立法的争论。胡汉民、吴经熊主张"社会本位"，而王伯琦、蔡枢衡则认为西洋当下的法律是在人格独立基础上的进一步发展，而中国本来就没有将个人人格独立的原则确立起来。[15]前者对西方晚近的"社会本位"倾向与中国传统民族心理的相似感到欢欣鼓舞，将此作为中国能够适应世界潮流的证据；而后者则对前者的乐观感到忧心忡忡，认为中国需要补上古典自由主义的课之后才真正追得上世界潮流。但无论如何，两派共享了同样的焦虑，都努力使中国适应于

---

[14] 王伯琦：《近代法律思潮与中国固有文化》，清华大学出版社，2005年，第74页。
[15] 孔庆平："个人或社会：民国时期法律本位之争"，载《中外法学》，2008年第6期。

国际秩序的主流。

"适应型策略"在民国时期碰到的最大尴尬是：在一战最终摧毁维也纳体系之后，世界秩序进入了一个混乱时期，若干大国竞争对区域和世界的控制，因而并不存在一个稳定的国际体系。当有能力建"朋友圈"的"群主"们在那里打成一团的时候，想找个主流"朋友圈"加入的中国人，也就面临着一个根本问题：谁才是主流呢？

二、革命型战略与"超前立法"

然而，在一战导致1815年建立的"维也纳体系"全面崩溃之后，另外一批中国政治精英选择的是与列强主导的旧秩序决裂的革命运动。在巴黎和会上，中国名为一战的战胜国，却被列强像战利品一样处置，引发了国内的抗议热潮。而十月革命之后，苏俄对列强霸权秩序的挑战，呈现出一种不同的国际秩序的可能性。随之，中国就有了共产党的成立和国民党的改组，二者联手发动的国民革命公开打出了"反帝"旗号，但最后是中共将这一旗帜真正坚持了下去。新的革命的目的并不是获得既有的国际秩序的承认，而是要通过"世界革命"改造既有的国际秩序，在一个新的、更为平等的国际秩序中为中国赢得尊严。在此，对一种新的、尚未变成现实的理想社会的渴求，取代了列强的承认，成为立法的引导意识。[16]同时,伴随挑战而来的战争的压力,也成为制度演变的重要动力。

在革命过程中,共产党人在中国乡村推行的许多新法实际上都是非常"超前"的,以妇女解放为例,这本身并不是中国基层社会自身提出的迫切诉求,它首先是中国进步知识分子在国际影响下所产生的理念,后来才变成行动。当这一主张变成实践时,也经历了诸多曲折。1928年7月中共六大《妇女运动决议案》要求苏维埃政府成立时,立刻颁布解放妇女的条例。各革命根据地颁布相应婚姻条例,废除重婚、婢女、童养媳、买卖婚姻和包办婚姻。这一阶段中共受到苏联影响较深,许多地方的婚姻政策规定"结婚、离婚绝对自由"。1931年制定的《中华苏维埃共和国婚姻条例》几乎更是照搬了苏联《婚姻、家庭及监护法》第18条的规定,宣布:"确定离婚自由。凡男女双方同意离婚的,即行离婚,男女一方坚决要求离婚的,亦即行离婚。"[17]这一规定主要考虑的是妇女解放、社会革命而非社会稳定,对按传统习俗成婚的婚姻关系也没有做出规定。革命根据地很快出现"离婚潮",尤其对红军战士家庭的稳定造成了很大的冲击。在调查研究的基础上,苏维埃政府于1934年4月8日颁布了《中华苏维埃共和国婚姻法》,在坚持解放妇女、保护妇女合

---

[16] 毋庸讳言,在操作层面,苏联代替欧美列强成为法律样板,对于曾经作为共产国际支部的中共来说,以苏联为中心的国际共产主义阵营构成了一个新的秩序,中国当然需要获得这个新秩序的承认,对于"二十八个半"布尔什维克来说,这种承认是至关重要的。但是,当中共在毛泽东领导下独立性不断增强之后,这种对莫斯科承认的需要就大大减退了。
[17] 张希坡:《中国婚姻立法史》,人民出版社,2004年,第136-137页。

法权益的同时，也进一步保护了儿童的权益，又适当体现公平原则和照顾现实情况，对红军战士的家庭婚姻也进行了特别的保护。

类似的故事，在后来的陕甘宁边区又上演了一次。《陕甘宁边区婚姻条例》颁布之后，边区掀起"离婚潮"，抗日军人的家庭稳定尤其受到冲击。边区政府在1943年1月同时颁布了《陕甘宁边区抗属离婚处理办法》和《修正陕甘宁边区优待抗日军人家属条例》，对抗属离婚做出了一些特别规定。1944年3月20日重新颁布了《修正陕甘宁边区婚姻暂行条例》，一定程度上向当地的传统做了妥协。[18]中共认识到仅仅是法律条文的变化并不能保障妇女地位，更重要的是从经济基础上提升妇女地位，于是动员妇女参与边区大生产运动，促使男女两性的利益在发展经济、增加家庭收入上得到统一，并提出了"家庭和睦"的口号，同时，大力鼓励妇女加入农会、工会、共青团、共产党乃至革命军队。

无论是中央苏区还是陕甘宁边区，由于立法者与基层民众存在频繁的互动，尤其因为立法者直接仰赖于民众这个"衣食父母"，一步走错可能会导致革命队伍成千上万地死人，立法中出现的教条倾向，很快就能获得纠正。但是，不管中共如何进行现实主义的调整，立法始终是其庞大社会改造计划中的一个环节。站在国民党一边的王伯琦说的"法教"，对于共产党人来说也具有部分的现实意义——对新法的宣传，

---

[18] 韩延龙、常兆儒编：《中国新民主主义革命时期根据地法制文献选编》第4卷，中国社会科学出版社，1984年，第810页。

实际上成为思想政治工作的一部分,成为社会动员的一部分。社会或许没有成熟到可以实施新法的地步,但共产党人将通过革命,将其改造成适应新法的社会。在这一背景下出现的马锡五就是一个极具典型性的形象,他镶嵌在一场以"超前立法"为手段的社会革命之中,通过与基层民众密切互动的司法,既维护个案的公正,也继续推动这场社会革命。

对一个尚未实现的新社会的憧憬,引导着革命根据地法律制度的变革。但与此同时,革命者时刻处于战争的压力之下,当社会理想碰到战争的必然性(necessity)的时候,很多时候就需要权衡。上文所述根据地婚姻法的演变之中,就存在对战争因素的考量——如果过度的"离婚自由"导致广大指战员的婚姻家庭不稳,那么它最终将会削弱革命的力量,因此也不能不对其做出限制。而另一个重要的例子,就是朝鲜战争爆发对中国国内制度变迁的影响。

新中国刚成立之时,在工业化道路上实际上存在多种可能的选择。但是,朝鲜战争爆发,美国第七舰队入侵台湾海峡,对决策者而言,打赢迫在眉睫的战争,关系到新政权的生死存亡。而战争需要强大的重工业,重工业需要大量投资,在当时的条件下,只能是从农业剩余中提取。1953年,梁漱溟对中央的工业化战略提出质疑,认为中共进城之后,工作重点转移于城市,忽略了农民。而毛泽东的回应是,"照顾农民是小仁政,发展重工业、打美帝是大仁政"[19]。毛泽东完全理解梁漱溟要的是个什么样的"说法",他担心的

---

[19] 汪东林:《梁漱溟与毛泽东》,吉林人民出版社,1989年,第20-23页。

是中国在波诡云谲的国际环境中处境危险，打得赢战争，是提高生活水平的前提条件。

在当时的地缘政治压力下，中国走上了城乡二元、重工业优先的工业化道路。这是一条最有利于集中资源加强国防的道路，但也会造成许多弊端。从此，城乡之间没有了自由迁徙，流动只能通过行政体系来实现，工业人口和农业人口过上了差异很大的生活；有着"国家干部"身份的知识分子主要集中于城市，与乡村的生活经验日益产生隔膜；[20] 在苏联变得日益严重的官僚化问题，在中国也出现了。在这一工业化道路上出现的许多新现象，并不符合毛泽东的社会理想，因此他试图以新的政治运动来防止中国向苏联的方向发展。但是，当中国同时陷入与美苏两国的冲突，地缘政治环境进一步恶化、战争压力进一步增大的时候，纵然是毛泽东也只能做出现实主义的抉择。当政治运动冲击到军队的时候，他果断地出手阻止，以保存中国的国防力量。至于当年曾让整个社会主义阵营惊愕的 1972 年尼克松访华，更是一个充满现实主义色彩的新发展。

三、重归"适应型"战略？

在 1972 年尼克松访华的基础上，中国于 1979 年与美国

---

[20] 这当然不是新的问题，晚清废除科举之后，新知识分子就不断逃离乡村。包括邓小平在内的第一代领导集体试图通过知识青年"上山下乡"的方式，一方面解决城市就业岗位不足的问题，另一方面也解决知识分子与基层脱节的问题。然而，城乡生活水平的巨大差异，使得"上山下乡"在许多当事人的主观感觉中变成了一种惩罚，到 20 世纪 70 年代末期，这一做法即被逆转。

建交，而且形成了制约苏联的准同盟。作为回报，美国领导的资本主义世界也向中国部分开放了市场。在"世界大战打不起来"的判断下，重工业优先的发展战略也发生了改变，这为轻工业蓬勃发展，从而迅速改善民生提供了前提。

而在知识界发生的变化，则是马克思主义史观的变体与西方文明优越论发生叠加——既然要反思"文化大革命"，推动改革，那就要打掉"文化大革命"中对于中国站到人类文明前沿的确信，承认中国在社会发展阶梯上处于一个较低的位置，需要"补课"。在这种意识下，19世纪的西方文明优越论就正大光明地回到20世纪80年代的中国，各行各业更是涌现出了一批正在行走的"当代福泽谕吉"，也正是这样的社会大氛围，产生了1988年《河殇》这个文明论述样本。而苏联解体、东欧剧变之后，美国成为世界唯一的超级大国，"历史终结论"甚嚣尘上，也当然会对中国知识界产生影响。

在美国单极霸权的背景下，马克思主义史观的变体与西方文明优越论的叠加，产生的是加强版的"超前立法"观念："超前立法"，对上能够获得列强的承认，加快中国进入"国际文明社会"的步伐；对下可以教化民众，培养出所谓"现代人格"，推动社会的现代化，何乐而不为呢？如果不考虑这样一种几乎是"主流共识"的知识背景，我们就很难理解为什么《法治及其本土资源》的出版能够引起这么大的风波——并不是因为批评者完全不愿考虑苏力所提出的"法律移植"在技术层面可能有的缺陷，而是因为苏力在其中表现出来的世界观与价值观对"主流共识"的背离——苏力以"地方性知识"这一概念将"向上"的眼光相对化了。由此来看,与工业和城市工商业文明相配套的现代法律体系,从根本上讲也是一种"地方性知识",受到自己的时空限制;因而,"向下"的眼光,就获得了正当性,而秋菊要的"说法",正是在这样的眼光之中得到了呈现。

那么,20世纪90年代中国寻求加入WTO并因此修改自身的法律体系,究竟属于哪一种类型的"超前立法"?表面上看,它其实接近晚清修律和南京国民政府制定《六法全书》,都是基于一种适应国际霸权秩序的行为策略。事实上,在90年代,中国的左翼知识分子大部分对WTO的印象非常负面,视之为资本主义全球化的工具,一旦中国加入WTO,中国的民族产业可能会遭遇外资清洗,而中国民众的境遇更是岌岌可危。[21] 受命进行WTO谈判的官员偶尔发表的言论,也让很多人深表忧虑——显然,这些官员的眼光主要是"向上"的,不像是能听懂梁漱溟和秋菊们的诉求。

但是,出人意料的是,加入WTO之后,中国却迎来了人类历史上一个少有的经济飞跃期,十多年之间,中国的经济总量几乎每年保持两位数的增长速度。2005年,中国著名的网络BBS"天涯论坛"上一位名为"雪亮军刀"的网友发帖论证中国经济总量会在2030年超过日本,众多网友不相信,纷纷与之论战,试图证明中国经济并没有这么大的潜力,这一辩论成为当年重要的网络事件。但正反双方都没有

---

[21]《读书》杂志编辑部编:《重构我们的世界图景》,生活·读书·新知三联书店,2007年。

想到，仅仅五年之后，中国的 GDP 总量就超过了日本，再过五年，中国的 GDP 已经是日本的两倍。

这种生产力的爆发，不仅中国自己没有想到，欧美列强也没有想到。如果能预料到有这么一天，列强必然会在中国加入的时候，设置更为苛刻的条件。然而，当欧美政治与经济精英们回过神来的时候，为时已晚。以中国的体量，即便按照对自己不太有利的规则玩，也足以冲垮许多发达国家的制造业。就世界贸易秩序而言，中国是从一种"适应型"的战略选择开始，但随着实力的增长，绝不会一直"韬光养晦"下去。中国必将提出自己制定的游戏规则，而这正是让欧美列强极为不快的前景。

尽管 20 世纪 90 年代中国的左翼思想者们并没有预测到这样一个结果，但将这样一个结果归结为自由化、市场化的胜利，也是非常片面的。数亿人口在极短的时间内进入制造业，这在世界历史上极为罕见。在世界各国的历史上，这种急剧的工业化往往伴随着极大的社会分化与动荡，但中国较好地控制了急剧工业化的社会后果。这就与革命建国所打下的坚实基础有很大的关系——在通过 WTO 打开国际市场，从而扩大生产规模之前，中国已经拥有了数亿优质的不充分就业的劳动力，他们的健康状况、文化水平和工作伦理完全能够胜任正在兴起的制造业的劳动。同时，绝大部分农民工在农村仍拥有土地，生活有保障，能够承受进城失败的风险。土地并非私有，集中土地进行基础设施建设的谈判成本较低，这就大大加快了基础设施建设的进程，促进投资的迅速扩大。[22]这些条件是革命与社会主义建设所留下的，在新的形势条件下发挥出了优势，尽管这种优势是否还能继续保持下去，已经呈现出不确定性。

四、"入世"之后的秋菊？

而在这个故事中，秋菊有可能扮演什么角色呢？秋菊属于乡土中国，但那是一个经过革命与改革塑造的乡土中国。她作为一个普通村妇，敢跟村长叫板，这是近代社会革命塑造的农村妇女。秋菊家种植经济作物辣椒，而且有足够的劳动力收辣椒，运到集市上去卖，获得可自由支配的现金。秋菊的男人之所以一开始会言语冲撞村长，跟他建立在自家经济实力基础上的信心有很大关系。而在冲突发生之后，秋菊不断上访的盘缠，也来自她家农副产品所奠定的经济基础。秋菊，已经是一个进入区域商品经济市场的妇女。只是，在这个阶段的乡土中国，经济尚未从社会中"脱嵌"（disembedded，卡尔·波兰尼语），儒家的礼俗和社会主义伦理的某种混合，深刻影响着村庄成员的行为。

在加入WTO之后，我们将看到成百上千万的秋菊，离开她们的村庄，在遥远的沿海城市成为不断扩展的中国制造业的新工人。她们寄钱回家，老人们则在家乡抚育她们的孩子。由于户籍制度的限制，她们中只有少数人能在城市扎

---

[22] 乔万尼·阿里吉：《亚当·斯密在北京：21世纪的谱系》，路爱国、黄平、许安结译，社会科学文献出版社，2009年，第354-392页；黄宗智："中国经济是怎样如此快速发展的？——五种巧合的交汇"，载《开放时代》，2015年第3期。

根,大多数人最终还是要回到自己的家乡。打工经济也将深刻改造村庄内部的关系,在城市的经历让秋菊们学会给自己的劳动定价。"礼物经济"将在许多方面让位于"商品经济",原来常有的免费的相互帮忙,现在也要算钱了。熟人社会变成半熟人社会,经济逐渐从社会中"脱嵌",适合陌生人社会的法律在村庄里具有了更大的适用性。秋菊们原来生活的礼俗社会,也许就这样逐渐瓦解了。在新的"市场社会"里,秋菊们可能也不再要求当年镶嵌在礼俗社会中的"说法"。

但悖谬的是,当市场经济从社会中"脱嵌",秋菊们的传统生活世界走向碎片化的时候,中国的知识分子们似乎却对秋菊们当年要的"说法"有了更深切的同情和理解。我们可以看到越来越多的知识分子宣布自己的儒家认同,大街小巷的宣传画里有了更多的古文,学生和官员培训的教材里有了更多的"国学"。

要理解这个现象何以发生,我们或许可以回到同样是1996年出版的另外一本书,塞缪尔·亨廷顿的《文明的冲突与世界秩序的重建》。在这本书里,亨廷顿反复提醒他的西方读者,西方文明并不是普遍的,而现代化也不等于西化,在很多时候,它反而会带来非西方国家本土文明的复兴:"在社会层面上,现代化提高了社会的总体经济、军事和政治实力,鼓励这个社会的人民具有对自己文化的信心,从而成为文化的伸张者。在个人层面上,当传统纽带和社会关系断裂时,现代化便造成了异化感和反常感,并导致了需要从宗教中寻求答案的认同危机。"[23]

放在中国自身的传统里,这就好比一个人穷的时候怪祖宗没有给自己好的出身条件,但富裕之后,却热衷于修家谱,垒坟圈,前者和后者都是很自然的事情。"修家谱,垒坟圈"不等于回到传统社会,实际上传统的生活方式已经回不去了,如《共产党宣言》所说:"一切坚固的东西都烟消云散了。"[24]但越是在传统社会解体的时刻,人们心灵上越是渴求建立与祖先的连续性。因此,在符号层面,"传统"将被重新生产出来。人们一边拿着iPad,一边大谈对传统的脉脉温情,哪怕他们因为长期使用电脑已经不会写字了。

光是符号层面的变迁并不足以说明亨廷顿的观点。更重要的是,一个变得强大的国家,也不会再安于做别人制定的规则的被动遵从者,而是会提出分享规则制定权的要求,而历史上的"光辉岁月"将在很大程度上影响其对如何行使规则制定权的想象。旧霸权们为自己所制定的规则加上"文明""进步"的光环,而一个试图获取规则制定权的人将很快发现,这些规则中隐藏着"玻璃门""天花板",处处排斥和压抑新的力量成长。有了这样的审视,附加在这些规则之上的"文明""进步"的光环也将逐渐褪去。他将能更好地看清楚这些规则的利益分配功能,努力争取应属于自己的一份。这个过程可以叫作祛魅(disenchantment),也可以叫作

---

[23] 塞缪尔·亨廷顿:《文明的冲突与世界秩序的重建》,周琪等译,新华出版社,2002年,第67-68页。
[24] 中共中央马克思恩格斯列宁斯大林著作编译局编:《马克思恩格斯选集》第1卷,人民出版社,1972年,第254页。

"启蒙"——按照康德在《对这个问题的一个回答:什么是启蒙?》中的界定,启蒙意味着摆脱"自我招致的不成熟"。"自我招致"这个限定在此十分重要,其中的一个表现就是轻信霸权制造的那些光环,从而放弃了"运用理智的决心与勇气"[25]。

20世纪90年代的中国充满着对"国际秩序"的玫瑰色想象,而入世谈判正是在这一背景下发生的。如果让一个祛魅者从2016年穿越回1996年,他将如何面对"入世"谈判呢?我相信他仍然会坚持,"入世"是必要的,由此推进一些"法律移植"和"超前立法"也是必要的,因为这里牵涉到中国巨大的发展利益。但是,在具体的谈判中,祛魅者将能以更加冷静的态度来面对所谓"国际规则",在保证能够加入国际贸易俱乐部的前提之下,为民族产业与中下层民众争取更多利益。

我们所庆幸的是,20世纪革命立国所打下的基础足够坚实,以至于能够扛得住国际市场的冲击,并借助国际市场壮大了中国的经济力量,最终加快了对"国际社会"和"国际规则"的祛魅。这种祛魅将使得"向下"的视角获得更多的同情者,激活"法治的本土资源",让法律制度能更准确地回应这片土地上民众的现实需要,也因此在学界成为一个比二十年前更能引人共鸣的倡议。

---

[25] 詹姆斯·施密特编:《启蒙运动与现代性——18世纪与20世纪的对话》,徐向东、卢华萍译,上海人民出版社,2005年,第61页。

五、余论

一个国家的基本制度,无论古今,绝不会仅仅是满足于保障小共同体生活的需要,它还要保障将许多小共同体整合在一起的需要,以及维持国家在国际秩序中的地位。国家之间的竞争与冲突,对于一个国家内部的法律秩序演变有着极其重要的影响,对于近代以来的中国而言,这种压力甚至传递到了国人生活的方方面面。面对国际霸权秩序,如果采取一种适应型的、寻求加入主流"朋友圈"的战略,就要付出相应的代价——清末与民国为了取消领事裁判权而主动"改同西例"就是一个例子,20世纪90年代为了加入WTO而大量修改法律体系或许是另外一个例子,在这里就产生了迎合国际霸权秩序需要的"法律移植";而基于一种不同的社会秩序理想,反抗既有的霸权秩序,自建"朋友圈",也会激起霸权力量的反弹,对理想社会的追求,以及随之而来的战争的压力,都可能导向"超前立法"。

这一国际战略的视角,与"法治的本土资源"之间又存在何种关联呢?一个国家内部法律制度的演变必须回应国际秩序的压力,而这种压力未必是镶嵌在小共同体内的秋菊们所能理解的。但是,从根本上说,国际战略应当是决策者立足于本土民众整体利益与长远利益的选择。决策者需要密切关注国际秩序的演变,但不应轻易地被霸权力量所制造的"文明"光环和各种"政治正确"的"大词"所迷惑,而应保持着"向下看"的眼光,保持着冷静计算利益得失的本能。在此意义上说，秋菊寻求的"说法"，尽管未必能实现，但应当被听到，被决策者们所理解。对中国基层社会及其诉求的经验感，有助于决策者们在做出重大战略决策的时候，更准确地估测这些决策的基层效果，坚持那些对国家长远发展必要的"超前立法"，同时力求避免那些被"大词"忽悠之后一厢情愿的、对中国社会无益乃至有害的"超前立法"。我们相信，一个在国际秩序中分享规则制定权的强国，也必将有更大的空间，在自身的法治建设过程中回应来自基层社会的诉求。尽管这种可能性最终未必能变成现实，但值得努力。

在过去的三十多年间，中国的法学理论研究者多数是以加入和适应美国主导的国际秩序为基本前提展开思考的。但当中国正逐渐拥有一部分国际规则制定权，完全基于"适应"的理论假设就会限制我们的想象力，导致我们在应当提出自我主张的时刻无所作为。这个时刻的到来比我们预想的要快得多。在美国总统特朗普公开喊出"美国优先"（America First）的时候，美国已经放弃了对自己曾经大力推动的这一波全球化的领导权。所有的霸权都需要把自己的私利包装成为公益，如果一位群主无视自己早先制定的群规，公然宣布自己的原则就是追求私利，甚至天天以"退群"为威胁要求群友给他"发红包"的时候，这个"朋友圈"的离心力也必将与日俱增。国际体系进入了一个波动期，在可预见的未来，国际社会的各种力量将发生新的分化组合，许多原本稳定的国际规则都可能需要重新设定。而国际博弈的压力，也必然会传导到国内，影响到国内的诸多制度选择。

国际体系的突变，呼吁法学理论研究者以更广阔的视野，批判性地审视国际体系的演变与各国国际战略选择对其国内法律制度的影响，将对国内法治议题的思考与中国争夺国际规则制定权的实践结合起来。我们需要思考WTO这样的西方主导的国际"朋友圈"与中国基层的秋菊们的关系，但更需要思考上海合作组织、金砖国家、"一带一路"、亚投行等中国自己组建的国际"朋友圈"与秋菊们的关系。我们的制度思考，需要在抽象的国际秩序与中国基层社会的秋菊们之间"流连顾盼"，将苏力晚近作品中所界定的"齐家""治国"与"平天下"三个层面，有机地整合起来。

奔走于城乡之间的秋菊，也许一辈子都理解不了WTO这样抽象的国际组织制度的运作。但那些与国际秩序"顶层设计"打交道的法律工作者们如果能够理解秋菊们的诉求，也许可以在围绕国际规则的博弈中做出更有针对性的努力，让中国加入和自建的国际"朋友圈"，更好地服务于这片土地上的秋菊们。

法律多元主义的重构

秋菊的困惑与中国法治的道路*

强世功

一

在1996年发表的《秋菊的困惑和山杠爷的悲剧》这篇法律社会学经典论文中,苏力率先在法学界使用了法律多元主义的理论,展现了中国法治现代化进程中移植的西方法和传统习惯法的冲突。[1]使这个理论刚好与20世纪90年代中国社会科学在与西方学术接轨过程中引入的"国家与社会"范式相契合,一度成为中国法律社会学研究的基本分析框架,在法学界持久地产生影响。[2]

如果按照苏力一贯秉持的"新制度经济学"的理性人假设,我们甚至可以把秋菊也理解为理性人;秋菊所秉持的观

---

* 2015年11月,苏力教授在中国法学会组织的"法学创新讲坛"上做了"利益分化时代的立法研究"演讲,赵晓力、郑戈和我担任评议人。本文最初是对这次演讲的评议,这次发表做了相应的修改和扩充,原载于《东方学刊》2018年第2期。
[1] 苏力:"秋菊的困惑和山杠爷的悲剧",收入苏力:《法治及其本土资源(修订版)》,中国政法大学出版社,2004年。
[2] 关于对"国家与社会"这个理论范式的讨论,参见强世功:《法制与治理:国家转型中的法律》,中国政法大学出版社,2003年。

念和价值，也可以看作一种利益最大化的计算。事实上，在苏力开辟的学术传统中，赵晓力在进一步重构《秋菊打官司》。他既不满于当时法学界建构的"为权利而斗争"的秋菊形象，也不满于法律多元主义框架，而是深入秋菊的思想世界，试图理解秋菊的诉求究竟意味着什么，理解婚姻和生育对于乡村社会的意义。[3]当然，赵晓力的分析非常节制，仅局限于生育本能。但也许正是从这儿开始，赵晓力的思考与过往研究的法律经济学、法律实用主义乃至后现代思想分道扬镳，开始从生育本能探索传宗接代的生育秩序背后的人类生存价值和意义，从而在文化保守主义的立场上重返梁治平先生曾经倡导的"法律文化解释"这个主题。[4]而赵晓力几年前关于祥林嫂的经典研究实际上是从"秋菊的困惑"转向了"祥林嫂的困惑"，回应文化保守主义内部的挑战。[5]

苏力提出的法律多元主义的分析框架实际上已经展现了一个利益分化的社会，只不过这种利益分化往往被包裹在传统与现代、国家与社会、法律与习惯文化之类的概念之中。换句话说，法律多元主义展现的不仅仅是思想、观念和价值的多元主义，而且更重要的是利益的多元主义。每一种观念都意味着一种生活方式，意味着特定的群体及其背后特殊的利益。学者郑戈的博士论文是对韦伯法律社会学的研究，其中就展现了不同社会群体基于其特定生活方式而形成的对彼

---

[3] 赵晓力："要命的地方：《秋菊打官司》再解读"，收入《北大法律评论》编委会编：《北大法律评论》第6卷第2辑，北京大学出版社，2005年。
[4] 梁治平：《法律的文化解释》，生活·读书·新知三联书店，1994年。
[5] 赵晓力，"祥林嫂的问题：答曾亦曾夫子"，收入吴飞编：《神圣的家：在中西文明的比较视野下》，宗教文化出版社，2014年。

此行为的预期,而这种稳定的社会预期就构成了社会学意义上的法。可以说,法律多元主义本身就已经隐含在韦伯的法律社会学分析中。[6] 由此,法律多元主义就展现出了多元利益群体之间的竞争,不仅是物质利益的竞争,也包括精神世界中的生存意义的竞争。韦伯的法律社会学生动地描述了欧洲法律史上神法、自然法、封建法、国家法、城市自治法、法律人创造的法、商人创造的法这一法律多元主义图景。[7] 当韦伯从欧洲法律史中看到法律多元主义逐渐转向形式理性法的趋势并发觉其中的理性化力量时,马克思看到的是市民阶级夺取国家政权从而取得对封建地主阶级、农民阶级和工人阶级的压倒性胜利。这种胜利与其说是源于理性化这种唯心主义的历史发展趋势,不如说是阶级以及阶级背后的生产技术和经济组织方式与生活方式之间的唯物主义的斗争。这场斗争包含了革命、暴力和征服等一系列主题,它奠定了现代法的起源。

因此,我们必须意识到,近代以来中国的变迁,特别是现代法治的兴起,实际上意味着多元主义的价值、观念、利益、法律秩序、生活方式之间的斗争。无论称之为"革命"还是"改革",或者称之为"转型",这些不同的概念实际上都指向同一个东西。在这个过程中,苏力诉诸法律多元主义,开辟了民间法和本土资源的研究范式,这可以看作对现代法治秩序的批判,我们甚至可以将苏力开辟的法律社会学研究传统看作对现代法治展开解构和批判的"批判法律运

---

[6] 郑戈:《法律与现代人的命运:马克斯·韦伯法律思想研究导论》,法律出版社,2006年。
[7] 韦伯:《法律社会学》,康乐、简惠美译,广西师范大学出版社,2005年。

动"。[8]这种批判法律运动往往实际上构成对西方法治理论的批判,苏力也因此被看作反对法治的"本土资源派",在高唱法治赞歌的主流法学界始终被看作异类。

二

说苏力反对法治,无疑是对他的最大误解。这种误解很大程度上源于苏力的成名作《法治及其本土资源》[9]。苏力使用这个书名本想提醒国人注意"本土资源"对于中国法治建设的重要意义,但主流法学界却简单粗暴地把苏力看作捍卫"本土资源"的代表,而忽略了这本书的核心观念乃是他们所赞美的"法治"。但这种有意无意的忽略恰恰表明苏力和主流法学界在法治问题上的根本差异,并非苏力所构想的传统社会与现代社会之间的分歧,而是苏力不大瞧得上的所谓中国文化与西方文化的分歧。在主流法学界看来,法治乃是西方文化的产物,西方中世纪的法律多元主义刺激了现代法治的诞生;但中国的法律多元主义不会刺激现代法治的诞生,相反,现代法治只有在彻底摧毁中国"本土资源"、全面移植西方法律制度的前提下才有可能。

可见,苏力反对的不是主流法学界所期待的法治这个"物",而是主流法学界脑子里构想的法治这个"词"。[10]苏

---

[8] 参见强世功:"中国法律社会学的困境与出路",载《文化纵横》,2013年第5期。
[9] 苏力,同本篇注[1]引书。
[10] 关于"词"与"物"的区分来源于福柯,参见福柯:《词与物》,莫伟民译,上海三联书店,2001年。苏力非常娴熟地运用这个理论来分析中国法治建设中面临的问题。相关讨论参见苏力:《法治及其本土资源(修订版)》,中国政法大学出版社,2004年。

力始终坚持中国要建成现代法治,但他不是站在廉价的价值立场上去拥抱法治,而是在洞悉历史发展必然性的基础上支持法治。借助苏力的一本书之名,那就是《道路通向城市》[11]。现代社会发展的必然趋势就是城市对乡村的支配,而法治是现代城市人的生活方式,法治意味着一种历史发展的必然趋势,无论是赞成,还是反对,它都会在那儿。因此,苏力反对以"意蒂牢结"的方式(ideologically)将"法治"理解为一种普遍的价值,而是以一种马克思-福柯式的洞见提醒我们注意:法治不是理性、人性、自由、民主之类空洞的、美丽的大词,而是一种现代治理术。[12]法治代表着一种生活方式,这种生活方式必然压制着另一种生活方式。这不仅是我们所熟悉的乡村社会的生活方式,是秋菊的生活方式,也是我们每天在北京大街上见到的民工、小摊贩、小店员们的生活方式。当他们发生纠纷的时候,首先想到的不一定是聘请律师,也不一定寄望于对抗制司法给他们带来程序正义。

按照大家所喜欢的意识形态划分,苏力往往被看作法学界左派的代表。如果真的有什么左派和右派的划分,那就是右派踩在失败者的脚上为胜利者加冕。现代法治之无形和有形的暴力正是通过秋菊的"困惑"展现出来。当秋菊进入

---

[11] 苏力:《道路通向城市:转型中国的法治》,法律出版社,2004年。
[12] 关于现代法治作为一种治理技术的讨论,参见苏力:《送法下乡:中国基层司法制度研究》,中国政法大学出版社,2000年。赵晓力:"通过合同的治理:80年代以来中国基层法院对农村承包合同的处理",载《中国社会科学》,2000年第2期;强世功:《法制与治理:国家转型中的法律》,中国政法大学出版社,2003年;强世功:《惩罚与法治:当代法治的兴起(1976—1981)》,法律出版社,2009年。

"打官司"这一法治机器之后,她的命运就被它所操纵,以至于秋菊只能被动地按照这个机器的逻辑来运转,最后得到让她困惑不解的结论。在这些廉价的法治赞美者看来,秋菊这样的人乃至他们的生活方式不过是建构法治大厦的工地上留下的废料或垃圾,他们因为贫困和无知终究要被法治机器清扫得干干净净。相反,苏力却保持了一份温存和善良,对千千万万像秋菊这样在建构法治大厦的进程中被抛弃的牺牲者,乃至在两种不同生活方式之间进行斗争并注定成为悲剧的失败者,给予了一份温情和敬意,以至于当他们不可避免地消失在沉默的历史中时,苏力试图用他的笔留住他们困惑的神情和失败的笑声。

无论如何,我们已经处在现代社会之中。无论是韦伯还是马克思,都将现代社会界定为利益分化的社会,这就意味着法律多元主义所隐含的这种冲突一刻也不会停歇,而且意味着现代社会内部的冲突会比以往更为频繁、更为激烈。阶层冲突、利益冲突、行业冲突、地域冲突、族群冲突、观念冲突、性别冲突、代际冲突、价值冲突、信仰冲突等普遍存在,这恰恰类似霍布斯笔下的战争状态想象,这种多元利益冲突寻求解决的机制在推动着现代国家建设,推动着现代法治的历史进程。法治之所以作为现代治理术迅速崛起,根源就在于各方利益主体都希望通过国家法来协调和解决多元利益之间的冲突。法律多元主义的纠纷解决机制之所以逐渐让位于"国家法中心主义"(或"国家法一元论")和"法院中心主义",是因为在多元权力结构中,主权国家这种新型的政治组织通过垄断暴力而拥有了绝对的力量。从西方法治兴起的历史看，无论是欧洲大陆法的制定法模式，还是英美的普通法模式，都植根于现代主权国家也就是绝对主义国家的兴起。法治乃是国家建构（nation-building）的重要组成部分，并因此成为国家治理技术的重要组成部分。[13]

三

"国家法中心主义"的法治理念来源于实证主义的法律观，其基础在于国家对暴力的垄断。在我们的法理学中，马克思主义的政法观和自由主义的法治观看起来是对立的，但由于二者共享了法律实证主义所支撑的法律一元主义，即都以主权国家作为政治想象，都突出国家法律的绝对权威，都否定法律多元主义，从而共同奠定了当代中国的法治观，构成了中国法治理论的基础。

然而从西方法律史的角度看，这个理论很大程度上来源于欧洲大陆民法法系传统的法治实践，其中法律体系乃是国家官僚体系的一部分。正是在官僚制的背景下，法治强调国家法的体系性和金字塔式的等级性。在达玛什卡（Mirjan R. Damaška）看来，这种法治类型属于"官僚理想型"下作为"政策实施程序"的法治，比较而言，英美普通法法系的法治属于"协作理想型"下作为"纠纷解决程序"的法治。并且，这种法治恰恰建立在多元社会且社会自治的基础上，国

---

[13] 安德森：《绝对主义国家的谱系》，刘北成、龚晓庄译，上海人民出版社，2001年。于明：《司法治国：英国法庭的政治史（1154—1701）》，法律出版社，2015年。

家司法面对的是法律多元主义的局面,只有在其他法律面对纠纷解决失效时,才作为被动消极的程序性仲裁者来解决社会的纠纷。正是在法律多元主义的基础上,国家法治的重心不是立法,而是作为最后纠纷仲裁者的司法。[14]特别是在法律现实主义者看来,法官在司法诉讼中面临的恰恰是法律多元主义所提供的各种法律资源,包括立法、判例、政策、道德准则、习惯和惯例甚至教义学说等,法官正是对这些多元主义法律资源进行比较取舍,才能得出最终的判决。如果从英美法系的传统看,现代法治的建立不是要用国家法来摧毁诸如民间习惯法及其他形形色色的法律,反而要肯定并支撑民间习惯法乃至社会生活中其他类型的多元主义法律规范的正当性,只有当这些法律规范无法解决社会纠纷的时候,国家法才以被动仲裁的角色介入到法律多元主义规范的可能冲突中,做出最终的权威裁决。

可见,现代法治究竟采取法律一元主义还是法律多元主义,在很大程度上取决于法治在国家秩序的建构中扮演怎样的角色,发挥怎样的功能。在西方理论文献中,关于小国与大国的讨论主要集中在共和政体与君主政体的比较上,[15]而忽略了其中法律一元主义和法律多元主义的差异。从法治实践看,欧洲大陆小型的城邦-领土国家往往采取国家法一元主义的法治观,而大型的共和国-帝国则采取法律多元主

---

[14]达玛什卡:《司法与国家权力的多种面孔:比较视野中的法律程序》,郑戈译,中国政法大学出版社,2004年。
[15]参见孟德斯鸠:《论法的精神》,张雁深译,商务印书馆,1994年。汉密尔顿、杰伊、麦迪逊:《联邦党人文集》,程逢如、在汉、舒逊译,商务印书馆,2009年。

义的法治观。我们今天之所以将国家法一元主义的法治模式奉为圭臬，在很大程度上是由于这种现代法治观念来源于博丹、霍布斯、卢梭这些思想家，而他们的国家法治构造建立在后罗马帝国的废墟上，以欧洲大陆兴起的领土国家-民族国家构造为理论背景。

然而，在西方历史上，在现代国家兴起过程中形成的国家法一元主义法治只是一个短暂的现象，这种法治秩序出现在罗马-基督教多元法律秩序崩溃破碎中领土主权国家兴起的短暂历史时刻。随着地理大发现，当西方领土主权国家变成列强（great powers）并出现在全球舞台上纷纷建构殖民帝国时，法律多元主义始终是其国家法治秩序的内在组成部分。只不过此时的法律多元主义不再是中世纪教会法、封建法和国家法的并存格局，而是国内法、殖民地法和国际法构成的法律多元主义局面。[16]这种多元主义帝国法律秩序尤其体现在英美海洋帝国的历史发展中。

事实上，德沃金（Ronald Dworkin）之所以将美国联邦最高法院建构为"法律帝国"的首都，就在于美国法治本身就建立在法律多元主义的帝国秩序之上，法律帝国处理的是如何协调多元利益格局下法律多元主义可能冲突的"原则"问题，而不是法律一元主义所关注的"规则"问题。[17]因此，美国宪法的重要议题就在于如何处理联邦法与州法、州法与州法、州法与印第安部落法的关系以维持帝国的联邦构造；

---

[16] 参见施米特：《大地的法》，刘毅、张陈果译，上海人民出版社，2017年。
[17] 德沃金：《法律帝国》，李常青译，中国大百科全书出版社，1996年。

还包括如何处理美国宪法与域外准殖民地法之间的关系，如何处理国际条约和外国法与美国宪法的关系，如何处理公民个体与帝国联邦主权建构之间的关系等。一句话，美国联邦最高法院是法律"帝国"的首都，它处理的是法律"多元"之上如何捍卫"一体"的问题，而不是处理日常法律纠纷和司法治理的问题。中国有很多从事司法改革研究的学者研究美国联邦最高法院，但是研究美国联邦最高法院是一回事，试图按照这个模式来改造中国最高人民法院乃至地方法院就变成了另一回事。如果不明白美国联邦最高法院在帝国多元法律体系中的定位，不明白我们的最高人民法院和各级法院乃是解决纠纷、进行司法日常治理的机构，那么这种改革想象要么难以实现，要么就会带来负面效果。如果一定要在中国找到美国联邦最高法院的对应物，那么香港回归之后全国人大常委会对《基本法》的解释实际上就是在处理国家宪法、香港基本法、香港本地法律之间的复杂关系，无疑发挥的是类似国家宪法法院的职能。[18]

在这个意义上，我们不能简单地从国家法一元论的视角出发，消极地将法律多元主义看作法律移植的产物，或者看作传统社会迈向现代社会的过渡性产物，从而把"道路通向城市"看作消灭法律多元主义的历史必然进程。相反，我们必须将法律多元主义看作法治秩序的常态，尤其是类似帝国

---

[18] 对"人大释法"的政治功能和法律技艺的讨论，参见强世功："文本、结构与立法原意——"人大释法"的法律技艺"，载《中国社会科学》，2007年第5期；强世功："司法主权之争——从吴嘉玲案来看'人大释法'的宪政意涵"，载《清华法学》，2009年第5期。

形态的大国法治的常态。法律多元主义乃是大国法治的必然产物。目前,虽然不少中国学者开始思考中国的大国法治问题,但还没有认真对待法律多元主义。[19]

四

中国历史上的天下秩序无疑建立在法律多元主义的基础上,且不说清帝国面对满、蒙、藏、汉所建构起来的庞大的法律多元主义结构,[20] 仅仅其内在的礼法结构就应当被看作一种法律多元主义的典型。然而,在近代以来西方列强的冲击下,中国知识界普遍渴望像日本那样加入威斯特伐利亚体系中,获得认可,以至于自觉不自觉地以对欧洲主权国家的想象来改造中国。加之近代以来我们对"帝国主义"深恶痛绝,在批判"帝国主义"的过程中不经意间也将中性的"帝国"概念随之抛弃,以至于中国知识界差不多丧失了健全的帝国意识和理解帝国的学术想象能力。由此,中国知识界在"词"的层面上普遍使用从欧洲小型领土国家中提取出来的概念来建构和解释现代中国的秩序,然而中国人民在"物"的层面上,差不多完整继承了传统帝国复杂多样的自然环境、社会结构、文化习俗、族群信仰等,这就导致中国法治

---

[19] 关于"大国法治"的论述,参见徐显明:"走向大国的中国法治",载《法制日报》,2012年3月7日。苏力在其最新著作《大国宪制》中,也忽略了法律多元主义这个主题。苏力:《大国宪制:历史中国的制度构成》,北京大学出版社,2018年。
[20] 关于清帝国与法律多元主义的讨论,参见汪晖:《现代中国思想的兴起》上卷第二部"帝国与国家",生活·读书·新知三联书店,2008年。张世明:《法律、资源与时空建构:1644—1945年的中国》,广东人民出版社,2012年。

秩序的构造始终在"词"与"物"、"表达"与"实践"、知识分子与人民大众之间形成错位。

正因为如此,一方面我们的法治理论往往无法有效指导法治实践。比如三十来年的司法改革措施往往按照国家法律一元论的"法制统一"原则进行"一刀切",而没有注意到北上广地区属于后工业社会,而西北广大基层地区处在农牧业时代。批判"复转军人进法院"引发国家统一司法考试推动法律职业精英化,对北上广地区或许必要,却导致中西部基层法院没有足够的"合法"法官,出现大量"临时法官"进行审判,最后只借用某个有资格的法官来签发判决书的局面。反过来,按照西北基层地区的标准统一强调搞"大调解",以"人民满意"为标准,又让北上广的专业化精英法官们心里堵得慌。司法改革天天讲,改革模式却像钟摆一样来回摇摆,最终只是削弱司法权威。假如多一点法律多元主义的理念,少一点国家法律一元主义的"一刀切";多一点地方自主创新,少一点顶层设计;多一点从实践中来到实践中去,少一点新法治教条主义,给不同地区、不同类型的法院更多的自主性、灵活性,形成适度的法律多元主义的格局,或许才能真正构建符合中国实际的大国法治,而中国作为大国的多样性和复杂性也必然要求开辟法律多元主义的法治空间。

另一方面,更重要的是,我们主流的法治理论实际上无法有效地解释中国实践中形成的法律多元主义的法治形态。比如,我们的法治理论应该如何解释国家法律体系中的香港普通法?按照主流理解,香港普通法属于"一国两制"下资本主义的法治体系。"一国两制"被看作"中国特色",然而无论"中国特色",还是"一国两制",只是对具体经验对象的直接描述,没有上升到学理上的分析性抽象。换句话说,二者不是学术概念。问题在于我们如何将这种具体的经验描述纳入"法治"这个学术性概念中。如果从法学概念来讲,"一国两制"的准确含义就是法律多元主义,即在一个国家之内容纳两套不同的法律体系,既有国家制定法体系,又有局部区域内的普通法体系。我们只要在法律多元主义的框架下就可以理解大陆法传统与普通法冲突之间的互动,理解宪法、基本法与香港普通法之间的有机互动。法学界常说的"两岸四地三法域"实际上就是对中国法律多元主义法治格局最生动的描述。

再比如我们的法治理论应该如何有效地解释党规党法的客观现实的问题。长期以来,至少在十八届四中全会之前,法学界对这个问题视而不见。这与其说是展示一个政治姿态,不如说暴露出了我们在思想上的懒惰和智识上的贫乏。因为从清末法制改革以来,我们对法治的理解就已不自觉地戴上了国家法一元论的有色眼镜,只承认由国家立法颁布的形式化的文件具有法的正当性,而无法理解传统社会中丰富多彩的"礼制"的意义,也不理解现代社会中各式各样的党规党法的功能。在这种国家法一元论的指导下,我们的法理学当然无法将党规党法看作国家法律体系的有机组成部分。如今党章所统率的党规党法体系与宪法统帅的国家法律体系二元格局已写入中国特色社会主义法治体系的建设蓝图中,可传统的法治理论依旧坚持法律实证主义的国家法一元论,以至于在旧有的法学理论中无法给予党章党规党法名副其实的安顿。党章在实践中发挥着重要的宪法功能("物"),可是我们能够把党章称为"宪法"的一部分吗("名")?

如果再套用苏力的一本书之名,大量活生生的法律多元主义的现实问题在中国不只是"也许正在发生"[21],这些问题要求我们的法学理论去思考。比如中国在吉布提、瓜达尔的等值租用的区域中,发生纠纷必然涉及中国法与当地法的协调问题;中国设立的亚投行,要不要考虑因为借贷、投资等发生法律纠纷时应该适用哪个国家的法律,又是否要确定一个国际仲裁的地点;中国法如何与"一带一路"沿线国家的法律建立起有效的协调和对接机制等。所有这些都属于法律多元主义的问题,也都需要进入主流法学界的研究和思考之中。我们绝不能被虚假的主权想象限制了理解法治的视野。在十八届五中全会上,中央明确提出"积极参与全球治理"的新思路,它标志着中国的国家治理已经不再局限于主权领土的疆域之内,而必须将全球治理和国家治理结合起来,从而协调国际和国内两个大局。这就意味着我们对政治法治秩序的建构也必须超越主权国家的清晰法律边界,而采用法律多元主义的理论范式,利用法律多元主义的优势,在国家法和国际法层面上同时展开相互重叠、边界模糊的多元法律秩序的建构。

而要解决我们法治理论与法治现实之间的错位,就必须秉持一种法律多元主义的法治理论,建构"多元一体法治共和国"。[22] 当代中国作为一个拥有复杂社会结构、多样族

---

[21] 苏力:《也许正在发生:转型中国的法学》,法律出版社,2004年。
[22] 强世功:"'法治中国'的道路选择——从法律帝国到多元主义法治共和国",载《文化纵横》,2014年第4期。强世功:"党章与宪法:多元一体法治共和国的建构",载《文化纵横》,2015年第4期。

群和宗教的文明大国，无疑要继承中国古典多元主义法治的传统，为法律多元主义法治开辟新的空间。尤其在一个利益多元的时代，面对不同的地域、族群、文化、宗教和生活方式，除非各种利益出现你死我活的矛盾冲突，除非国家试图用刻板而一元化的社会生活取代丰富多彩的多元社会生活，否则国家法治无疑应当秉持多元主义法律观。国家立法的重要任务在于保障社会生活的多元，给不同的群体开辟出法的生活空间。尤其在宗教和民族地区，要为这些宗教法、民族习惯法保留相应的法律空间，并建构解决宗教法与世俗法冲突的法律机制，用法治而非人治来解决边疆不同民族之间的法律冲突。

如果说西方现代法治曾经伴随主权国家的兴起而摧毁了法律多元主义，建构起一种西方文明中心主义的现代性，那么随着全球化和对西方中心主义的抵制，随着后现代理论对西方现代性的解构和批判，人类文明也始终在探索多元的现代性（modernities），探索新的现代化道路，从而包容不同文明、宗教和族群的多样性。[23] 如果说西方现代法治理论以西方资本主义的现代化道路为依据，以主权国家的政治秩序作为思考法治的尺度，那么现代新型法治理论必须超越西方的现代化道路，超越西方主权国家的政治想象，以更大的帝国乃至全球人类文明秩序的建构作为思考法治的尺度。

---

[23] 关于多元现代性的论述，参见多明尼克·萨赫森迈尔、任斯·理德尔、S.N.艾森斯塔德编著：《多元现代性的反思：欧洲、中国及其他的阐释》，郭少棠、王为理译，商务印书馆，2017年。

五

"多元一体法治共和国"的建构不仅要考虑中国作为一个全球性大国面临的治理区域的多样性,更要考虑多元社会中必然会出现的生活方式的多样性。我们要建构的大国法治不是西方式霸权帝国的法治,而是一个能够吸纳各种外来因素的包容性大国的法治。这就意味着我们的法律多元主义必须为多元社会群体开辟自主立法的空间。"自由"之所以成为现代社会共享的基本价值,如果说曾经是因为商业社会的内在要求,那么现在就是因为它使每一个生活方式保持独特性并与其他生活方式共存,让秋菊的生活方式和秋菊的法与城市人的生活方式及其法共存,而不是用城市人的法来消灭秋菊的法。中国在全球提出"共建共治共享"的政治理念,这与中国古代"天下非一人之天下,乃天下人之天下"的理念一脉相承,落实到法治上就是包容并鼓励自我立法的多元主义法治,用国家法治来鼓励和包容多元群体自我立法从而推进多元自我治理。当然,法律多元主义并不是说多元法律的效力是一样的,法律多元主义从来不否定国家法律在多元主义法律体系中的绝对权威地位。"多元"的背后是"一体",这个"一体"在多元法律体系中毫无疑问是国家法而最终是宪法,"多元一体法治共和国"的建构必须要建立合宪性审查机制来保障"一体"的权威性和稳定性。[24]

---

[24] 关于这个问题的讨论,参见强世功:"违宪审查制度的第三条道路——中国宪制的建构与完善",载《文化纵横》,2016年第1期。

然而，我们必须认识到，作为多元法律之基础的国家法律仅仅是对公民外在行为的底线性要求，因为在一个价值多元的社会中，国家法只能作为底线来确保多元共存局面的共识基础。而在国家法的基础之上，法律多元主义就是鼓励公民遵守比国家法具有更高道德伦理要求的法，从而生长出有更高自我规范、自我要求和自我期许的法，鼓励更多的人去追求更美好的生活。比如一个宗教徒就应当遵守比国家法更严苛的宗教戒律，职业人士应当遵守比国家法要求更高的职业伦理和职业纪律，学者应当奉行比法律提供的言论自由专业要求更高的学术自由，这就意味着道德、荣誉比法律更高且更严苛。

正是在这种背景下，我们才能真正理解党规党法在国家法治格局中的位置。党规党法的问题说到底是在一个霍布斯关于自然状态的想象所展现出的低级欲望基础上建立起来的国家法体系中，是否容许心灵高贵的群体确立自己生活的法。按照霍布斯的自由主义逻辑，国家法对公民提出的义务底线不能要求其放弃生命，保卫公民的生命是法治的基本要求。如果国家不能保障公民的生命，公民有逃离国家、反抗国家甚至背叛国家的正当性。[25] 然而，在这样一个法治国家中，如果一群人时刻准备用自己的生命捍卫国家，为国家和民族的永世长存而放弃自己的自然权利，甚至不惜牺牲生命，为国家献身，那就意味着他们遵守一套不同于国家法的法，一套比国家法具有更高道德要求的高级法。如果说普通

---

[25] 霍布斯：《利维坦》，黎思复、黎廷弼译，商务印书馆，2009年。

公民遵守的是国家法，那么这群特殊公民首先要遵守的是自己为自己制定的高级法，这种高级法比国家法赋予更少的权利，却提出更多的义务和责任。用卢梭的话来说，如果遵守国家法的普通公民仅仅是欲望的主体，那么只有遵守这种高级法的特殊公民才是道德的主体，而只有这样的道德主体才有资格构成主权人民。[26] 毫无疑问，党规党法就属于这样的高级法，因为中国共产党的党员从一开始就不是普通公民，执政党作为领导国家的先锋队集团，就必须遵守比法律更高的政治纪律、工作作风和生活作风的要求。

正是在这样一种法律多元主义的法治秩序中，法治不仅是现代社会解决问题的治理术，而且应当成为推动、鼓励人们追求更美好生活的助推器。这才是中国作为文明大国应有的气象。换句话说，我们要建设的法治不仅仅是大国法治，而且是包容性大国或文明大国的法治。中国的法治目标不能局限于自由主义所倡导的保护公民生命、财产和自由这些基于霍布斯式欲望的基本权利，还应当在共和主义的立场上推动人们追求更美好的、更具有德行的幸福生活，由此才能实现"依法治国"与"以德治国"的有机统一。

从这个角度看，中国法治过往几十年的最大失误就是在国家法一元主义的立场上，将国家法这个底线标准看作最高规范要求，整个社会丧失了更高价值法则和道德律令的约束，甚至用国家法的力量来不断地摧毁和瓦解道德、伦理、戒律、准则这些标准更高的法律规范。其结果是，执政党的

---

[26] 卢梭：《社会契约论》，何兆武译，商务印书馆，1997年。

一些党员混同于普通大众，丧失了明确的政治意识、使命意识，党的纪律松弛，组织观念淡薄，以至于腐败奢靡之风盛行。宗教徒也按照普通公民的国家法标准来要求自己，宗教律法在国家法治秩序中缺乏自己应有的地位，宗教或者被金钱腐败，失去了纯正人心、引导向善的力量，或者被政治意识形态变成一股强有力的政治力量，对国家政治权威构成挑战。而大学由于缺乏建构学术共同体的学术规范和伦理法则的约束，一方面各种非学术的宣传性文章大量出现在学术刊物上，公共权力和资源不受约束地介入到学术活动中，导致学术腐败现象频频发生；另一方面也将学者与公民、学术自由和言论自由相混淆，学者因公共言论不受学术规范约束而被讥讽为附加了贬义色彩的"公知"，大学精神由此堕落。[27]

正因为如此，党的十八大以来，中央全面开展反腐运动，开始重建道德和社会风尚。十八届四中全会进一步反省国家法一元论所带来的弊端，明确提出"以德治国"和"依法治国"相结合，这就意味着从法律多元主义的立场，积极推动各种社会力量通过追求具有更高伦理品质的法进行自我治理，充分肯定党规党法、宗教律法、行业准则等多元主义法律在建构法治国家中的作用和地位。事实上，如果我们认真阅读十八届四中全会关于法治中国的构想，那么就会看到中国特色社会主义法治的核心要义可在此归纳为"党用多元

---

[27] 有关学术规范与学术共同体的建构，参见邓正来：《研究与反思：关于中国社会科学自主性的思考（增订本）》，中国政法大学出版社，2004年。有关"言论自由"与"学术自由"的区分，参见波斯特：《民主、专业知识与学术自由：现代国家的第一修正案理论》，左亦鲁译，中国政法大学出版社，2014年。

法律治国理政"（the rule of the Party by laws），党用党规党法从严治党，用军队法律从严治军，用国家法律和行政规章治理国家和政府，用国家法和乡规民约以及民间习惯法治理基层，用宪法、港澳基本法和港澳本地法律治理港澳特区，用双边协议和国际条约参与全球治理。这难道不是一幅生动活泼的法律多元主义的法治图景吗？

费孝通先生曾经提出"各美其美，美人之美，美美与共，天下大同"的人类文明理想，这实际上是中国文化对人类文明秩序的理想构造。如果以这种理想作为建构中国法治的思考尺度，那就意味着法律多元主义绝不是"道路通向城市"过程中的暂时现象。中国现代法治的建构绝不意味着要消灭将国家法定位一尊的律法主义（legalism）[28]，相反，要为多元社会生活开创法律多元空间。由此，尽管"道路都通向城市"，苏力的研究也从乡土中国转向了现代社会利益多元时代的国家立法问题，但我希望苏力不要轻易放弃法律多元主义的基本立场，反而应当超越从传统迈向现代的法律移植所形成的国家法与习惯法的法律多元主义理论，立足中国作为一个大国的政治秩序建构来重构法律多元主义理论，用

---

[28] legalism 可以理解为"律法主义"，也可以理解为"法制论"，或者也可以理解为"法家"。这个词的核心含义就是强调没有超越于法律之上的道德，道德要服务法律，或者服务于法律设定的标准，"以法为教，以吏为师"。这实际上是现代西方法律的基本特征。西方文献中关于这个问题的讨论，参见施克莱：《守法主义：法、道德和政治审判》，彭亚楠译，中国政法大学出版社，2005年。亦参见强世功：《法律的现代性剧场：哈特与富勒论战》，法律出版社，2006年。正因为如此，中国古代的法家往往被看作潜藏着现代性思想，与西方现代国家建构和法治思想相吻合，而儒家和道家思想往往被看作反现代的。参见韦伯：《世界宗教的经济伦理·儒教与道教》，王容芬译，中央编译出版社，2012年。福山：《政治秩序的起源：从前人类时代到法国大革命》第1部分，毛俊杰译，广西师范大学出版社，2012年。

"多元一体法治共和国"的法治理念来取代目前流行的国家法律一元论的法治理念。

六

如果回到我们所讨论的法律主义理论,就意味着我们要区分三种法律多元主义理论。

第一种就是我们最熟悉的在法律现代化背景下出现的法律多元主义,我们可以称之为"转型法律多元主义"。具体而言,是指一个国家从传统社会向现代社会转型的过程中,往往出现现代工商业社会的生活方式与传统农牧业生活方式形成的法律多元,而这种法律多元也往往形成了城市社会与乡村社会的法律多元。这种法律多元曾经出现在欧洲现代国家诞生之际,包括教会法、封建庄园法、复兴的罗马法、科学理性的自然法、商业城市中发展起来的商人法等,这就是西方社会转型中出现的。[29]

然而,随着西方世界的兴起,源于西方的现代生活方式随着资本主义的全球化而在全球扩张,由此在全球范围内带来现代转型的问题,而这种转型必然带来西方法与本土法之间的法律多元主义问题。二战之后,全球化日益变为美国化。美国通过国际货币基金组织、世界银行等机构给不发达国家贷款时,就会附加相应的政治条件,其中就包括这些国

---

[29] 关于这种法律多元局面的描述,参见韦伯,同本篇注[7]引书;伯尔曼:《法律与革命——西方法律传统的形成》,贺卫方等译,中国大百科全书出版社,1993年。叶士朋:《欧洲法学史导论》,吕平义、苏健译,中国政法大学出版社,1998年。

家必须采用美国民主制度乃至美国的法律,由此引发了民主政治与法律传统的震荡。为此,西方创造出一系列法律理论为美国法的全球化进行"政治消毒",法律多元主义正是在这种背景下开始兴起,它与"法律现代化理论""法律与发展理论""法律移植理论""法律文化理论"和"比较法研究"等紧密地联系在一起。[30]

从某种意义上说,改革开放以来,中国法学界在20世纪80年代开展的"法律文化"研究和90年代以来延续至今的法律社会学研究,尤其是关于国家法与习惯法的研究,在很大程度上受到上述理论范式的影响。直至今天,法律现代化理论、法律文化理论、"市场经济是法制经济"理论、权利本位论和法律移植论等,依然是中国法学思想主流意识形态的一部分,在更广泛的意义上,也可以说是从二战到"后冷战"以来美国作为全球帝国加速推动"全球化"(美国化)战略的一部分。

第二种就是我在前面提到的基于空间地理形成的法律多元主义理论,我们可以称之为"空间的法律多元主义"。这种法律多元尤其体现在帝国或大国的法律治理实践中。正如孟德斯鸠在阐明"法的精神"的时候,强调由地理、气候、土壤、人口、民族、宗教和经济条件多样化而生产出来的法律多元。任何一个地域广袤的帝国或大国都会囊括多样化的地理环境、不同程度的经济发展条件、多种文化传统、多个

---

[30] 关于这种法律多元主义理论的论述,参见千叶正士:《法律多元:从日本法律文化迈向一般理论》,强世功等译,中国政法大学出版社,1997年;Sally Engle Merry, "Legal Pluralism", *Law & Society Review*, Vol. 22, No. 5 (1988), pp. 869-896。

族群和宗教信仰，而且这样的帝国或大国往往深度参与全球秩序的建构，这必然要形成法律多元主义，建构起多元一体的法治秩序。在这个意义上，法律多元主义理论往往与帝国秩序乃至国际秩序的建构联系在一起。香港普通法所展现出来的就是这样一种法律多元，它是基于区域、历史传统和生活方式的不同而形成的。香港地区最早进入全球海洋商业贸易的生活方式，鸦片战争和香港问题不过是从宋代、明代以来中国南方不断融入全球海洋贸易从而建构不同生活方式的缩影，这完全不同于内地传统农业的生活方式。而"法"无疑是对漫长历史传统中形成的生活方式的最高正当表达，普通法以及香港新界的大清律法已经融入香港人的生活方式之中。中央在解决香港问题的过程中始终不忘"尊重历史、尊重现实"的原则，实际上就是尊重在漫长历史中形成的法律多元格局，以及这种法律多元背后的生活方式。

第三种则是我前面提到的基于精神层面的自我认同差异而形成的法律多元主义，我们可以称之为"精神性的法律多元主义"，或"价值层次的法律多元主义"。正如孟德斯鸠所言，"从最广泛的意义来说，法是由事物的性质产生出来的必然关系。在这个意义上，一切存在物都有它们的法。上帝有他的法；物质世界有它的法；高于人类的智灵们有他们的法；兽类有它们的法；人类有他们的法"[31]。这样依据生存的精神价值维度高低不同形成了一种垂直等级的法律多元主义，不同于"空间的法律多元主义"所强调的不同空间地

---

[31] 孟德斯鸠：《论法的精神》，张雁深译，商务印书馆，1995年，第1页。

理、生活方式之间的平等相处的多样性。"卑鄙是卑鄙者的通行证，高尚是高尚者的墓志铭"，不同社会群体的自我价值认同的高低等级不同，也就决定了他们所遵守的法则也存在高低等级的不同。由此，任何一个社会都会形成精英与大众的基本区分。如果从法律的角度看，精英之所以区别于大众不在于社会地位或经济条件等，而是在于精英比大众遵守更高也更严苛的高级法。

在西方传统中，自然法与实定法的区分以及由此发展出来的"高级法"传统实际上就是这种精神性的法律多元主义。柏拉图在《理想国》中完整地塑造了五种高低等级不同的生活方式，他们在灵魂秩序中遵循完全不同的法则。而在中国古代，道、礼、法也是三种精神等级完全不同的法则。"刑不上大夫，礼不下庶人"就表明大夫受到礼制的制约，而庶民百姓不需要如此，他们只要能遵守律法就可以了。如果说国家法是基于人最低程度的欲望而构建起来的底线要求，那么国家法也必须鼓励人们追求更高的、有德行的生活。由此，法律多元主义就展现为社会中不同人追求的不同程度的精神生活，从而遵守不同严苛程度的法的约束。前面讨论的党规党法就是基于信仰价值追求不同而形成的，体现着法律多元主义。这就意味着法治国家必须在国家法作为底线规则的基础上，容许追求不同信仰价值的群体建构自己生活的法。这种基于信仰价值追求所建构起来的法律多元主义恰恰鼓励人民用更高的道德价值规范来要求自己，如果所有公民都能够按照比国家法拥有更高道德价值要求的法来自我治理，那么国家法不是就获得了自我执行，法治国家不就更容易自动运转起来吗？

如果我们的法学理论能够自觉区分这几种法律多元主义，就会看到在人类历史上，"转型的法律多元主义"实际上出现在非常特殊的历史时期，就是西方文明在向全球推广其法律制度从而与非西方文明的法律构成法律多元主义局面的时期。随着"道路通向城市"，这种法律多元局面也最终会消失。然而，"空间的法律多元主义"和"精神性的法律多元主义"实际上普遍存在于人类历史中，属于任何国家建构法治秩序都必须面对的常态。

从清末法制改革以来，中国法治秩序的建构就是在这几种法律多元主义之间更替和转化，即彻底废除中国古典礼法传统的"精神性的法律多元主义"和帝国多样化治理的"空间的法律多元主义"格局，却建立起移植而来的西方法与传统中国法——尤其乡村习惯法共同形成的"转型的法律多元主义"。正是在这个背景下，《秋菊打官司》能够一下子唤起中国法律学人的共鸣，因为这是中国百年来法治传统建构中普遍面临的问题，每个中国人心中其实都若隐若现地怀着类似的"秋菊的困惑"。然而，随着中国法治现代化的历史进程，移植而来的西方法已经慢慢成为中国社会生活的一部分，逐渐在中国的现代生活中扎根生长，"秋菊的困惑"也就逐渐消失。由此，中国法学界对《秋菊打官司》这个文本的解读也就慢慢脱离了苏力早期所关注的"秋菊的困惑"，而开发出越来越丰富的主体，甚至联系到了中国在全球国际秩序中的位置。这恰恰表明，中国的法律多元主义理论和实践已经告别了移植法与本土资源之间对立所形成的"转型的法律多元主义",从过去强调国家法一元论转向强调常态的大国法治建构乃至在全球秩序建构中呼唤"空间的法律多元主义",以及转向强调在重建核心价值过程中展现出来的追求更高道德的"精神性的法律多元主义"。

无论如何,在今天的中国,法律多元主义乃是基于文明大国的历史和现实的思考,即法治如何包容其"大",法治如何推动"文明"。如果一个国家不希望自己的公民仅仅为了生命、自由和财产的欲望锱铢必较,如果一个国家不希望仅仅用统一的国家法律来凝聚国家力量,增强国家实力,而是希望每个公民追求有伦理品德的幸福生活,希望多样的自由空间激发出文明创造的力量,那么就必须重新思考法律多元主义这个主题。在这个意义上,法律多元主义有助于推动中国的法学思考超越晚清法律移植以来形成的法律实证主义的国家法观念以及背后的主权国家政治想象,超越改革开放以来自由主义法治塑造的权利(欲望)至上的生活价值观,从而在更广阔时空领域和价值尺度中思考未来中国和世界的秩序建构。这也意味着我们的法理学应当走出基于法律职业化的立法、司法思考而形成的现代西方法理学的各种理论范式,在更一般的意义上展开对法和秩序内在关联的法理学思考。

附　录

《秋菊打官司》研究文献目录选编

（1992—2023）

一、中文（按出版时间顺序排列）

罗雪莹："写人·叙事·内涵——《秋菊打官司》放谈录"，《当代电影》1992年第6期。

李铁映："李铁映在《秋菊打官司》电影招待会上的讲话"，《电影通讯》1992年第10期。

木子："张艺谋谈《秋菊打官司》"，《当代电视》1992年第10期。

唐象阳："电影不是地方戏——看影片《秋菊打官司》给张艺谋的公开信"，《电影评介》1992年第11期。

严敏："从生活中发掘——张艺谋笑谈获金狮奖"，《电影评介》1992年第11期。

王兴："别起哄——我'看'《秋菊打官司》"，《电影评介》1992年第12期。

易凯："民主法制意识的觉醒——电影《秋菊打官司》观后"，《求是》1992年第24期。

高粱："我看《秋菊打官司》"，《党的建设》1992年第12期。

蔡师勇："看《秋菊打官司》随笔——兼及《菊豆》、《大红灯笼高高挂》"，《电影艺术》1993年第1期。

李飞："《秋菊》技术探索成败谈"，《电影评介》1993年第1期。

杜寒风："《秋菊打官司》乱弹"，《电影评介》1993年第1期。

汪雄飞："秋菊该说什么话？——兼与唐象阳同志商榷"，《电影评介》1993年第2期。

李彦生："喜看秋菊民告官"，《人民司法》1993年第2期。

耿延强："并非只是'打官司'"，《电影评介》1993年第3期。

覃思:"王村长怎么被抓走了? 评《秋菊打官司》的结局",《电影评介》1993 年第 3 期。

蒲东升:"秋菊为了什么",《电影评介》1993 年第 3 期。

王力军:"情、理、法间好困惑",《电影评介》1993 年第 3 期。

王一川:"面对生存的语言性——谈谈秋菊式错觉",《当代电影》1993 年第 3 期。

张建珍:"张艺谋影片叙事分析",《当代电影》1993 年第 3 期。

托拉克:"《秋菊打官司》与'新写实品格'",《当代电影》1993 年第 3 期。

张中载:"这'说法'怎么个说法?——西方文论看《秋菊打官司》",《外国文学》1993 年第 3 期。

吴盛枝:"《秋菊打官司》的生存文化底蕴",《南京社会科学》1993 年第 4 期。

操家齐:"孕妇意象深层底蕴的索解",《电影评介》1993 年第 4 期。

晓喻:"《秋菊打官司》为何上座率不高?",《电影评介》1993 年第 4 期。

施殿华:"真实性和艺术性的完美结合——简评《秋菊打官司》的人物塑造",《电影评介》1993 年第 4 期。

周士君:"照搬≠真实——秋菊打官司观后",《电影评介》1993 年第 4 期。

刘华:"这场官司有问题——浅谈《秋菊打官司》存在的法律问题",《电影评介》1993 年第 4 期。

温福华:"秋菊官司赢了什么",《电影评介》1993 年第 4 期。

沈建元:"当心、别脱轨!——由《秋菊打官司》想到的",《电影评介》1993 年第 5 期。

陇杨:"演的就是生活——《秋菊打官司》感言",《电影评介》1993 年第 5 期。

张忠亮:"两条难以交汇的河流——《秋菊打官司》主题剖析",《电影评介》1993 年第 5 期。

温学云:"咋就不能认个错",《电影评介》1993 年第 5 期。

李映蓉:"张艺谋电影意识的新实验——《秋菊打官司》与《红高粱》之比较",《电影评介》1993 年第 6 期。

李广生:"也谈《秋菊打官司》的法律漏洞",《电影评介》1993 年第 8 期。

奚佩秋:"《秋菊打官司》的多层意蕴",《电影评介》1993 年第 8 期。

胡世健、冯宪印:"张艺谋·巩俐·写信老汉",《电影评介》1993 年第 11 期。

戴锦华:"不可见的女性: 当代中国电影中的女性与女性的电影",《当代电影》1994 年第 6 期。

范志忠:"寻找被逐者的精神家园——试论新时期中国女性电影的文化意蕴",《当代电影》1994 年第 6 期。

陈福民:"获得与丧失——作为当代文化寓言的'秋菊打官司'",《河北师院学报(社会科学版)》1994 年第 2 期。

吕艳:"造型与叙事——关于影片《秋菊打官司》",《北京电影学院学报》1995 年第 2 期。

裴斗礼:"《秋菊打官司》和张艺谋的导演风格",《北京电影学院学报》1995 年第 2 期。

赖虔干:"也谈电影《秋菊打官司》引出的肖像权纠纷",《法律适用》1995 年第 5 期。

王兰萍:"对侵犯肖像权认定的思考——兼谈《秋菊打官司》的官司",《法律科学》1995 年第 6 期。

袁筱一:"也得要讨个说法——《是复译还是译》读后",《出版广角》1995 年第 6 期。

苏力:"秋菊的困惑和山杠爷的悲剧",《东方》1996 年第 3 期,收入苏力:《法治及其本土资源》,中国政法大学出版社,1996 年。

苏力:"《秋菊打官司》案、邱氏鼠药案和言论自由",《法学研究》1996 年第 3 期。

施殿华:"编导应学点'法律知识'",《电影评介》1996 年第 6 期。

晓耀:"秋菊不必打官司?",《社会》1996 年第 7 期。

李鲁祥:"存在:遮蔽与敞亮——《秋菊打官司》解读",《枣庄师专学报》1996 年第 2 期。

冯象:"秋菊的困惑",《读书》1997 年第 11 期,后收入冯象:《木腿正义——关于法律与文学》,中山大学出版社,1999 年。

金木:"陈源斌:从塑造'秋菊'到仿效'秋菊'——《秋菊打官司》原作者陈源斌为自己打官司追踪",《中国律师》1998 年第 1 期。

江帆:"法治的本土化与现代化之间——也说秋菊的困惑",《比较法研究》1998 年第 2 期。

袁志良:"《秋菊打官司》的官司之我见",《法学》1998 年第 4 期。

冉昊:"审判的艺术和法律的价值——再析'秋菊打官司'的官司",《南京师大学报(社会科学版)》1999 年第 4 期。

关今华:"权利冲突的制约、均衡和言论自由优先配置质疑——也论《〈秋菊打官司〉案、邱氏鼠药案和言论自由》",《法学研究》2000

年第 3 期。

薛爱娟：《〈秋菊打官司〉案引发的思考》，《河北法学》2000 年第 2 期。

陈皑歌：《秦国人——记张艺谋》，杨远婴、潘桦、张专主编：《90 年代的"第五代"》，北京广播学院出版社，2000 年。

陈源斌："秋菊开会"，《北京文学》2003 年第 9 期。

陈源斌："'讨个说法'与'别拿人开会'——且说《秋菊开会》"，《北京文学》2003 年第 9 期。

凌斌："普法、法盲与法治"，《法制与社会发展》2004 年第 2 期。

张念："从《秋菊打官司》到《秋菊开会》——访著名作家陈源斌"，《南风窗》2004 年第 6 期。

赵晓力："要命的地方：《秋菊打官司》再解读"，收入《北大法律评论》编委会编：《北大法律评论》第 6 卷第 2 辑，北京大学出版社，2005 年。

冯利军："从《秋菊打官司》到《惊蛰》：论张艺谋与王全安在相似文本中相异的女性观念及艺术态度"，《北京电影学院学报》2005 年第 3 期。

桑本谦：《秋菊的困惑》：一个巧妙的修辞"，《博览群书》2005 年第 12 期。

马岭："从《秋菊打官司》看乡土社会的宪政意识"，张庆福、韩大元主编：《中国宪法年刊（2005）》，法律出版社，2006 年。

胡兴成："再说电影《秋菊打官司》中的法律问题"，《郑州铁路职业技术学院学报》，2006 年第 1 期。

任庭义："典型化地提升——从小说《万家诉讼》到电影《秋菊打官司》"，《小说评论》2006 年第 1 期。

张明："另一个角度看秋菊评《秋菊打官司》"，《北京大学研究生学志》2006 年第 1 期。

陈源斌："秋菊打假"，《小说界》2006 年第 2 期。

陈源斌："秋菊杀人"，《小说界》2006 年第 4 期。

薛晋文："张艺谋电影中的女性情结分析"，《太原师范学院学报（社会科学版）》2006 年第 5 期。

丁国强："秋菊，人治与法治的'中间物'"，《中国审判》2006 年第 9 期。

凌斌："法治的两条道路"，《中外法学》2007 年第 1 期。

凌斌："商鞅战秋菊——法治转型的一个思想实验"，《北京大学学报（哲学社会科学版）》2007 年第 5 期。

柯卫："论普法中的公民意识培养——'秋菊的困惑'引发的思考"，《政法学刊》2007 年第 4 期。

刘嘉:"秋菊的困惑与艾琳的收获——从两部法律电影看中美民族文化心理差异",《电影评介》2007年第21期。

刘晗:"父权与法权——《秋菊打官司》再阐释",苏力主编:《法律书评》第6辑,北京大学出版社,2008年。

王波:"法社会学法人类学'面向中国'过程中的自我汉学化——以《秋菊打官司》诸法律影评为分析文本",《湖北经济学院学报》2008年第4期。

丁英奇:"从《秋菊打官司》深入思考加强和改进农村人民调解工作的重要性",《人民调解》2008年第5期。

张晓磊、李国新:"秋菊:一个传统的女性——另议《秋菊打官司》",《电影评介》2008年第8期。

崔春泽:"非纯正意味的荒谬喜剧——评电影《秋菊打官司》的艺术性",《电影文学》2008年第22期。

梁金龙:"秋菊怀孕——一种电影化的谋略",《才智》2008年第22期。

杨全心:"从《秋菊打官司》看'人治'到'法治'",《上海人大月刊》2009年第1期。

任庭议:"出于蓝而胜于蓝——论《秋菊打官司》之于原著的典型化提升",《重庆文理学院学报(社会科学版)》2009年第3期。

肖倩:"调解:实现公义的另一选择——从《秋菊打官司》说起",《江南大学学报(人文社会科学版)》2009年第4期。

王莹:"走出'秋菊'的困惑——关于世俗理性人的'法治如何可能'的思考",《研究生法学》2009年第3期。

刘楠:"秋菊的秩序世界",《人民司法》2009年第13期。

凌斌:"村长的困惑:《秋菊打官司》再思考",收入强世功主编:《政治与法律评论》2010年卷,北京大学出版社,2010年。

张笑宇:"法律观念中的'政治性判断'——以不同的'秋菊'形象为载体",《河北法学》2010年第1期。

张旭东:"叙事、文化与正当性",刘晗译,《天涯》2010年第2期。

陈柏峰:"秋菊的'气'与村长的'面子'——《秋菊打官司》再解读",《山东大学学报(哲学社会科学版)》2010年第3期。

侯婧:"《秋菊打官司》与'母亲神话'",《大舞台》2010年第8期。

严淑云:"'秋菊'形象分析",《法制与社会》2010年第26期。

刘海、康海勃:"'气'与'面子'的两相纠葛——解读《秋菊打官司》的文化根由",《理论月刊》2011年第2期。

肖艳平:"论电影《秋菊打官司》的喜剧色彩",《电影文学》2011年第3期。

徐斌:"教化权、官员伦理与秩序变迁——以《秋菊打官司》中的李公安为分析对象",收入强世功主编:《政治与法律评论》第3辑,法律出版社,2013年。

缪因知:"秋菊的错误与送法下乡",收入苏力主编:《法律和社会科学》第10卷,法律出版社,2012年。

岳林:"村庄的宪法",收入苏力主编:《法律和社会科学》第10卷,法律出版社,2012年。

凌潇:"无需法律的秩序——《秋菊打官司》的另一个'说法'",《山西师大学报(社会科学版)》2012年第2期。

凌斌:"法律与情理:法治进程的情法矛盾与伦理选择",《中外法学》2012年第1期。

王军:"从法律社会学的角度浅析'秋菊打官司'",《学理论》2012年第24期。

薄敏、陈琦:"中国法治现代化的方向——以《秋菊打官司》为切入点",《才智》2013年第22期。

尤陈俊:"中国法治事业中的空间因素与性别因素——从《秋菊打官司》的角色隐喻切入",《学习与探索》2013年第3期。

李喜莲、孙晶:"'秋菊'式诉求的回应——论国家赔偿中赔礼道歉责任的司法适用",《法律科学》2014年5期。

凌斌:"孝公难题、秋菊困惑与法治的中国道路",收入肖洪泳、蒋海松主编:《岳麓法学评论》第9卷,中国检察出版社,2014年。

李北方:"假如秋菊懂法",《南风窗》2014年第25期。

吴高平,叶国平:"法律如何下乡——从《秋菊打官司》说起",《农村经济与科技》2014年第11期。

张旭东:"叙事、文化与正当性:《秋菊打官司》中的重复与独一性",收入张旭禾:《全球化与文化政治:90年代中国与20世纪的终结》,朱羽等译,北京大学出版社,2013年。

杨德齐:"论著作权与肖像权的冲突及解决——电影《秋菊打官司》之肖像权案新解",《中央财经大学学报》2015年第1期。

刘哲玮:"他者的想象——纠纷解决视野下的《秋菊打官司》",《西南民族大学学报(人文社会科学版)》2015年第4期。

周志远:"一个'说法'的维度与乡土本色——兼论《秋菊打官司》中的

礼与法二难问题",《创造》2015年第8期。

王利明:"'讨说法':从秋菊打官司说起",《当代贵州》2015年第18期。

邱中成:"《秋菊打官司》中秋菊形象分析",《作家》2015年第18期。

邢路:"从'秋菊'到'十二公民'——通过两部法制电影的叙事透视法治实践和理念在中国的发展",收入李瑜青、张斌主编:《法律社会学评论》第3辑,上海大学出版社,2016年。

武杰:"'法盲'秋菊的法律启示",《法人》2016年第5期。

陈顾:"秋菊二十年:反思'法律与文学'",《读书》2016年第9期。

武杰:"'秋菊的困惑'和'雪莲的冤屈'",《法人》2017年第1期。

夏莹:"李雪莲不是秋菊:试看民众倒退的法律意识",《光彩》2017年第1期。

苏力:"'一直试图说服自己,今日依然'——中国法律与文学研究20年",《探索与争鸣》2017年第3期。

郑和英:"从法律视角看'秋菊打官司'到'我不是潘金莲'",《法制博览》2017年第10期。

章永乐:"从秋菊到WTO:反思国际战略选择与国内法律秩序演变的关系",《武汉大学学报(哲学社会科学版)》2017年第1期。

张骏,付少平:"农民的行动逻辑——基于《秋菊打官司》中人物的'成本-收益'分析",《中北大学学报(社会科学版)》2017年第1期。

陈思明:"从秋菊到雪莲普法转型的思考",《长白学刊》2017年第4期。

李雪:"制定法背景下'秋菊'的'说法'与'困惑'——以电影《秋菊打官司》为例",《法制博览》2017年第29期。

张芸鹏、吕文丽:"荒诞戏剧观和女性主义下的《秋菊打官司》与《我不是潘金莲》的异同比较",《文化学刊》2017年第11期。

苏力:"昔日'琼花',今日'秋菊'——关于芭蕾舞剧《红色娘子军》产权争议的一个法理分析",《学术月刊》2018年第7期。

强世功:"'秋菊的困惑'与法律多元主义的重构",《东方学刊》2018年第2期。

陈顾:"秋菊的困惑与解惑:'法律与文学'研究在中国",《开放时代》2019年第1期。

夏纪森、张书克:"在秋菊的'说法'与国家法之间——一种正式法律制度的解释",《河南大学学报(社会科学版)》2019年第1期。

强世功:"批判法律理论的谱系:以《秋菊打官司》引发的法学思考为例",《中外法学》2019年第2期。

陈洪杰:"法律国家主义的困境——一个关于'秋菊/李雪莲'的知识隐喻",《中国政法大学学报》2019年第2期。

强世功:"批判法律理论的场域——从《秋菊打官司》看批判法律理论的转向,《学术月刊》2019年第10期。

贺欣:"法律与社会科学中的概念与命题",《中国法律评论》2020年第1期。

万金湖、万拓:"当代中国农村女性维权的路径选择与价值评析——以法制电影人物秋菊和李雪莲为例",《湘潭大学学报(哲学社会科学版)》2020年第1期。

徐梅:"从一个'说法'开始——《秋菊打官司》",《戏剧之家》2020年第19期。

董燕、杨洁:"从秋菊的困惑与山杠爷的悲剧看乡土社会的礼法冲突",《西部学刊》2020年第21期。

左登艳:"法律视角下电影《秋菊打官司》中的现实问题分析",《戏剧之家》2020年第22期。

苏力:"为什么未老先衰?——'法律与文学'在当代中国",《法律科学(西北政法大学学报)》2021年第5期。

韩尚宜:"从'秋菊的困惑'到法学知识生产之惑——中国'法律与文学'研究反思",《中国法律评论》2022年第1期。

杨云天:"论我国民法中的赔礼道歉——以电影《秋菊打官司》为例",《行政科学论坛》2022年第9期。

王子铭:"由电影《秋菊打官司》论对村规民约的合宪性审查",《延边教育学院学报》2023年第3期。

二、外文(按出版时间顺序排列)

Richard Huntington, Even Keel "Story of Qiu Ju" Mines Life's Simple Pleasures, *The Buffalo News*, May 7, 1993.

Desson Howe, The Zhang of Comedy, *The Washington Post*, May 14, 1993.

Peter Brunette, Story of Qiu Ju: Scenes from the Class Struggle in China, *Chicago Sun-Times*, May 23, 1993.

Jonathan D. Spence, Unjust Desserts, *The New York Review of Books*, Vol. 40, No. 12, June 1993.

Geor Hintzen, Zhang Yimou's "The Story of Qiu Ju": A Propaganda Film for Recent Legislation, *China Information*, Vol. 7, Issue. 4, 1993.

John Dragon Young, Reviewed Works: Raise the Red Lantern by Zhang Yimou; The Story of Qiu Ju by Zhang Yimou, *The American Historical Review*, Vol. 98, No. 4, 1993.

Alan Stone, Comedy and Culture, *Boston Review*, October/November 1993.

A-chin Hsiau, The Moral Dilemma of China's Modernization: Rethinking Zhang Yimou's "Qiu ju da guansi", *Modern Chinese Literature*, Vol. 10, No. 1/2, Spring/Fall 1998.

Janet Maslin, Chinese Woman in Search of Justice, *The New York Times*, 1 Sep., 2004.

Alan A. Stone, Where Have All the Heroes Gone?, *Psychiatric Times*, 1 Jan. 2005.

Xudong Zhang, "Narrative, Culture and Legitimacy: Repetition and Singularity in Zhang Yimou's The Story of Qiu Ju," *Understanding Film: Marxist Perspectives* (ed. by Mike Wayne), Pluto Press, 2005.

Alicja Helman, Kiedy komedia nie jest komedią. "Komedie" Zhanga Yimou [When Comedy Is Not a Comedy (Zhang Yimou's "Comedies")], *Kwartalnik Filmowy (Film Quarterly)*, Issue 56, 2006.

Yifen Beus, The Road to Modernity: Urban and Rural Scenes in Zhang Yimou's *The Story of Qiu Ju, Not One Less*, and *The Road Home, Representing the Rural: Space, Place, and Identity in Films about the Land*, eds. Catherine Fowler and Gillian Helfield, Wayne State University Press, 2006.

Fiona Sze-Lorrain, Qiu Ju Goes to Court: Relating Cinematic Art to Juridical Reality, *Asian Cinema*, Vol. 17, No. 2, September 2006.

Jerome A. Cohen and Joan L. Cohen, Did Qiu Ju Get Good Legal Advice?, *Cinema, Law and the State in Asia*, eds. Corey Creekmur and Mark Sidel, Palgrave Macmillan, 2007.

Betsy Yen, Formal Linguistics in Modern Chinese Cinema: A Translation Project on Zhang Yimou's The Story of Qiu Ju, Bi-College (Haverford and Bryn Mawr Colleges), Dept. of East Asian Studies, Thesis (B. A.), 2007.

Kieran Healy, Social Structure, Gifts and Norms in The Story of Qiu Ju, *Norms and Values: The Role of Social Norms as Instruments of Value Realisation*, edited by Michael Baurmann, Geoffrey Brennan, Robert E. Goodin and Nicholas Southwood, Nomos Verlag, 2010.

Seon-Ae Lim, A Study on the Conflict Pattern Study of <The Story Of Qiu Ju>,

Culture and Convergence, Vol. 39, No. 3 (Wn. 47), 2017.

이정훈, 장이모우(張藝謀) 영화 속의 농촌과 '농촌문제'—영화「귀주이야기」를 중심으로, 중국현대문학(46), 2008. (Jeong Hoon Lee, Countryside in Zhang Yimou's Films and the 'Rural Problem': Focusing on The Story of Qiu Ju, *The Journal of Modern Chinese Literature*, Vol. 46, 2008.)

공상철,「秋菊은 어떻게 '골칫거리'가 되었는가」,『중국현대문학』(75), 2015. (Kong Sang-chu, How Qiuju Became a Headache: Rereading Zhang Yi-mou's The Story of Qiuju, *The Journal of Modern Chinese Literature*, Vol. 75, 2015.)

김진공, 농민 츄쥐는 어떻게 중화인민공화국 국민이 되었는가?, 중국현대문학 제 77 호, 2016. (Kim Jingong, How the Qiu Ju Farmers Become National Subjects in the People's Republic of China: A Prequel of the Film, The Story of Qiu Ju, *The Journal of Modern Chinese Literature*, Vol. 77, 2016.)

阿賴耶順宏（Araya J),「万家訴訟」から『秋菊打官司』へ：中国映画『秋菊の物語』,《東洋文化学科年報》8，54—69，1993—11。